2022
年度版

技術士
第一次試験

「建設部門」
受験必修問題

300

杉内正弘[著]

日刊工業新聞社

は じ め に

　技術士第一次試験は、「技術士となるのに必要な科学技術全般にわたる基礎的学識及び技術士法第4章の規定の遵守に関する適性並びに技術士補となるのに必要な技術部門についての専門的学識を有するかどうか」を判定することを目的に行われます。平成25年度からは「共通科目」が廃止され、技術士第一次試験は「基礎科目」、「適性科目」、「専門科目」の3科目について実施されるようになりました。専門科目の配点は、これら3科目の中では50点と最も高く、しかも1問題あたりの点数は、基礎科目や適性科目が1点であるのに対して2点と高い配点になっています。技術士第一次試験は、科学技術に関する高等の専門的応用能力を必要とする技術士になるための段階の試験ですから、専門科目が最も重要な科目として位置付けられているのは当然のことかもしれません。

　平成25年度に行われた技術士試験制度の改正では、前述したように「共通科目」が廃止されて、その一部の内容が「基礎科目」の問題の中に取り入れられるようになったものの、「専門科目」については平成24年度までの出題範囲は変えずに、各技術部門の基礎的な分野に出題を重点化するというものにとどまりました。しかしながら、建設部門における平成29年度から令和3年度まで5年間の対受験者合格率を見てみると、49.2%、34.0%、47.6%、39.7%、28.9%と大きく変動しています（令和元年度は再試験を除いた数値）。それでも、試験制度が見直される前の平成24年度以前における建設部門の極端な合格率の上がり下がりに比べると、かなり安定してきたといえます。これは、平成25年度からの専門科目における試験制度の主な改正内容とした「技術部門の基礎的な分野に出題を重点化する。」ということ、さらに「試験の難易度の安定化を図る。」という2つの方向で問題が作られるようになった結果と見ることができます。

　確実な合格点を獲得できるようにするためには、出題傾向の変化に対応した学習を進めていく必要があります。これまでの建設部門専門科目試験の出題内容の変化を遡って見てみると、平成17年度からの建設部門の専門科目試験問題は、「土質及び基礎」あるいは「鋼構造及びコンクリート」分野などで計算問題が出題されるようになりました。そして平成19年度からは、過去に出題された設問と同じ問題がいくつか出題されるようになりました。さらに、平成25年度からの試験制度改正に伴い、過去に出題された問題あるいは過去に出題され

た問題の一部を修正したものが多用されるようになりました。このような変化は、試験制度が改正されるたびにその時の改正の方向に基づいて、問題を作成する試験委員が意図して行った結果ですが、合格のためにはこういった方向を適切に把握するとともに、この流れに沿った学習を進めていくことが重要です。

技術士第二次試験は、令和元年度から試験内容が改正されましたが、第一次試験については情報工学部門と経営工学部門の専門科目が、他の国家資格の取得等で免除可能となったこと以外、試験内容に変更はありません。また、第一次試験における専門科目の大括り化等の改正についても、先のことになりそうです。

著者は、従来から技術士第一次試験対策では、専門科目の知識として基本的なことをしっかりと理解しておくことが大切と考え、建設部門の試験で重要なキーワードを解説した弊著『技術士第一次試験「建設部門」受験必修キーワード700』の内容を基本とした問題集として『技術士第一次試験「建設部門」受験必修問題350』を平成16年5月に出版しました。その後、基本的な模擬問題を数多くこなすことに加えて、毎年の試験情報や前年度の出題の変化を踏まえた関連問題を準備することが受験者を確実な合格へ導くことにつながるという認識に立って、平成18年度からは年度版として改版しました。

本書は、令和4年度の技術士第一次試験の試験概要とともに問題全体の傾向、さらには建設部門における11の全分野について、平成24年度から令和3年度までの10年間のキーワードとその出題傾向を示すことによって専門科目の学習すべき方向を理解できるようにしました。そして、令和3年度に出題された問題の解答解説によって前年度の試験内容を確認し、令和3年度の同種・類似問題としての関連問題、そして基本模擬問題へと順番に進むことができるようにしています。さらに、実際の試験を想定した模擬試験問題によって学習の成果を確認できるようにしています。これらの練習問題を確実にこなしていくことによって、他の受験者から一歩抜き出て、確実な合格を目指すことが可能になります。

建設部門において第一次試験に合格するためには、広範囲な分野について基本的なことを十分に理解しておかなければならず、そのためにはかなりの努力が必要になります。そしてその努力には、やり方によっては要領よくこなしていける努力と、言葉では言い尽くせないほどの苦労を伴う努力の双方があることも事実です。本書と『技術士第一次試験「建設部門」受験必修キーワード700　第8版』との組み合わせによって、効率的かつ効率的に学習を進めることができます。これから11月27日に予定されている令和4年度の試験日までに

要領よく学習を進め、令和4年度の技術士第一次試験合格者として名前を連ね
ていただくことを願っております。

2022年4月

杉内　正弘

本書の特徴

① 年度版なので、前年度の試験内容や出題傾向の変化を知ることができるとともに、今年度の試験情報を得ることができます。

② 前年度試験問題の解答解説が掲載されているので、前年度の出題内容をレビューすることができます。

③ 分野ごとに過去10年間の出題キーワードと、それをもとにした出題傾向を解説しているので、これまでにどのような問題が出題されていたのかがわかるとともに、出題傾向の経年的な変化を把握することができます。

④ 前年度の試験で出題された試験問題の同種または類似問題を、前年度関連問題として挙げているので、新たな出題傾向に沿った演習をすることができます。

⑤ 必須キーワードをもとに作成された基本模擬問題は、建設部門で出題される11分野すべてを網羅しているので、自分の得意分野や苦手な分野を把握することができます。

⑥ 300問ほどの模擬問題が用意されており、これらの問題を解くことが専門科目の択一試験に慣れるという点で、極めて効果的な学習に繋がります。

⑦ 模擬問題は、いずれも最近の出題傾向を踏まえて作成したオリジナル問題なので、技術士第一次試験の確実な合格に向けた学習を進めることができます。

⑧ それぞれの設問において使用したキーワードが示されているので、問題を解くだけでなくその後の学習に、そのキーワードを利用することができます。

⑨ 本書は、『技術士第一次試験「建設部門」 受験必修キーワード700 第8版』（日刊工業新聞社）の内容をもとに作成した問題集であるため、この本と併用することでより効率的な学習が可能になります。また『受験必修キーワード700』の理解度を確認するのに最適な問題集です。

⑩ 最終章には、それぞれの分野で使用した問題を、実際の試験と同じ出題形式にした模擬問題を用意しています。マークシートを使った解答によって本番の試験と同様の体験ができるとともに、この試験結果から本書による学習効果と合否レベルを確認することができます。

目　次

第1章 令和4年度 技術士第一次試験の概要

1.1 技術士第一次試験の目的と配点

　技術士第一次試験の目的は、技術士法第5条において次のように定義されている。

　　『第一次試験は、技術士となるのに必要な科学技術全般にわたる基礎的学識及び第4章の規定の遵守に関する適性並びに技術士補となるのに必要な技術部門についての専門的学識を有するかどうかを判定することをもってその目的とする。』

　第一次試験の試験科目は、平成24年度までは「共通科目」、「基礎科目」、「適性科目」、「専門科目」の4科目であったが、平成25年度からは「共通科目」が廃止され「基礎科目」、「適性科目」、「専門科目」の3科目に改正された。これは『第一次試験の試験科目のうち基礎科目及び共通科目について、受験者の科学技術全般にわたる基礎的学識をより総合的に判定できるよう、基礎科目に統合して実施することとし、共通科目を廃止することとする。』（出典：文部科学省　技術士法施行規則の一部を改正する省令について）という理由によるものである。平成25年度からは試験科目数が3科目になったものの、これらの科目はいずれも前述した技術士法に示された試験の目的に対応して定められている。すなわち「基礎科目」は、技術士となるのに必要な科学技術全般にわたる基礎的学識を、「適性科目」は、技術士法第4章の規定の遵守に関する適性を、そして「専門科目」は、技術士補となるのに必要な当該技術部門についての専門的学識を、それぞれ有しているかどうかを判定するという目的で試験科目が設定されている。また、「基礎科目」および「専門科目」の試験の程度は、4年制大学の自然科学系学部の専門教育課程修了程度とされている。さらに、専門科目の問題作成にあたっては、教育課程におけるカリキュラムの推移に配慮するものとしている。

　一方、平成28年10月に、文部科学省　科学技術・学術審議会　技術士分科会の委員会による技術士制度改正の提言を受けて試験制度の見直しが行われ、第二次試験については令和元年度から試験内容が改正された。しかしながら第一

次試験については、情報工学部門と経営工学部門の専門科目が他の国家資格の取得等で免除可能となったこと以外、試験内容の変更はされていない。なお、第一次試験における専門科目の大括り化等の改正については、先になりそうである。

　一方、技術士第二次試験に合格している者が第一次試験を受験する場合で、第二次試験と同一の技術部門で受験する場合には、基礎科目と専門科目の2科目が免除され、合格している第二次試験と別の技術部門で受験する場合には、基礎科目が免除される。このように、技術士第一次試験では受験科目の免除があるために、1科目の受験から3科目の受験まで3種類の受験者がいるわけであるが、実際には基礎科目、適性科目、専門科目の3科目での受験者が最も多い。

　技術士第一次試験の問題の種類ならびに配点は、次のとおりである。

　　基礎科目：科学技術全般にわたる基礎知識を問う問題（択一式5分野各6問
　　　　　　　計30問出題　解答は5分野各3問計15問を選択解答）　1時間

　　適性科目：技術士法第4章（技術士等の義務）の規定の遵守に関する適性を
　　　　　　　問う問題（択一式15問出題　解答は15問を全問解答）　1時間

　　専門科目：機械部門から原子力・放射線部門までの20の技術部門の中から、
　　　　　　　受験者が受験申し込み時にあらかじめ選択する1技術部門に係る
　　　　　　　基礎知識及び専門知識を問う問題（択一式35問出題　解答は
　　　　　　　25問を選択解答）　2時間

（配点）

　　　　基礎科目　　　　　　15点満点
　　　　適性科目　　　　　　15点満点
　　　　専門科目　　　　　　50点満点

1.2　試験日程及び試験地

　令和4年度の試験日程は、次の日程表のとおりである。なお試験時間は、午前10時30分から午後4時までの間に行われる。令和2年度は、新型コロナウイルス感染症対策として試験会場での昼食時の感染予防や公共交通機関の混雑時の移動等のリスクを避けるという理由から、午前12時から午後5時までの間に変更されたが、昨年度（令和3年度）は、これまでどおり午前10時30分から午後4時の間に行われている。

令和4年度技術士第一次試験日程表

項　　目	日　　程
受験申込書配布	6月10日（金）〜 6月29日（水）
受験申込受付期間	6月16日（木）〜 6月29日（水）
筆記試験日	11月27日（日）
合格発表	令和5年2月

　試験は次の12カ所のうち、受験者があらかじめ選択する試験地において実施される。なお、各試験地の試験会場は10月下旬の官報に公告されるとともに、あらかじめ受験者に受験票にて通知される。

令和4年度技術士第一次試験地

試験地	北海道、宮城県、東京都、神奈川県、新潟県、石川県、 愛知県、大阪府、広島県、香川県、福岡県、沖縄県

1.3　合格基準と合格率

　本年の1月17日に文部科学省から公表された、技術士第一次試験の令和4年度技術士試験の合否決定基準は次に示すとおりである。

令和4年度技術士第一次試験　合否決定基準

試験科目	合否決定基準
基礎科目	50%以上の得点
専門科目	50%以上の得点
適性科目	50%以上の得点

　この合否決定基準の中で注目しておくべき点は、すべての科目の満点の正解数が奇数になっているにもかかわらず（専門科目の満点の正解数は25問）、合否決定基準がいずれの科目においても「50%以上の得点」になっているところである。すなわち合格のためには、「基礎科目」と「適性科目」の2つの科目は、選択解答した15問のうち8問（53%）の正解が必要で、なおかつ「専門科目」は選択解答した25問のうち13問（52%）の正解が必要だということである。技術士第一次試験に合格するためには、出題数の半分を正解すればいいのではなく、すべての科目について半分強の正解数が必要だという点に留意しておきたい。

　なお、3つの科目の配点を見てもわかるとおり、「基礎科目」と「適性科目」は、いずれも1問1点になっているのに対して、「専門科目」は1問2点という配点になっており、「専門科目」が技術士第一次試験の中で、最も重要な科目として位置付けられている。

【合格率】

年度	受験申込者数	合格者数	合格率（%）	
			対申込者	対受験者
平成29年度	10,135	3,885	38.3	49.2
平成30年度	9,918	2,653	26.7	34.0
令和元年度	10,611	2,344	—	47.6
令和元年度（再）	3,457	942	27.2	55.7
令和2年度	9,431	2,891	30.7	39.7
令和3年度	11,440	2,483	21.7	28.9

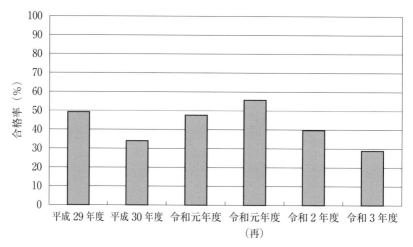

過去5年間における建設部門の合格率（対受験者）の推移

　建設部門における過去5年間の対受験者合格率を見てみると、平成29年度の49.2％から翌年の平成30年度には34.0％に下がったものの、その後は令和元年度47.6％、再試験55.7％と高い水準に戻った。しかしながら、令和2年度は39.7％、そして令和3年度は28.9％と2年続けて低下しており、厳しい状況になっている。なお令和元年度は、台風19号の影響による交通機関の計画運休及び受験者の安全確保等の観点から、東京都及び神奈川県の試験会場における試験の中止、また、宮城県、新潟県及び石川県の試験開始時間1時間繰り下げの措置が講じられた。そのため、試験地が東京都または神奈川県であった者、

試験地が宮城県または新潟県であって受験しなかった者、そして試験地が東京都、神奈川県、宮城県及び新潟県以外であって受験しなかった者のうち台風19号の影響に伴い、試験当日または試験前日に、各人の居所から鉄道、バス等による試験地への移動が客観的に不可能であったと日本技術士会が認めた者に対して、東京都と神奈川県において令和2年3月7日に再試験が実施されている。

　過去5年間の対受験者合格率は、平成25年度以前における建設部門の極端な合格率の上がり下がりほどではないものの、その年によって合格率は大きく変動しており、第一次試験を甘く見てはいけないということが見て取れる。一方、次ページの図は令和2年度と令和3年度における、20部門すべてについての対受験者合格率を比較したものである。

　すべての技術部門における過去2年間の対受験者合格率を見ると、令和2年度には最も高い合格率の部門が原子力・放射線部門の68.6％で、最も低い合格率の部門が生物工学部門の25.0％とその差は43.6ポイントあった。また、令和3年度には最も高い合格率の部門が船舶・海洋部門の68.8％で、最も低い合格率の部門が環境部門の11.3％とその差は57.5ポイントに拡大している。平成25年度以降、部門間の合格率の差は縮小する傾向にはあるものの、依然として40％以上の差があるというのが実情である。

　一方、全部門の平均合格率を見ると、令和2年度は43.7％であったが、令和3年度には31.3％になっている。また、建設部門の合格率の順位を他の部門と比較してみると、令和2年度の建設部門の合格率は、20の技術部門の中で14番目であり、令和3年度は16番目である。すべての部門の合格率が一様に上下する場合は、「基礎科目」や「適性科目」に影響されていることが多いが、科目ごとの合格率の違いや試験年度ごとの変動は、「専門科目」問題の難易によって影響されている。

　令和4年度試験に向けた建設部門の対策を進める際は、ここに示した合格率の現状を念頭に置いたうえで、確実に合格するための万全の準備を進めていくことが大切である。

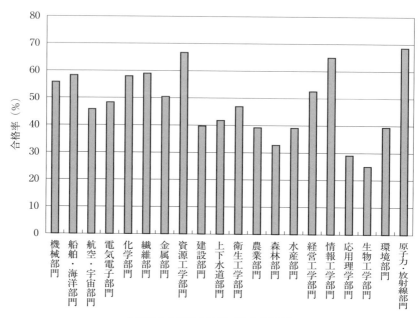

全部門の合格率の比較（令和2年度）

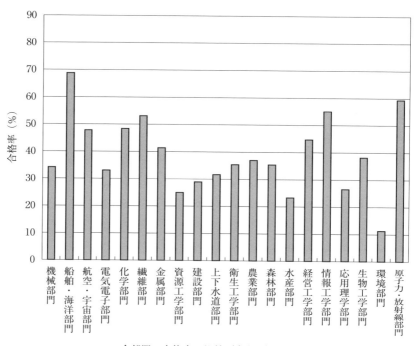

全部門の合格率の比較（令和3年度）

第2章　建設部門専門科目の出題傾向

技術士第一次試験の専門科目は、『あらかじめ選択する1技術部門に係る基礎知識及び専門知識を問う問題』について、35問題の出題の中から25問を選択解答するというものである。専門科目の配点は、他の基礎科目や適性科目が15問の解答で15点満点としているのに対して25問で50点満点と1問あたりの配点が2点とされており、配点の面から見ても専門科目は技術士第一次試験において最も重視されている科目であるといえる。

また、合格基準は前述したように『50％以上』なので、選択解答した25問中13問を確実に正解できるように受験対策を進めていく必要がある。

2.1　専門科目試験で重要な「25問の選択」

専門科目試験の出題は、平成17年度の試験から35問題の中から25問を選択解答する出題形式になった。これは、出題のバランスを図り受験者の問題選択の幅を広げるということを意図して、それまでの30問の出題数から5問増やしたというものである。その結果、基礎科目ほどの選択幅はないものの、専門科目では10問の取捨が可能な選択幅になっている。しかしながらここで留意すべき点は、取捨できる10問の選択幅というものは狭いようで広いということである。10問という選択幅は、解答すべき25問題のうちの10問と見れば40％ということになるが、合格のために正解とすべき13問のうちの10問と見れば実に77％という比率なのである。したがって専門科目試験においては、いかに正解できる問題を外すことなく選択するか、ということが合否を分ける大きな要因の1つになる。

また建設部門の専門科目試験は、技術士第二次試験における11の選択科目に、ほぼ対応した分野の出題内容になっているが、それぞれの分野の中でも難しい問題とやさしい問題が混在している。そのために、場合によっては日常業務では全く関与していないような専門以外の問題でも、常識の範囲で確実に正解を導き出せる問題がある。したがって自分の得意な分野や苦手な分野、あるいは十分に勉強をすることができた分野やできなかった分野など、受験日までの経過にとらわれることなく、試験当日にはすべての問題に目を通して正解可能

な 25 問を冷静に選択するということが重要になる。

2.2　択一試験の特質を踏まえた専門科目の効果的な学習計画

　技術士第一次試験は、3 科目すべてが 5 肢択一式の出題である。そして、建設部門における専門科目の出題内容は、平成 17 年度までは計算問題は出題されず、ほとんどが知識問題といえる出題であったが平成 18 年度の試験からは、「土質及び基礎」や「鋼構造及びコンクリート」の分野で計算問題が出題されるようになった。そのために建設部門の専門科目の受験対策を進めるにあたっては、このような分野別の出題傾向の変化に合った学習を進めていくのが効果的である。

　択一試験の問題を作成する場合に出題者（作問委員）は、大きく分けて 1 つのテーマについて 5 つの設問を作成する場合と、全く異なるカテゴリーについて幅広く 5 つの設問を作成する場合がある。知識問題が主な建設部門の専門科目においては、いずれの場合においても出題者側は基本的にキーワードを想定して問題を準備するということが多い。これは、受験者から見れば出題者側が想定しているキーワードを押さえておけば、確実に得点を得ることができるということになる。

　このように考えると、過去に出題されている問題のキーワードがどのような内容になっているのかを把握して、繰返し出題されているキーワードや、それぞれの分野で基本となっている重要キーワードを中心に学習していけば、効率的な学習につながるということになる。しかも、前述したように建設部門の出題内容を考慮すると、正解を導くためには数値については正確に覚えておく必要はあるものの、キーワードの内容はこれをそのまま暗記するというのではなく、『設問が正しい内容か誤った内容なのかを判断できる程度に、解説文の内容を理解する』ということに重きをおけばいいということになる。

　さらに、択一試験の正解の導き方は「ずばり知っている内容の選択肢を選ぶ場合」、「消去法で正解を絞っていく場合」、「知らない内容だけれども常識的な判断によって選択肢を選ぶ場合」など、いろいろな角度から選択肢を選んでいくものであり、知っていることを文章としてまとめる記述式試験とは全く異なる。そのために、報告書をまとめたりレポートを作成したりするような、技術者として行っている日常業務からは大きくかけ離れた考え方での対応が必要であり、ある意味で試験のための学習が必要になってくる。そのための対策として最も効果的な方法は、『択一試験に慣れる』ということである。

　多忙な日常業務の中で、効率的かつ効果的な試験準備を進めていくためには、

択一試験の特性を踏まえて、『キーワードに着目した学習』と『出題傾向を踏まえて数多くの択一試験問題を解いていく』という両輪をバランスさせた学習計画を立てることが肝要である。

2.3 分野別の出題数

すでに述べたように、平成17年度からの専門科目試験の出題数は35問である。従来から建設部門における専門科目は、第二次試験の選択科目に対応した11の技術分野から出題されてきた。しかしながら平成20年度の試験では、社会資本整備審議会道路分科会建議「品格ある国土と快適な生活の実現に向けた道路政策」の内容に関する問題（Ⅳ－32）が、平成21年度には「費用便益分析マニュアル」の道路事業の費用便益分析に関する問題（Ⅳ－29）が、そして平成23年度には「道路の事業評価」に関する問題（Ⅳ－28）が、平成26年度には「輸送機関から排出される単位輸送量当たりの二酸化炭素の量」に関する問題（Ⅲ－33）が、さらに平成27年度には「公共交通」に関する問題（Ⅲ－16）が、それぞれ出題されている。これらの問題は、いずれも「道路科目」や「建設環境」に係る問題と判断できないことはないが、従来までの「道路科目」や「建設環境」の専門技術に係る設問内容とは大きく異なっており、「建設一般」とも受け取れる出題分野の問題といえる。

また、平成20年度以降からは「都市及び地方計画」の出題が「鉄道」や「鋼構造及びコンクリート」の後になったり、「鉄道」や「トンネル」、「施工計画、施工設備及び積算」の各分野の順番が入れ替わっていたり、さらには「鋼構造及びコンクリート」の1問が「道路」の前に入ったり、「道路」の交通需要予測に関する問題が「都市計画」の後に入ったりというように、平成19年度までとは異なる出題の順番になっていた。

令和元年度から令和3年度までの過去3年間における、出題分野別の問題数を整理したものが次ページの表である。

分野別の出題数を見ると、過去3年間同じ数になっている。それぞれの出題数は、「河川、砂防及び海岸・海洋」の分野が9問題と最も多く、次いで「鋼構造及びコンクリート」の分野が8問題である。また「土質及び基礎」と「都市及び地方計画」の分野の出題数は、いずれも4問題である。その結果、「河川、砂防及び海岸・海洋」、「鋼構造及びコンクリート」、「土質及び基礎」、「都市及び地方計画」の4つの分野だけで25問の出題数になっている。なお、前述した「建設一般」とも受け取れる「その他」の分野は、平成26年度と平成27年度に

過去3年間における分野別の出題数

出題分野		出題数		
		令和元年度	令和2年度	令和3年度
1	土質及び基礎	4	4	4
2	鋼構造及びコンクリート	8	8	8
3	都市及び地方計画	4	4	4
4	河川、砂防及び海岸・海洋	9	9	9
5	港湾及び空港	1	1	1
6	電力土木	2	2	2
7	道路	1	1	1
8	鉄道	1	1	1
9	トンネル	1	1	1
10	施工計画、施工設備及び積算	2	2	2
11	建設環境	2	2	2
12	その他	0	0	0
合　　計		35	35	35

続けて出題されていたが、平成28年度以降は出題されていない。

　「鋼構造及びコンクリート」、「河川、砂防及び海岸・海洋」、「土質及び基礎」、「都市及び地方計画」の4つの分野の出題数を合わせると、前述したように25問題になっており、この3つの分野だけで7割を超える出題数であることに違いはない。何度も繰り返すようであるが、専門科目においては13問を正解することができれば合格になる。そのために、学習にあたってはこれら4つの分野は、できるだけ手を抜かないようにしていただきたい。

2.4　『誤っているもの（最も不適切なもの）を選ぶ問題』と『正しいもの（最も適切なもの）を選ぶ問題』

　択一試験における選択条件は、『最も不適切なもの（誤っているもの）を選ぶ問題』と『最も適切なもの（正しいもの）を選ぶ問題』とがある。『誤っているものを選ぶ問題』と『正しいものを選ぶ問題』を比較した場合には、一般に、『正しいものを選ぶ問題』の方が難しいことが多い。それは、専門科目における問題を作成する場合には、まず出題テーマを決めて、次にテーマに沿った設問文を参考資料等から集め、その集めた正しい文を基本として作問するという手順を踏むことが多いからである。すなわち、「誤っているものはどれか。」という設問を作る場合には5つの正しい文を並べてから、このうちの1つだけを間違った内容とすれば出来上がりになる。しかし、「正しいものはどれか。」と

いう問題を作る場合には、4つの文を間違った内容としなければならない。そのために用意していた文が、間違った内容にしにくいものであれば、新たに別の文を資料から拾い直すか、あるいは作問者が自分の言葉で新たな問題文を作成することになる。やっかいなのは、この自分の言葉で作成した問題文である。これは、作問者が自ら創作する文になるのでごく自然な表現となり、本当に正誤を知っていなければ正しい文なのか誤った文なのかを区別することが難しくなることが多いからである。

　次の表は、過去3年間における出題分野別の正誤選択の出題変化を整理したものである。

過去3年間における出題分野別の正誤選択の出題変化

出題年度	令和元年度			令和元年度（再）			令和2年度			令和3年度		
分　野	出題数(A)	適切な（正しい）ものを選択(B)	B／A	出題数(A)	適切な（正しい）ものを選択(B)	B／A	出題数(A)	適切な（正しい）ものを選択(B)	B／A	出題数(A)	適切な（正しい）ものを選択(B)	B／A
土質及び基礎	4	2	50%	4	2	50%	4	2	50%	4	2	50%
鋼構造及びコンクリート	8	2	25%	8	2	25%	8	2	25%	8	2	25%
都市及び地方計画	4	0	0%	4	1	25%	4	0	0%	4	0	0%
河川、砂防及び海岸・海洋	9	1	11%	9	1	11%	9	1	11%	9	2	22%
港湾及び空港	1	0	0%	1	0	0%	1	0	0%	1	0	0%
電力土木	2	0	0%	2	0	0%	2	1	50%	2	1	50%
道路	1	0	0%	1	1	100%	1	1	100%	1	0	0%
鉄道	1	0	0%	1	0	0%	1	0	0%	1	0	0%
トンネル	1	0	0%	1	0	0%	1	0	0%	1	0	0%
施工計画、施工設備及び積算	2	0	0%	2	0	0%	2	0	0%	2	0	0%
建設環境	2	0	0%	2	0	0%	2	0	0%	2	0	0%
全　体	35	4	14%	35	7	20%	35	7	20%	35	7	20%

　この分野別の正誤選択の経年変化を見ると、過去3年間に1度も『最も適切なもの（正しいもの）を選ぶ問題』が出題されていない分野は、「港湾及び空港」、「鉄道」、「トンネル」、「施工計画、施工設備及び積算」、「建設環境」の5つの分野であり、他の6つの分野は3年の間に『最も適切なもの（正しいもの）を選ぶ問題』が出題されている。また、過去3年間に毎年『最も適切なもの（正しいもの）を選ぶ問題』を出題している分野は、「土質及び基礎」、「鋼構造及びコンクリート」、「河川、砂防及び海岸・海洋」の3つの分野に限られている。なお、「鋼構造及びコンクリート」分野は、計算問題や公式を導く問題などが出題されることから、『最も適切なもの（正しいもの）を選ぶ問題』は必ずつきまとってくる。

このような状況にある中、令和4年度の試験に向けては、これまでの出題傾向を踏まえつつ、それぞれの分野で『最も不適切なもの（誤っているもの）を選ぶ問題』もあれば『最も適切なもの（正しいもの）を選ぶ問題』も出題されるという認識で学習の準備を進めるとともに、試験当日には一転して『最も適切なもの（正しいもの）を選ぶ問題』に対しては、その内容が果たして正解を導きやすい問題なのかどうかをしっかりと見極めて、選択解答の「する・しない」を的確に判断するということが重要になる。

2.5　平成25年度の試験制度改正からの出題変化

平成25年度に第一次試験制度が改正されて以来、これまで再試験を含めて10回の試験が行われているが、ここで平成25年度以降の出題傾向の変化について改めて整理しておく。

平成25年度の技術士試験制度の改正では、専門科目について次の2つのことが改正点として挙げられている。

（1）各技術部門の基礎的な分野に出題を重点化する。

（2）試験の難易度の安定化を図る。

『各技術部門の基礎的な分野に出題を重点化する』ということに関しては『土質及び基礎』、『鋼構造及びコンクリート』、『都市及び地方計画』、『河川、砂防及び海岸・海洋』の4つの分野の出題数が多くなり、それ以外の分野は1～2問程度に減少している。そして『試験の難易度の安定化を図る』ということに関しては、過去に出題された問題のうち選択率や正答率が極端に低かったものを除き、過去問題を積極的に利用することで難易度の安定化を図るようにしている。ただし、過去問題と同じ問題をそのまま利用してしまうと極端に合格率が上がってしまうことから、過去問題を利用する場合であっても多少の修正を加えた設問内容にするといった傾向が見られる。さらに、前節で述べたように『最も適切なもの（正しいもの）を選ぶ問題』の出題分野は限られており、出題数についてもそれほど多くはないということがわかる。

これらのことから、令和4年度に向けた専門科目試験対策としては、1）『土質及び基礎』、『鋼構造及びコンクリート』、『都市及び地方計画』、『河川、砂防及び海岸・海洋』の4分野について十分に準備を行っておくこと。2）過去に出題された問題を十分に確認しておくとともに、過去問題に対しては必ず正解を導き出せるようにしておくこと。という2つの点に十分に留意しておくことが必要になる。そして2点目の過去問題の再使用については、何度も繰り返すようであるが、過去問題と全く同じ問題が出題されることが少なくなり、5つ

の設問の順番を変える、あるいは同じような問題の設問を入れ替えるなど過去問題をアレンジした形で出題される。そのため、問題そのものを丸暗記することはかえって誤った解答をしてしまうことになりかねない。過去問題を学習するにあたっては、問題そのものを覚えようとするのではなく、問題の正誤の内容を理解するということに力を入れることが大切である。

2.6 過去10年間の出題キーワードと出題傾向

建設部門の専門科目における過去の出題内容は、全体を概観すればそれぞれの分野における基本的な事項を中心に出題されているが、11の出題分野ごとに出題の傾向はそれぞれ特徴が見られる。これから試験日までの限られた期間で、効果的な学習を進めるためには2.2項で述べたように、重要キーワードを中心に必要事項を理解していくことが大切である。しかしながら繰り返し出題されるキーワードの把握、あるいはキーワードの出題傾向の変化は、ここ3〜4年間のキーワードを確認するだけでは十分とはいえない。そこで本書では、平成24年度から令和3年度までの10年間に出題されたキーワードを分野別に示すとともに、そのキーワードをもとにした出題傾向を述べる。

1）土質及び基礎

土質及び基礎分野における過去10年間の出題キーワードを次ページに示す。

【土質及び基礎の出題傾向】

土質及び基礎の出題のうち、土質に関しては圧密量や圧密度、正規圧密、過圧密、圧密試験等の『圧密』に関するものや『土圧』に関する内容、さらに『塑性指数』、『液性指数』、『液性限界』、『鋭敏比』、『間隙率』、『間隙比』、『飽和度』、『ダルシーの法則』、『水頭』、『ダイレイタンシー』、『非排水せん断強さ』といった基本的な専門用語の説明に関する問題が繰り返し出題されている。一方、基礎に関しては『杭基礎』や『直接基礎』の設問が多い。設問のレベルは、基本的な出題が多いことから、教科書に載っている程度の基本的な事項を確実に理解しておくことが大切である。

なお、土質及び基礎分野における出題傾向の変化としては、平成18年度以降は設問文の正誤を問う内容の問題ばかりではなく、計算問題や算出式を求める問題が出題されるようになった。具体的には平成18年度「Ⅳ－2」の圧密時間や沈下量に関する計算問題や「Ⅳ－4」の図から斜面の安全率

「土質及び基礎」過去10年間の出題キーワード

出題年度	設問キーワード
平成 24年度	間隙率、含水比、塑性図、液性指数、塑性指数、地盤材料の粒径区分、間隙比、ダイレタンシー、非排水せん断強度、一軸圧縮強度、圧密非排水試験、三軸圧縮試験、応力経路、極限支持力、杭の周面抵抗力、直接基礎、受働土圧、静止土圧、ダルシーの法則、限界動水勾配、単孔式透水試験、間隙水圧、全水頭、速度水頭、位置水頭、過圧密、一次圧密、圧密降伏応力、正規圧密、K_0圧密、過剰間隙水圧
平成 25年度	液性限界、密度、乾燥密度、最大間隙比、粒度、塑性図、飽和、間隙比、間隙率、含水比、飽和度、ダルシーの法則、透水係数、圧密、過圧密、圧密係数、体積圧縮係数、圧密降伏応力、一次圧密／二次圧密、正規圧密粘土、非排水せん断強さ、ダイレタンシー、圧密排水試験、過圧密粘土、間隙水圧、土圧、静止土圧、主働土圧、受働土圧、土被り圧、ランキンの土圧
平成 26年度	間隙比、間隙率、飽和度、含水比、比重、最適含水比、最大乾燥密度、コンシステンシー指数、液性限界、塑性指数、液性指数、透水係数、ダルシーの法則、室内透水試験、定水位透水試験、変水位透水試験、杭の鉛直支持力、受働状態、支持力、円弧すべり解析、非円形すべり面解析、地すべり対策工、圧縮曲線、正規圧密、過圧密比、圧密、圧密降伏応力、応力経路、圧密非排水試験、鋭敏比、非排水せん断強さ、一軸圧縮強さ、ダイレイタンシー
平成 27年度	一軸圧縮強さ、せん断抵抗角、非排水せん断強さ、受働土圧、直接基礎、杭の周面抵抗力、極限支持力、静止土圧、乾燥密度、鉛直有効応力、湿潤単位体積重量、飽和単位体積重量
平成 28年度	間隙比、密度、乾燥密度、飽和、粒度、塑性図、最大間隙比、液性限界、ダイレイタンシー、テルツァギーの支持力公式、支持力係数、圧密沈下、杭基礎、支持杭、摩擦杭、許容支持力
平成 29年度	圧密、圧密荷重、圧密量、飽和度、湿潤単位体積重量、間隙比、日本統一分類法、粒径加積曲線、定水位透水試験、ダルシーの法則、透水係数、鉛直有効応力
平成 30年度	間隙比、間隙率、飽和度、含水比、土粒子密度、粗粒土、細粒土、乾燥密度、不透水層、被圧地下水、位置水頭、全水頭、圧力水頭、速度水頭、透水係数、室内透水試験、現場透水試験、定水位透水試験、変水位透水試験、サクション、2次元透水現象、等ポテンシャル線、流線による図形的解法（正方形流線網）、鋭敏比、非排水せん断強度、圧密非排水試験、一軸圧縮強度、非圧密非排水試験、一軸圧縮強度、応力経路、主働土圧、クーロンの土圧論、受働土圧、土被り圧、静止土圧
令和 元年度	密度、間隙比、間隙率、含水比、飽和度、透水係数、定水位透水試験、変水位透水試験、浸透水量、動水勾配、ダルシーの法則、簡便分割法、スウェーデン法、円弧すべり法、極限支持力、安全率、負の摩擦力、直接基礎、粘着力、内部摩擦角
令和 元年度 （再試験）	間隙比、密度、乾燥密度、鉛直有効応力、圧密、一次圧密、過圧密、圧密降伏応力、圧密係数、テルツァーギの支持力公式、主働状態、支持力、杭基礎、支持杭、摩擦杭、円弧すべり解析、非円形すべり面解析
令和 2年度	間隙比、含水比、飽和度、湿潤単位体積重量、間隙率、乾燥密度、不飽和、最大間隙比、粒度、塑性図、液性限界、定水位透水試験、ダルシーの法則、透水係数、主働土圧、受働土圧、ランキンの土圧理論、クーロンの土圧理論
令和 3年度	間隙比、土粒子密度、乾燥密度、粗粒土、含水比、飽和度、間隙率、圧密、飽和粘土、一軸圧縮試験、一軸圧縮強さ、斜面安定、地すべり、地すべり対策工、抑制工、抑止工、簡便分割法、スウェーデン法、斜面の安全率、円弧すべり法、落石防止工、落石予防工、落石防護工

の式を求める問題、また平成19年度「Ⅳ－3」の内部摩擦角と粘着力の組合せを求める問題や「Ⅳ－5」の土の単位体積重量を算出する式を求める問題、平成20年度「Ⅳ－1」・平成25年度「Ⅲ－3」・平成29年度「Ⅲ－3」・令和2年度「Ⅲ－3」のダルシーの法則の式をもとに透水係数の式を求める問題、平成20年度「Ⅳ－4」の乾燥単位体積重量と間隙比の式を求める問題、平成21年度の「Ⅳ－1」の土の水中単位体積重量を算出する式を求める問題、平成22年度の「Ⅳ－2」の圧密時間や沈下量に関する計算問題や「Ⅳ－4」の飽和土の単位体積重量を算出する式を求める問題、平成23年度の「Ⅳ－4」の間隙比を算出する式を求める問題や「Ⅳ－5」の水平土圧の値を求める問題、平成27年度「Ⅲ－4」・平成29年度「Ⅲ－4」・令和元年度再試験「Ⅲ－2」の鉛直有効応力を算出する問題、平成28年度「Ⅲ－1」の土間隙比の式を求める問題、令和元年度「Ⅲ－1」の土の状態量を表す式の問題と「Ⅲ－4」の土塊に対する安全率を求める式を算出する問題、令和3年度「Ⅲ－3」の一軸圧縮強さの値を求める問題等が挙げられる。過去問題をもとに、計算問題や算出式を求める問題についても正解できるようにしておきたい。

　また、平成27年度から平成29年度まで3年続けて穴埋め問題が出題され、令和2年度と令和3年度にも続けて出題されている。過去には、平成23年度に同様の穴埋め問題の出題があったが、近年、出題頻度が高くなっているのは、これまでになかった傾向である。穴埋め問題は比較的容易に正解できる問題が多いので、設問内容や出題の仕方を十分に確認して確実に正解できるようにしておきたい。

　平成24年度からは、過去に出題された問題の設問順番を入れ替えたり、設問の一部を見直したり、あるいはいくつかの設問を再利用した問題が多用されるようになった。土質及び基礎分野において過去問題と同一の問題あるいは類似した問題の出題数は、平成24年度は6問の出題のうち5問、平成25年度は6問の出題のうち4問、平成26年度は5問の出題のうち4問、平成27年度は4問の出題のうち3問、平成28年度からは4問の出題のうち2問あった。令和3年度の問題について具体的に示すと「Ⅲ－1」が平成30年度「Ⅲ－1」の問題の設問順番を入れ替えた問題であり、「Ⅲ－2」が平成29年度「Ⅲ－1」の問題の設問順番を入れ替えた問題である。これは、平成25年度からの『技術士試験の見直し』に伴う「試験の難易度の安定化を図る」という方針によるものであり、平成24年度にはその方針が明確になっていたことから、この年から作問の仕方に変化が出た結果と見ることができる。このように見ると、過去に出された問題の一部を修正した問題、

あるいは過去に出された問題の類似問題が、今年度の試験においても出題される可能性が高いと考えて対策を進めていく必要がある。

　ただし、平成24年度においては多くの問題が過去に出された問題をそのままの形で出題されていたが、平成25年度以降の問題は、設問の順番を入れ替えたり複数年度の問題を混合したり一部の設問を新たに挿入したりというように、過去問題を修正した問題が多くなっているという点に留意が必要である。

2）鋼構造及びコンクリート

　鋼構造及びコンクリート分野における過去10年間の出題キーワードを次ページに示す。

【鋼構造及びコンクリートの出題傾向】

　鋼構造の設問内容は、土質及び基礎科目のように特定の基礎的な出題というものではなく、『構造力学』に係る基礎的な問題をはじめ、『鋼材の破壊形態』や『継手』、『鋼橋』、『耐震設計』など幅広い分野からの出題が多い。また、平成17年度の設問からは『座屈』や『細長比』のような基礎的な問題が出題され、平成18年度からは計算問題が出題されるようになった。計算問題の具体的な内容としては、平成18年度「Ⅳ－6」の最大曲げモーメントが発生する点までの距離を算出する問題や「Ⅳ－7」の座屈荷重の比を求める問題、平成19年度「Ⅳ－6」や平成23年度「Ⅳ－6」の単純ばりの変位の大きさ（たわみ量）を求める問題、平成19年度「Ⅳ－7」や令和2年度「Ⅲ－6」の断面2次モーメントを算出する問題、平成20年度「Ⅳ－6」のトラスの軸力を求める問題や「Ⅳ－7」のゲルバー梁の支点反力の影響線を選ぶ問題、平成21年度「Ⅳ－6」や平成27年度「Ⅲ－7」・令和元年度再試験「Ⅲ－8」・令和2年度「Ⅲ－5」の曲げモーメントを求める問題、平成21年度「Ⅳ－7」や令和元年度「Ⅲ－5」・令和3年度「Ⅲ－6」の図心までの距離を求める問題、平成22年度「Ⅳ－7」・平成25年度「Ⅲ－8」・平成26年度「Ⅲ－7」・平成29年度「Ⅲ－7」・令和元年度「Ⅲ－6」の片持ばりのたわみ量を算出する式を求める問題、そして令和3年度「Ⅲ－7」の最大主応力の値を求める問題等が挙げられる。

　一方、コンクリートの設問内容は、従来から『アルカリ骨材反応』に関する出題をはじめ、『コンクリートの強度』や『セメントの種類』、そして『コンクリートに係る専門用語』といった基本的な内容の出題が多い。コンクリートの問題は、繰り返し同じキーワードが使われているので出題頻度

「鋼構造及びコンクリート」過去10年間の出題キーワード

出題年度	設問キーワード
平成24年度	図心、片持ばりの先端のたわみ、曲げモーメント図、ボルトの最大中心間隔、有効厚（理論のど厚）、溶接継手、連結部の構造、高力ボルト支圧接合、活荷重、A活荷重、B活荷重、不静定構造物、温度変化、群集荷重、衝撃、コンクリートの圧縮強度、水セメント比、コンクリートの引張強度、割増引張強度試験方法、コンクリートの乾燥収縮、単位水量、コンクリートの中性化速度、コンクリートの凍害対策、早強ポルトランドセメント、超早強ポルトランドセメント、高炉セメント、中庸熱ポルトランドセメント、低熱ポルトランドセメント、高流動コンクリート、高強度コンクリート、土木コンクリート構造物の品質確保のために取り組むべき措置、スペーサー、テストハンマー、ひび割れ発生状況の調査、銘板の設置
平成25年度	断面積、断面二次モーメント、断面係数、断面二次半径、片持ばりのたわみ、曲げモーメント図、連結部の構造、鋼材、溶接継手、高力ボルト支圧接合、ボルト孔の中心から板の縁までの最小距離、道路橋の建設時期、床版、単純桁の連続化、BMS、伸縮装置、早強ポルトランドセメント、超早強ポルトランドセメント、高炉セメント、中庸熱ポルトランドセメント、低熱ポルトランドセメント、ワーカビリティー、高炉セメントを使用したコンクリート、コンクリートの打継目、プレストレッシング直後のコンクリートに生じる最大圧縮応力度、ひび割れ、スランプ試験、スランプフロー試験、コンクリートに混入した空気、高強度コンクリート、水セメント比、引張強度
平成26年度	断面係数、断面二次半径、断面二次モーメント、片持ばりの先端のたわみ、曲げモーメント図、高力ボルト引張接合継手、純断面積、補剛設計、応力－ひずみ、溶接継手、鋼コンクリート合成床版、床版、鋼床版、合成桁の床版、L荷重、セメント、ポルトランドセメント、高炉セメント、シリカセメント、フライアッシュセメント、エコセメント、早強ポルトランドセメント、乾燥収縮ひずみ、クリープ、水セメント比、引張強度、水和反応、圧縮強度、乾燥収縮、中性化速度、凍害対策
平成27年度	断面一次モーメント、断面二次モーメント、座屈荷重、座屈モード、曲げモーメント、連結部の構造、鋼材、溶接継手、支圧接合、ボルト孔の中心から板の縁までの最小距離、A活荷重、B活荷重、不静定構造物、設計に用いる温度変化の範囲、群集荷重、衝撃、アルカリシリカ反応、塩害、高炉セメント、凍害、化学的侵食、ワーカビリティー、高炉セメント、コンクリートの打継目、プレストレッシング、リラクセーション、クリープ、乾燥収縮、死荷重、ひび割れ、プレストレストコンクリート、内ケーブル方式、外ケーブル方式、PC構造、PRC構造
平成28年度	図心、トラス、節点法、断面法、平行弦トラス橋、曲弦トラス橋、有効座屈長、ボルトの最大中心間隔、完全溶込み開先溶接、溶接部の有効厚（理論のど厚）、溶接継手、連結部の構造、高力ボルト支圧接合、道路橋、床版、単純桁の連続化、BMS、伸縮装置、コンクリートの圧縮強度、コンクリートの引張強度、乾燥収縮、中性化速度、凍害対策、鉄筋のあき、鉄筋、鉄筋のかぶり、鉄筋の配置、鉄筋の継手、プレストレストコンクリート、PC構造、PRC構造、ポストテンション方式、プレテンション方式
平成29年度	断面二次モーメント、ローラー支点、回転支点、固定端、弾性支点、片持ばりの先端のたわみ、アーチ橋、トラス、すみ肉溶接、まわし溶接、梯形断面主桁、ねじりによる応力、ラーメン、床版、鋼コンクリート合成床版、鋼床版、合成桁、L荷重、床版の疲労、塩害、アルカリシリカ反応、凍害、スケーリング、ポップアウト、化学的侵食、セメント、ポルトランドセメント、フライアッシュセメント、高炉セメント、寒中コンクリート、プレストレストコンクリート、低熱ポルトランドセメント、早強ポルトランドセメント、ワーカビリティー、鋼材、ひび割れ
平成30年度	断面積、断面二次モーメント、断面係数、断面二次半径、塗装、厚膜被覆、溶融めっき、金属溶射、封孔処理、耐候性鋼材、溶接継手、スカラップ（切欠き）、全断面溶込みグルーブ（開先）溶接、曲げモーメント図、せん断力図、B活荷重、衝撃、不静定構造物、集中荷重（L荷重）、群集荷重、温度昇降、コンクリートの強度、圧縮強度、設計基準強度、水セメント比、コンクリートの空気量、コンクリートを練り混ぜてから打ち終わるまでの時間、凍害、スケーリング、ポップアウト、中性化、アルカリシリカ反応、床版の疲労ひび割れ、プレストレストコンクリート、PRC構造、PC構造、プレテンション方式、ポストテンション方式
令和元年度	図心、断面二次モーメント、ヤング率、たわみの値、磁粉探傷試験、浸透探傷試験、放射線透過試験、超音波探傷試験、渦流探傷試験、鋼構造の特徴、活荷重、集中荷重（T荷重）、衝撃、基準温度、風による動的な影響、コンクリートの品質、水セメント比、エントレインドエア、ワーカビリティー、単位水量、細骨材率、単位セメント量、材料分離抵抗性、乾燥収縮、ポルトランドセメントの種類、普通ポルトランドセメント、高炉セメントB種、アルカリシリカ反応、塩化物イオン、普通エコセメント、寒中コンクリート、プレストレストコンクリート、低熱ポルトランドセメント、目視による方法、たたきによる方法、コア採取、反発度、非破壊試験
令和元年度（再試験）	トラス、静定トラス、節点法、断面法、ハウトラス、平行弦トラス、曲弦トラス、弾性座屈荷重、溶接継手、高力ボルト接合、ボルト孔の中心から板の縁までの最小距離、限界状態、橋の限界状態1、橋の限界状態2、橋の限界状態3、コンクリートの圧縮強度、中性化速度、コンクリートの引張強度、凍害対策、乾燥収縮、水密性、ひび割れ、ワーカビリティー、塩害、中性化、アルカリシリカ反応、凍害、化学的侵食
令和2年度	曲げモーメント、断面二次モーメント、溶接継手、全断面溶込みグルーブ（開先）溶接、上向き溶接、スカラップ（切欠き）、鋼材の腐食、ボルトの遅れ破壊、F11Tの高力ボルト、疲労き裂、塗装、き裂の溶接補修、衝撃、支点の移動及び回転の影響、B活荷重、温度昇降、等分布荷重（T荷重）、コンクリート、コンクリートの水密性、アルカリシリカ反応、鉄筋の継手、鉄筋の配置、かぶり部分のコンクリート、凍害、化学的侵食、床版の疲労、塩害、アルカリシリカ反応
令和3年度	せん断力図、曲げモーメント図、図心、最大主応力の値、疲労、疲労き裂の起点、溶接止端、溶接ルート、溶接欠陥、き裂の進展寿命、変動応力、耐候性鋼材、ジンクリッチペイント、犠牲防食作用、厚膜被覆、金属溶射、結晶材料、空気量、細骨材率、ワーカビリティー、単位水量、水セメント比、単位セメント量、単位粉体量、セメント、早強ポルトランドセメント、コールドジョイント、低熱ポルトランドセメント、寒中コンクリート、プレストレストコンクリート工事、ポルトランドセメント、アルカリシリカ反応、凍害、スケーリング、ポップアウト、すりへり、中性化、床版の疲労

の高いキーワードは、ぜひとも確実に理解しておくようにしたい。

　そして、鋼構造及びコンクリート分野における平成24年度からの問題は、土質および基礎の分野と同様に、過去に出題された設問を再利用した問題が多用されるようになっている。令和3年度の問題は、8問題のうち3問題が過去問題の一部を修正した問題が出題されている。令和2年度の問題で過去問題を修正した問題は、「Ⅲ－5」が平成30年度の問題、「Ⅲ－9」が平成30年度の問題、「Ⅲ－12」が平成30年度の問題をそれぞれもとにしているようである。今年度も引き続き、基本的なキーワードを理解しておくとともに過去問題と同じあるいは類似問題に対する準備を進めていくことが重要である。

3）都市及び地方計画

　都市及び地方計画分野における過去10年間の出題キーワードを次ページに示す。

【都市及び地方計画の出題傾向】

　都市及び地方計画分野においては、『市街化区域』や『市街化調整区域』、『用途地域』などのような『都市計画法』に関連する問題とともに、『交通需要予測』や、そのための『交通量調査』のような『都市交通計画』に関する問題が主に出題されている。平成20年度から平成26年度までは、前述したように「鉄道」分野の後に「都市及び地方計画」分野の問題が出題されていたが、平成27年度からは「鋼構造及びコンクリート」分野の後に出題されている。なお、平成21年度では『地区交通計画』、『土地区画整理』、『用途地域』に続いて「Ⅳ－28」に『利用者均衡配分法』に関する問題があるが、これは都市及び地方計画分野の問題として見るよりは、むしろ道路分野の問題と見て試験対策を進めたほうが理解しやすいものと思われる。また、平成23年度の「Ⅳ－27」は『自転車交通の計画』に関する問題であり、これも道路分野としての設問内容といえる。さらに平成27年度「Ⅲ－16」の『公共交通に関する問題』は、都市及び地方計画の問題とはいえず「その他の分野」の問題と見るべきである。

　平成24年度からの問題は、他の分野と同様に過去に出題された問題、あるいは一部修正した形の出題内容が多い。また、出題数は平成26年度と平成27年度は3問だったが平成28年度以降は4問に増えている。令和3年度の出題内容を過去問題と比べると「Ⅲ－16」が平成30年度の設問順番を入れ替えた問題になっている。都市及び地方計画分野では、今後も『都

「都市及び地方計画」過去10年間の出題キーワード

出題年度	設問キーワード
平成 24年度	土地区画整理、耕地整理、特別都市計画法、土地区画整理事業、減歩、減歩率、パーソントリップ調査、スクリーンライン調査
平成 25年度	都市計画区域、区域区分、市街化区域、市街化調整区域、用途地域、利用者均衡配分法
平成 26年度	用途地域、既存不適格、白地地域、第一種低層住居専用地域、特別用途地区、パーソントリップ調査、大都市交通センサス、物資流動調査、道路交通センサス、国勢調査、交通需要予測手法、発生・集中交通量、分布交通量、交通手段別分担交通量、配分交通量、非集計モデル
平成 27年度	都市計画、都市施設、市街地開発事業、市街化区域、区域区分、都市計画区域、クラレンス・スタイン、トニー・ガルニエ、ロバート・オウエン、C.アーサー・ペリー、エベネザー・ハワード、大都市交通センサス、物資流動調査、パーソントリップ調査、コードンライン、国勢調査
平成 28年度	都市計画区域、産業廃棄物処理施設についての都市計画、都市計画の決定、一級河川に関する都市計画、土地区画整理事業、国勢調査、パーソントリップ調査、物資流動調査、大都市交通センサス、道路交通センサス、空間平均速度、区域区分、都市計画区域マスタープラン、市街化区域、市街化調整区域、用途地域
平成 29年度	都市計画区域、区域区分、市街化区域、市街化調整区域、用途地域、コンパクトシティ、コンパクトシティ政策、都市の低炭素化の促進に関する法律、都市再生特別措置法、都市機能誘導区域、居住誘導区域、4段階推定法、ゾーン、原単位法、クロス分類法、重回帰モデル法、フレーター法、集計ロジットモデル、利用者最適（等時間配分）、システム最適（総走行時間最小）、全国総合開発計画、新全国総合開発計画、第三次全国総合開発計画、国土形成計画、国土のグランドデザイン2050
平成 30年度	用途地域、特別用途地区、特別用途制限地域、市街化調整区域、高度利用地区、防火地域、準防火地域、土地区画整理事業、減歩率、減歩、耕地整理、土地区画整理、土地区画整理に関する特別都市計画法、コミュニティバス、デマンド交通、LRT、BRT、トランジットモール、国土総合開発法、国土形成計画法、国土形成計画、全国計画、広域地方計画
令和 元年度	都市施設、市街地開発事業、都市計画区域、市街化区域、クラレンス・アーサー・ペリーの近隣住区単位の概念、エベネザー・ハワードが説いた田園都市、グリーンベルト・タウンズ、コンパクトシティ、エリアマネジメント、パーソントリップ調査、トリップ、ゾーン、スクリーンライン調査、第一次全国総合開発計画、高度技術工業集積地域開発促進法（テクノポリス法）、首都圏整備計画、中部圏開発整備計画、北海道総合開発計画
令和 元年度 （再試験）	用途地域、建築基準法、特別用途地区、特定用途制限地域、都市開発事業、買収方式、換地方式、新都市基盤方式、権利換地方式、免許方式、時間平均速度、空間平均速度、全国総合開発計画、第三次全国総合開発計画、第四次全国総合開発計画、国土形成計画、国土のグランドデザイン2050
令和 2年度	地域地区、用途地域、高度利用地区、防火地域、準防火地域、特別用途地区、特定用途制限地域、土地区画整理事業、換地、減歩、利用者均衡配分法、分割配分法、Wardropの第一原則（等時間原則）、利用者均衡の概念、リンクパフォーマンス関数、国土形成計画法、全国計画、広域地方計画、首都圏整備法
令和 3年度	都市計画区域、準都市計画区域、2つ以上の都府県にわたる都市計画区域、地域地区、高度地区、市街地再開発事業、用地買収方式、第1種市街地再開発事業、権利変換方式、第2種市街地再開発事業、権利変換、土地区画整理事業、換地処分、立体換地、スラムクリアランス、スーパーブロック、街区、交通需要調査、全国道路・街路交通情勢調査（道路交通センサス）、総合都市交通体系調査（都市圏パーソントリップ調査）、全国都市交通特性調査（全国PT調査）、国勢調査、大都市交通センサス、国土形成計画、全国計画、広域地方計画、国土形成計画法

市計画法』や『土地区画整理』、『交通計画』等に関連するキーワードについて十分に理解しておくとともに、過去に出題された問題に対しては確実に正解できるようにしておく必要がある。

4）河川、砂防及び海岸・海洋

　河川、砂防及び海岸・海洋分野における過去10年間の出題キーワードを次ページに示す。

【河川、砂防及び海岸・海洋の出題傾向】

　これまでに出題されたキーワードを見ると、河川分野では『河川計画』やそれに係る『水理解析』や『流出解析』をはじめ、『ダム』、『堤防』、『河川管理』に関する問題や『河口密度流』などに関する問題が出題されている。また、砂防では『砂防ダム（砂防えん堤）』や『地すべり防止施設』、『流路工』などの『砂防施設』や『砂防工事』に関する問題や『土石流』に関する問題に加えて『水防法』や『土砂災害防止法』に関する問題が出題され、海岸では『離岸堤』や『養浜』、『津波』といった海岸工学の基本に関する出題が多い。河川、砂防及び海岸・海洋分野の出題傾向としては、平成18年度「Ⅳ－14」の水深の支配方程式を問う問題や、平成19年度「Ⅳ－17」や平成30年度「Ⅲ－19」、令和２年度「Ⅲ－17」、令和３年度「Ⅲ－17」のベルヌーイの式に関する問題、そして平成20年度以降から数多く出題されている単一管路の定常流に関する問題のように、水理学の基礎といえる内容の設問が出題されている。学習にあたっては、自分の得意・不得意や学習効率を考えて準備を進めていく必要はあるが、試験当日においても適切な問題の取捨選択を見極められるようにしておきたい。

　この分野では、平成19年度の試験から過去に出題された問題と同じ設問文や類似した問題が出題されるようになっている。そして平成24年度からは他の分野と同様に、過去問題を修正した問題や過去問題と同じ問題が多く出題されるようになった。令和３年度の問題は、9問のうち3問が過去問題の一部を修正した問題になっている。具体的には「Ⅲ－18」が平成29年度の設問順番を入れ替えた問題、「Ⅲ－19」が平成30年度の設問順番を入れ替えた問題、「Ⅲ－23」が令和元年度の設問順番を入れ替えた問題である。

　この分野は、河川・砂防・海岸・海洋という4つの分野を1つにまとめた科目になっており、平成26年度までは7問の出題数であったが、平成27年度には1問増えて8問になり、平成28年度からは9問になっている。

「河川、砂防及び海岸・海洋」過去10年間の出題キーワード

出題年度	設問キーワード
平成24年度	マニングの平均流速公式、準二次元不等流解析、水面勾配の変化、フルード数、常流、射流、限界流、洪水波、ピエゾ水頭、速度水頭、エネルギー損失、動水勾配、動水勾配線、ベルヌーイの式、位置水頭、圧力水頭、損失水頭、ゼロアップクロス法、有義波高、最高波高、波数、波形勾配、波形、河川堤防、浸透に対する安全性の照査、すべり破壊、パイピング、高潮の影響、胸壁、ドレーン工、支川処理方式、バック堤方式、セミバック堤方式、自己流堤方式、ウォッシュロード、計画堆砂面形状、河床低下、限界掃流力、粒子が流水から受ける抵抗、砂防ダム、重力式コンクリートダム、アーチ式コンクリートダム、水制工、床固工、護岸
平成25年度	合理式法、有効降雨、流出率、水位流量曲線、マニングの平均流速公式、河川水の流速、ピエゾ水頭、速度水頭、流量、圧力水頭、全水頭、損失水頭、スネルの法則、抗力、離岸流、浅水変形、沿岸の流速、ドレーン工法、浸透に対する安全性の照査、余裕高、表のり面被覆工法、導流工、帯工、地すべり防止施設の配置計画、抑制工、直立堤、傾斜堤、混成堤、消波工、防波堤の安定計算に用いる外力
平成26年度	流出解析、河道網構造、流出モデル、合理式、貯留関数法、水理解析、フルード数、射流、常流、限界流、洪水波、等流水深、限界水深、限界勾配、マニングの平均流速公式、ピエゾ水頭、位置水頭、動水勾配、動水勾配線、有義波高、津波、浅水変形、波の屈折、回折、護岸、護岸ののり覆工、護岸の基礎工、護岸の根固工、護岸の天端工、石積工、暗渠工、水路工、砂防ダムの天端幅工、根固工、離岸堤、養浜、人工リーフ、海岸堤防、高潮、吹き寄せ効果
平成27年度	流出モデル、河道網構造、羽状流域、放射状流域、平行流域、複合流域、貯留関数法、等価粗度法、合理式、射流、限界水深、フルード数、常流、等流、エネルギー勾配、マニングの平均流速公式、ピエゾ水頭、位置水頭、圧力水頭、全水頭、速度水頭、ベッドマテリアルロード、掃流砂、浮遊砂、ウォッシュロード、無次元掃流力、移動限界、小規模河床波、河川堤防、浸透に対する安全性照査、余裕高、ドレーン工、堤体、高規格堤防、砂河道、遠心力による二次流、アーマリング、堆砂量、デルタ、砂防ダムの調節効果、床固め工、護岸工、水制工、流路工、深海波、有義波（1／3最大波）、津波、浅水変形、回折
平成28年度	ベルヌーイの定理、オリフィス、損失水頭、開水路、フルード数、常流、射流、限界流、マニングの平均流速公式、粗度係数、等流水深、限界水深、限界勾配、土砂の移動、掃流輸送、浮遊輸送、浮泥、ウォッシュロード、砂漣、砂堆、砂州、河川護岸、のり覆工、護岸の基礎工、根固工、工事用道、高水護岸、河川整備基本方針、河川整備計画、基本高水、堤防、計画高水流量、高規格堤防、正常流量、維持流量、水利流量、有義波、養浜、津波、屈折、波の発達、回折、スネルの法則、抗力、離岸流、離岸堤、波の浅水変形、沿岸流の流速、砂防施設計画、砂防基本計画、計画流出土砂量、計画生産土砂量、土石流、掃流砂、計画許容流砂量、計画超過土砂量、土砂生産抑制計画
平成29年度	全水圧、完全流体、層流、乱流、圧縮性流体、非圧縮性流体、不等流、開水路、ピエゾ水頭、位置水頭、圧力水頭、エネルギー線、動水勾配線、流量、全エネルギー、移動限界、分級現象、無次元掃流力、ベッドマテリアルロード、掃流砂、浮遊砂、ウォッシュロード、小規模河床波、掃流力、河川堤防の浸透、非定常浸透流計算、円弧すべり法、ドレーン工、余裕高、計画高水流量、高規格堤防、許容越流量、河川整備基本方針、河川整備計画、洪水防御計画、基本高水、ゼロ・アップクロス法、有義波、深海波、長波、浅水変形、回折、直立堤、波圧強度、広井公式、傾斜堤、ハドソン公式、グリーンの法則、津波、屈折、スネルの法則、サビールの仮想（のり面）勾配法、流路工、水制工、護岸工、床固工、砂防堰堤（砂防ダム）
平成30年度	単一管路の定常流れ、速度水頭、流量、圧力水頭、ピエゾ水頭、位置水頭、全水頭、マニングの平均流速公式、開水路、粗度係数、フルード数、常流、射流、限界流、限界勾配、等流水深、限界水深、ベルヌーイの定理、相似則、レイノルズ数、河川堤防、高規格堤防、耐浸透性、耐侵食性、のり面すべり破壊、堤防地盤のパイピング、堤防のり面の侵食、土堤の確保すべき耐震性、護岸、護岸の天端工、護岸ののり覆工、護岸の基礎工、護岸の根固工、浅水変形、有義波（1／3最大波）、離岸流、海岸横断面、沿岸砂州、正常海浜、羨岸越波量、深海域の波速、浅水係数、屈折による波高変化、屈折係数、波の反射率、重複波、砕波の形態、深海波の波形勾配、海底勾配、土砂生産抑制計画、砂防施設計画、砂防基本計画、計画流出土砂量、計画生産土砂量、計画許容流砂量、計画超過土砂量
令和元年度	ベルヌーイの定理、オリフィス、完全流体、圧縮性流体、非圧縮性流体、不定流、開水路、マニングの平均流速公式、粗度係数、総圧管、静圧管、ピトー管、よどみ点、マノメータ（水位計）、水流中の物体に働く抗力、限界掃流力、掃流砂、浮遊砂、ウォッシュロード、河床低下、河床上昇、水中安息角、高規格堤防、計画高水位、耐浸透性、耐侵食性、堤防の天端幅工、支川の背水区間、パイピング、浸透に対する堤体の安全性評価、ドレーン工、河川整備基本方針、河川整備計画、洪水防御計画、津波、深海波、潮汐、屈折、浅水変形、有義波高、ゼロアップクロス法、波返工、裏のり被覆工、合田式、重複波圧、砕波圧、津波の波圧、谷本式、ハドソン式、傾斜堤、混成堤、マウンド被覆材、潜堤、改良仮想勾配法、サヴィールの仮想勾配法、砂防ダム（砂防堰堤）、護岸工、流路工、水制工、床固工
令和元年度（再試験）	全水圧、管内のエネルギー損失、局所損失、動水勾配線、エネルギー勾配線、常流、限界水深、射流、フルード数、限界勾配、跳水現象、マニングの流速公式、粗度係数、土砂の移動、砂州、砂漣、砂堆、掃流輸送、浮遊輸送、浮泥、ウォッシュロード、河床低下、河川整備基本方針、河川整備計画、洪水防御計画、基本高水、浸透に対する安全性照査、余裕高、計画高水流量、ドレーン工法、のり覆工、表のり面被覆工法、有義波、津波、深海波、回折、養浜工、波の屈折、グリーンの法則、直立堤、広井公式、傾斜堤、ハドソン公式、サビールの仮想勾配法、砂防堰堤（砂防ダム）、流路工の工事着手時期、流路工の計画河床勾配、捕捉工、山腹工
令和2年度	非圧縮性完全流体、ベルヌーイの定理、損失水頭、マニングの式、等流、常流、射流、限界水深、限界流速、せき上げ背水曲線、限界掃流力、掃流力、無次元掃流力、掃流砂、ウォッシュロード、河川堤防、堤防の耐浸透性能の照査、すべり破壊、パイピング破壊、堤防の高さ、土堤の耐震性能の照査、河川整備基本方針、河川整備計画、洪水防御計画、流域に降る降雨量に基づく方法、洪水調節計画、基本高水ピーク流量、計画高水流量、正常流量、維持流量、水利流量、浅水変形、ゼロ・アップクロス法、有義波、波速、回折、養浜工、静的養浜工、後浜天端幅、前浜勾配、高波浪、動的養浜工、サンドバイパス、サンドリサイクル、護岸、水制工、床固工、砂防ダム、重力式コンクリートダム、アーチ式コンクリートダム
令和3年度	非圧縮性完全流体、ベルヌーイの定理、ピエゾ水頭、位置水頭、圧力水頭、エネルギー線、動水勾配線、全エネルギー、フルード数、常流、射流、限界流、等流水深、限界水深、限界勾配、マニングの平均流速公式、粗度係数、掃流砂、浮遊砂、ウォッシュロード、砂堆、水中安息角、限界掃流力、護岸、水制、高水敷、堤防、堀込河道、堤内地、低水護岸、天端工、基礎工、根固工、平面二次元河床変動解析、中規模河床形態、蛇行州、交互砂州（単列砂州）、複列砂州（多列砂州）、固定砂州、河口砂州、支川砂州、潮汐、天文潮、気象潮、異常潮、有義波高、ゼロアップクロス法、浅水変形、屈折、津波、深海波、マウンド被覆ブロック、設計高潮位、砕波、設計津波、直立堤、傾斜堤、離岸堤、ハドソン式、土砂災害防止法、急傾斜地の崩壊、土石流、地すべり、河道閉塞による湛水、土砂災害警戒区域、土砂災害特別警戒区域、土砂災害警戒情報、土壌雨量指数、60分積算雨量

特に出題数の多い河川については、『水理学の基礎』とともに『土砂移動』や『水理・水文解析』などについて、過去に出題されたキーワードを中心にその内容を十分に理解するとともに、過去問題についても十分に学習しておくことが必要である。

5）港湾及び空港

港湾及び空港分野における過去10年間の出題キーワードを以下に示す。

「港湾及び空港」過去10年間の出題キーワード

出題年度	設問キーワード
平成24年度	傾斜堤、ハドソン式、直立堤、混成堤、合田式、消波ブロック被覆堤、滑走路の向き、平行誘導路、ターニングパッド、グルービング、過走帯
平成25年度	防波堤、港口、沿岸漂砂、直立堤、傾斜堤、滑走路の方向、滑走路の長さ、グルービング、エプロン、着陸帯
平成26年度	港内の静穏度、往復航路の幅員、港湾計画、航路の水深、滑走路の向き、平行誘導路、滑走路、グルービング、着陸帯
平成27年度	直立堤、広井公式、傾斜堤、ハドソン公式、グリーンの法則、ウェーブ・セットアップ（wave setup）、サビールの仮想（のり面）勾配法、着陸帯、滑走路の方位選定、滑走路の長さ、グルービング、エプロン
平成28年度	港湾計画、航路の水深、往復航路の幅員、港内の静穏度、消波工
平成29年度	滑走路の向き、平行誘導路、滑走路の長さ、グルービング、ハイドロプレーニング現象、着陸帯
平成30年度	港湾計画、航路の方向、航路の長さ、泊地の深さ、防波堤
令和元年度	港湾計画、航路の水深、往復航路の幅員、港内の静穏度、消波工
令和元（再）	防波堤、直立堤、傾斜堤、混成堤、消波ブロック被覆堤
令和2年度	滑走路の長さ、着陸帯、平行誘導路、誘導路、フィレット
令和3年度	防波堤、消波ブロック被覆堤、混成堤、傾斜堤、直立堤

【港湾及び空港の出題傾向】

　港湾及び空港分野では、平成27年度まで毎年2問題の出題数になっていたが、平成28年度からは1問の出題数になっている。平成28年度から平成30年度までは港湾分野の問題と空港分野の問題が交互に出題されたが、令和元年度は再試験も含め平成30年度に続いて港湾分野の問題が出題された。その後、令和2年度は空港分野、令和3年度は港湾分野の出題になっている。

　港湾では、平成17年度の出題のように『港湾管理者』あるいは『スー

パー中枢港湾プロジェクト』のような港湾行政に係る問題も出題されているが、『港湾計画』や『防波堤』、『埠頭』などのような、主に『港湾施設』の構造や設計に関する出題内容が多い。一方、空港では滑走路や誘導路、エプロンなどについての基本的な内容の設問が多い。港湾に関する問題は、過去には比較的難しい出題も見られたが、平成19年度以降からは基本的な内容の出題が多くなった。

　一方、空港に関しては常識的な問題が多く、港湾の問題と同様に過去問題と同じ設問文や、類似した問題が出題されている。河川、砂防及び海岸・海洋分野と同様に、過去問題を確認しておくことが重要だということがいえる。

　なお、この分野においても平成19年度から過去問題と同じ設問文や、類似した問題が出題されるようになっている。令和3年度の出題内容を過去問題と比べると「Ⅲ−25」が令和元年度再試験の設問順番を入れ替えた問題になっている。港湾については『港湾計画』と『港湾施設』に関する基本事項をしっかり整理しておくとともに、空港については『滑走路』や『誘導路』、『エプロン』などの基本的なキーワードを確認し、過去問題の内容を理解しておくことが必要である。

6）電力土木

　電力土木分野における過去10年間の出題キーワードを次ページに示す。

【電力土木の出題傾向】

　電力土木の分野においては、主な発電である『水力』、『火力』、『原子力』の取・放水口や発電タイプなどの『発電設備』を中心に、『風力発電』や『バイオマスエネルギー』などの新しい発電も含めて幅広く出題されている。また『有効落差』や『Manningの公式』、『跳水現象』、さらに『理論水力』や『有効落差』など基本的な事項に関する出題もされている。なお、最近の設問内容を見てみると、平成26年度は『新エネルギー』と『水力発電』に関する問題、平成27年度は『水力発電所』と『火力発電所の立地条件』に関する問題、平成28年度は『深層取水方式を採用した場合の効果』と『水力発電所の水路ルート選定』に関する問題、そして平成29年度は『地下発電所』と『温排水の放水方式』の問題、さらに平成30年度は『火力発電所の構内配置計画』に関する問題、令和元年度は『火力発電所の立地条件』と『水力発電の水路』に関する問題、令和元年度再試験は『水力発電』と『火力発電所放水口』に関する問題、令和2年度は『我が国

「電力土木」過去10年間の出題キーワード

出題年度	設問キーワード
平成24年度	流込み式水力発電、揚水式水力発電、混合揚水発電、貯水池式水力発電、調整池式水力発電、火力発電所の立地条件、復水器
平成25年度	新エネルギー、風力発電で用いられる風車、風力発電の設置個所、バイオマス発電、太陽電池、水路トンネルのルート選定、サージタンク、揚水式発電所、選択取水設備
平成26年度	新エネルギー、太陽電池、温度差エネルギー、バイオマス発電、風力発電、流れ込み式（自流式）水力発電、調整池式水力発電、貯水池式水力発電、揚水式水力発電、中小規模水力発電
平成27年度	水力発電所、導水路形式、損失水頭、水路式発電所の取水口、ヘッドタンク、水路式発電所、圧力水路のこう配、サージタンク、火力発電所の立地条件
平成28年度	深層取水方式、水路ルート選定、水路ルートの線形、無圧トンネル、損失落差
平成29年度	揚水発電所、地下発電所、温排水の放水方式、表層放水方式、水中放水方式
平成30年度	渇水量、有効落差、損失水頭、水路の粗度係数の値、導水路、ヘッドタンク、差動サージタンク、火力発電所の構内配置計画、取放水口の配置、開閉所、変電所、ボイラー、取放水路の形状、燃料受入れ設備
令和元年度	火力発電所の立地条件、導水路、放水路、水路の種類、無圧水路、圧力水路、無圧トンネル、サージタンク、動水勾配
令和元（再）	水力発電所、無圧水路、動水勾配、沈砂池、導水路トンネル、サージタンク、温排水の放水方式、水中放水方式、表層放水方式
令和2年度	電源別発電電力量、水力発電、流況曲線、豊水量、取水口、沈砂池、射流、普通水槽の容量、導水路、流れ込み式発電所
令和3年度	再生可能エネルギー、太陽光発電、風力発電、中小水力発電、バイオマス発電、地熱発電、第5次包蔵水力調査、流れ込み式発電所、常時使用水量、水圧管路の屈曲部、ペルトン水車

　の電源別発電電力量』と『水力発電』に関する問題、令和3年度は『再生可能エネルギー』と『中小水力発電』に関する問題がそれぞれ出題されている。電力土木分野における出題は、新たに作られた問題が比較的多い。

　この分野では、『水力発電に関する基本事項』に加えて『国内の出力需給』や『新エネルギー』に関する整理、そして『水力』、『火力』、『原子力』の発電種類ごとの『発電計画』と『主要設備』に加えて、発電に係る『環境への影響』や『電気事業のデータベース』に関する学習も必要になる。

7）道　路

道路分野における過去10年間の出題キーワードを以下に示す。

「道路」過去10年間の出題キーワード

出題年度	設問キーワード
平成24年度	計画交通量、設計速度、車線数、交通容量、設計時間交通量、車線の幅員、設計交通量、建築限界、舗装の性能指標、疲労破壊輪数、塑性変形輪数、平たん性、コンクリート舗装、たわみ性舗装、低騒音舗装、密粒度アスファルト混合物、中温化舗装、積雪寒冷地域、耐摩耗性
平成25年度	道路構造令、高規格幹線道路、完成4車線構造、ハンプ、狭窄部、シケイン、リバーシブルレーン、乗用車専用道路、視距、1車線改良、2車線改良、堆雪幅、舗装の性能指標、疲労破壊輪数、塑性変形輪数、浸透水量、すべり抵抗値
平成26年度	平面線形と縦断線形の組合せ
平成27年度	交通機能、空間機能、道路構造令、中央帯
平成28年度	計画交通量、30番目日交通量、設計速度、車線数、交通容量、設計時間交通量、車線の幅員、設計交通量、建築限界
平成29年度	舗装の性能指標、疲労破壊輪数、塑性変形輪数、平たん性、浸透水量
平成30年度	計画交通量、30番目日交通量、車線の幅員、設計速度、設計交通量、建築限界、道路の線形設計、車線数、交通容量、設計時間交通量
令和元年度	舗装の性能指標、浸透水量、疲労破壊輪数、塑性変形輪数、平たん性
令和元年度（再試験）	空間機能、中央帯、交通機能、道路構造令
令和2年度	建築限界、車線数、交通容量、設計時間交通量、車線の幅員、設計速度、設計交通量、計画交通量
令和3年度	舗装の性能指標、浸透水量、疲労破壊輪数、塑性変形輪数、平たん性

【道路の出題傾向】

　道路分野では、『道路計画』をはじめ『道路の横断構成』や『道路構造』、『道路の種類』など、主に『道路構造令』に記載されている内容の出題が多い。また、道路分野においては、平成18年度から平成22年度までは3問が出題され、それぞれ「道路計画」、「道路設計」、「舗装」などの道路関連分野のバランスに配慮した問題設定になっていたが、平成24年度と平成25年度は2問になり、さらに平成26年度からは1問の出題数になった。道路分野においても過去問題と同じあるいは過去問題の一部を修正した形の出題が多い。令和3年度は、令和元年度の設問順番を入れ替えただけの

問題が出題されている。

　この分野では、『道路構造令』の内容を中心に、『交通計画』を含めた『道路計画』から『設計』、『施工』、『維持管理』に必要な、それぞれのキーワードに加えて『道路舗装』と『舗装の性能指標』に関するキーワードを整理し、それらを理解しておくことが重要である。他分野と同様に過去問題を十分に理解しておくことが大切である。

8）鉄　道

　鉄道分野における過去10年間の出題キーワードを以下に示す。

「鉄道」過去10年間の出題キーワード

出題年度	設問キーワード
平成24年度	線路、曲線半径、こう配、軌道の間隔、バラスト軌道、ロングレール
平成25年度	鉄道線路、スラック、ロングレール、レール締結装置、まくらぎ
平成26年度	地下鉄、我が国最初の地下鉄、政令指定都市での地下鉄、地下鉄の駅間隔、表定速度、ゴムタイヤ式地下鉄
平成27年度	ロングレール、道床、合成まくら木、スラブ軌道、犬くぎ
平成28年度	鉄道線路、スラック、ロングレール、レール締結装置、まくらぎ
平成29年度	道床、まくら木、合成まくら木、スラブ軌道、レール、犬くぎ、ロングレール
平成30年度	鉄道線路、まくらぎ、レール締結装置、ロングレール、スラック
令和元年度	スラブ軌道、カント、ロングレール、まくら木、レール締結装置、軌間、レールふく進
令和元年度（再試験）	レール、まくら木、軌きょう、道床バラスト、スラブ軌道、緩和曲線、サイン逓減曲線、3次放物線、緩和曲線長、カント、レール締結装置
令和2年度	軌道、コンクリート道床直結軌道、PCまくら木、ロングレール、踏切道
令和3年度	レール、まくら木、軌きょう、道床バラスト、スラブ軌道、緩和曲線長、カント、レール締結装置、緩和曲線、サイン逓減曲線、3次放物線

【鉄道の出題傾向】

　鉄道分野の出題は、『分岐器』や『レール』をはじめ『停車場』を含めた『鉄道施設』や、『交通量推計』などの『鉄道の計画』、さらに『地下鉄』や『モノレール』などの『都市交通機関』に関するものまで幅広い内容と

なっている。特に『鉄道施設』については、『軌道』あるいは『軌道構造』などの専門用語に関する基本的な内容の出題が多い。

平成23年度、平成24年度は『線路』に関する問題、平成25年度・平成28年度・平成30年度は『軌道』に関する問題、平成26年度は『地下鉄』に関する問題、平成27年度・平成29年度・令和元年度以降は『軌道構造』に関する問題がそれぞれ出題されている。鉄道分野においても過去問題をベースにした出題が多いが、令和3年度の問題は令和元年度再試験の設問順番を入れ替えた問題である。

鉄道分野の対策としては『鉄道施設』と『鉄道工学』に係る専門事項のキーワードを中心に、『鉄道輸送』、『事業評価』、『事故や安全対策』などの『鉄道計画』に関することや『地下鉄』、『新交通システム』などの基本事項、そして『鉄道整備に対する政府の支援』に関する法律や助成・補助制度、さらに『交通バリアフリー法』などの関連する法律の概要など、幅広い事項について整理しておく必要がある。そして、過去問題の十分な理解も必要である。

9) トンネル

トンネル分野における過去10年間の出題キーワードを次ページに示す。

【トンネルの出題傾向】

トンネル分野は、『シールド工法』、『山岳工法』などの主としてトンネルの施工法、ならびにトンネル施工に係る『補助工法』に関する内容の出題が多い。この分野の設問内容は、用語の定義に関するものが多いことが特徴といえる。

トンネル分野においては、平成23年度までは毎年2問出題されており、それぞれ『シールドトンネル』と『山岳トンネル』に関する問題が出題されていたが、平成24年度からは1問の出題数になり、平成24年度・平成27年度・平成28年度・平成30年度・令和2年度は『シールドトンネル』の問題、平成25年度・平成26年度・平成29年度・令和元年度・元年度再試験・令和3年度は『山岳トンネル』の問題がそれぞれ出題されている。トンネル分野においても過去問題と同じあるいは過去問題の一部を修正した形の出題が多く、令和3年度の問題は、令和元年度の設問順番を入れ替えた問題である。

トンネル分野では『シールドトンネル』と『山岳トンネル』について、それぞれの工法を『補助工法』も含めて、必要なキーワードを抽出してま

「トンネル」過去10年間の出題キーワード

出題年度	設問キーワード
平成24年度	シールドトンネル、シールド形式の選定、立坑、覆工、セグメント、テールボイド
平成25年度	山岳トンネル、地山分類、地山強度比、吹付けコンクリート、補助工法、未固結地山
平成26年度	吹付けコンクリート、吹付けコンクリートの品質、ロックボルト、ロックボルトの支保機能、鋼製支保工
平成27年度	土圧式シールド、泥水式シールド、覆工、セグメント、シールドトンネル、一次覆工、裏込め注入
平成28年度	シールドトンネル、シールド形式の選定、立坑、覆工、テールボイド、セグメント
平成29年度	トンネル山岳工法、吹付けコンクリート、ロックボルト、鋼製支保工、適用地質、新第三紀、沖積層、補助工法、未固結地山
平成30年度	シールドトンネル、シールド工法、セグメント、立坑、一次覆工、裏込め注入圧、シールドテール
令和元年度	山岳トンネルの支保工、鋼製支保工、吹付けコンクリート、吹付けコンクリートの強度、ロックボルト、ロックボルトの性能
令和元年度 （再試験）	山岳トンネル、全断面工法、補助ベンチ付き全断面工法、ベンチカット工法、導坑先進工法、吹付けコンクリート、ロックボルト、鋼製支保工、覆工
令和2年度	シールドトンネル、シールド工法、一次覆工、裏込め注入圧、シールドテール、セグメント、立坑
令和3年度	山岳トンネルの支保工、ロックボルト、ロックボルトの性能、鋼製支保工、吹付けコンクリート、吹付けコンクリートの強度

　とめておくことが必要である。また、この『シールドトンネル』と『山岳トンネル』に関連することも含めて、（公社）日本道路協会から出されている『道路トンネル技術基準（構造編）・同解説』ならびに、（公社）土木学会から出されている『トンネル標準示方書（シールド工法）・同解説』および『トンネル標準示方書（山岳工法）・同解説』などの基本事項について整理しておく必要がある。この場合に、特に用語の定義については技術基準の表現をそのままの形で正確に理解しておくということが大切である。

10）施工計画、施工設備及び積算

　施工計画、施工設備及び積算分野における過去10年間の出題キーワードを次ページに示す。

「施工計画、施工設備及び積算」過去10年間の出題キーワード

出題年度	設問キーワード
平成24年度	安全管理、パワー・ショベル、手掘り掘削作業、墜落災害の防止、酸素欠乏、工程管理、作業可能日数、原価、横線式工程表、CPM法、ネットワーク式工程表
平成25年度	安全管理、足場の組立て等作業主任者、手掘りによる地山の掘削、酸素欠乏危険作業主任者、パワーショベルの運転、移動式クレーンの玉掛け、施工計画、のり面すべりの安全率、河川における工事、型枠支保工を取り外す順序、仮設構造物、機械使用計画
平成26年度	作業可能日数、工程と原価との関係、横線式工程表、CPM法、ネットワーク式工程表、手掘りによる地山の掘削、パワー・ショベル、作業床、手すりの高さ、酸素欠乏
平成27年度	ネットワーク式工程表、クリティカルパス、バーチャート、ガントチャート、出来高累計曲線（Sカーブ）、工程管理曲線（バナナ曲線）、仮設構造物、工事用の仮橋、T荷重、土留め工、型枠支保工、河川仮締切り工
平成28年度	機械使用計画、盛土のり面のすべりに対する安全率、河川締切り工、型枠支保工、仮設構造物の事故、開削工事、自立式土留め工、切ばり式土留め工、グラウンドアンカー式土留め工、控え杭タイロッド式土留め工、補強土式土留め工
平成29年度	ネットワーク式工程表、クリティカルパス、横線式工程表、CPM法、作業可能日数、EPS工法、バーチカルドレーン工法、RCD（Roller Compacted Dam-concrete）工法、ブロック打設工法、ワイヤーソー工法、盛土式仮締切り工法
平成30年度	架設通路に設ける手すりの高さ、酸素欠乏、作業床、手掘りによる地山の掘削作業、パワー・ショベルによる荷のつり上げ、仮設構造物、盛土のり面のすべりに対する安全率、河川内の仮締切り工、機械使用計画、主作業、従属作業、型枠支保工を取り外す順序
令和元年度	土留め壁、ソイルセメント地下連続壁、簡易土留め壁、親杭横矢板土留め壁、鋼矢板土留め壁、鋼管矢板土留め壁、工程管理、CPM法、ネットワーク式工程表、クリティカルパス、横線式工程表、作業可能日数
令和元年度（再試験）	開削工事、切ばり式土留め工、控え杭タイロッド式土留め工、自立式土留め工、補強土式土留め工、グラウンドアンカー式土留め工、建設計画の届け出、安全衛生特別教育、建設工事従事者の安全及び健康の確保の推進に関する法律
令和2年度	サンドコンパクションパイル工法、打込み杭工法、静的破砕工法、RCD工法、ベンチカット工法、出来形管理、工事原価、特定建設業者、施工計画、ガントチャート工程表、バーチャート工程表、曲線工程表、斜線式工程表、ネットワーク式工程表
令和3年度	盛土式仮締切り工法、ワイヤーソー工法、バーチカルドレーン工法、RCD工法、EPS工法、品質管理、施工管理、工程管理、出来形管理、原価管理、環境保全管理、労務管理

【施工計画、施工設備及び積算の出題傾向】

　　施工計画、施工設備及び積算分野の出題は、『施工計画』に関する設問が比較的多く、『施工設備』や『積算』に関する出題は少ない。施工計画の問題は、主に『工程計画』や『安全管理』とともに『仮設工法』や『地盤改良工法』、『基礎工法』、『排水工法』、『開削工事』などに関する設問の出題が多い。一方、積算に関しては『VE』や『公共工事の入札及び契約の適正化の促進に関する法律』などの出題が見られる。平成23年度からの出題内容は、主に『施工計画』、『施工管理』、『安全管理』、『工程管理』、『工法』のいずれかを組み合わせたものとなっている。

　　施工計画、施工設備及び積算分野においても過去に出題された問題をベースにしたものが多く、令和3年度の「Ⅲ－32」の問題は平成29年度の設問順番を入れ替えた問題である。施工計画、施工設備及び積算分野では、出題数が多い『施工計画』の『工程管理』に関する内容を中心に、『土質及び基礎』や『トンネル』などの分野と関連する『各種の工法』と関連付けた学習が効率的である。そして、この分野も過去に出題された問題や類似した表現の問題が多く出題されるので、過去問題の内容をしっかりと押さえておくことが重要である。

11）建設環境

　　建設環境分野における過去10年間の出題キーワードを次ページに示す。

【建設環境の出題傾向】

　　建設環境の分野においては、建設に係る『環境影響評価』や『建設環境関係の各種法令』の問題とともに、『ヒートアイランド』や『環境基本法』あるいは『環境に係る統計内容』に関する設問のように『環境一般』といえる内容の問題も出題されている。平成30年度には、総務省が行っている全国の公害苦情調査結果に関する問題が出題されている。平成28年度・平成30年度・令和2年度は、2問題とも「建設環境」あるいは「環境一般」に係る問題が出題されたが、それ以外は『環境影響評価』の問題が毎年1問出題されているので『環境影響評価法』の内容については、しっかりと押さえておきたい。建設環境分野においても過去に出題された問題を修正した設問が多い。

　　建設環境分野では『環境影響評価』に関する内容とともに、建設工事に係る『騒音』、『振動』、『大気』、『水質』、『地盤沈下』に加えて、『建設資材の再資源化』や『自然環境の保全』、『地球環境問題』など幅広い内容を

「建設環境」過去10年間の出題キーワード

出題年度	設問キーワード
平成24年度	環境影響評価法、環境影響評価方法書、環境影響評価準備書、第一種事業、第二種事業、意見書、環境基本法、公害、水質汚濁防止法、公共用水域、大気汚染防止法、騒音規制法、特定建設作業、建設リサイクル法、特定建設資材、再資源化
平成25年度	環境影響評価法、環境アセスメント制度、環境アセスメントの対象となる事業、環境影響評価方法書、環境アセスメントの意見提出、環境アセスメントの対象、微小粒子状物質（PM2.5）、富栄養化、地球温暖化、ゼロ・エミッション、BOD（生物化学的酸素要求量）
平成26年度	環境影響評価、環境アセスメントの対象事業、環境アセスメント、準備書、方法書、レッドデータブック、富栄養化、COD、微小粒子状物質（PM2.5）、ゼロ・エミッション
平成27年度	環境影響評価法、第一種事業、環境アセスメントに関する条例、第二種事業、スクリーニング、方法書、スコーピング、準備書、振動規制法、特定建設作業、騒音規制法、バッチャープラント、水質汚濁防止法、大気汚染防止法、廃棄物の処理及び清掃に関する法律、産業廃棄物
平成28年度	環境基本法、公害、水質汚濁防止法、公共用水域、大気汚染防止法、騒音規制法、特定建設作業、建設工事に係る資材の再資源化等に関する法律（建設リサイクル法）、特定建設資材、規制基準、排出基準、排水基準、騒音規制法、振動規制法、悪臭防止法、地下水汚染、土壌汚染、土壌汚染対策法、湖沼の水質、COD、水質事故
平成29年度	環境影響評価法、第1種事業、第2種事業、スクリーニング、方法書、スコーピング、準備書、指標生物、縦覧、振動規制地域、振動規制法、3R、大気の安定性の度合い
平成30年度	レッドデータブック、COD（化学的酸素要求量）、富栄養化、微小粒子状物質（PM$_{2.5}$）、ゼロ・エミッション、公害苦情調査結果、公害苦情受付件数、典型7公害の公害苦情受付件数、典型7公害以外の公害苦情受付件数、発生原因別公害苦情受付件数、発生源別公害苦情受付件数
令和元年度	環境影響評価法、環境アセスメントに関する条例、スクリーニング、第一種事業、スコーピング、準備書、評価書、方法書、縦覧、振動規制地域、大気の安定性の度合い、指標生物、3R
令和元年度（再）	環境影響評価法、第一種事業、スコーピング、スクリーニング、第二種事業、振動規制法、特定建設作業、廃棄物の処理及び清掃に関する法律、産業廃棄物、バッチャープラント、水質汚濁防止法、大気汚染防止法、騒音規制法
令和2年度	環境影響評価、方法書、準備書、環境アセスメントに関する条例、環境影響評価法、第1種事業、スコーピング、スクリーニング、第2種事業、気候変動対策、緩和策、適応策、地球温暖化対策の推進に関する法律、気候変動適応法、電子マニフェスト、循環型社会形成推進基本法、公共工事の品質確保の促進に関する法律、侵略的外来種
令和3年度	水質汚濁に係る環境基準、微小粒子状物質「PM2.5」、ゼロ・エミッション、振動規制法、持続可能な開発目標（SDGs）、電子マニフェスト、地球温暖化対策の推進に関する法律、気候変動適応法、生物指標、公共工事での木材利用、国等による環境物品等の推進等に関する法律（グリーン購入法）

整理しておく必要がある。なお、これらの内容については、技術士第一次試験ばかりではなく第二次試験においても、すべての分野に共通する内容になるので今の段階から十分に理解しておくようにしたい。さらに、この分野においては、『環境基本法』をはじめ『騒音の環境基準』や『自動車NO$_x$・PM法』、『浮遊粒子状物質排出規制』、『振動規制法』、『騒音規制法』、『水質汚濁防止法』、『大気汚染防止法』、『土壌汚染対策法』など、環境に関連する『法規制』に関する出題が多いことから、必要な法律とともに環境基準の達成現状や目標値の達成状況等についても併せて確認しておくことが大切である。そして、過去問題の十分な理解も必要である。

12）その他

　平成20年度以降、平成21年度、平成23年度、平成26年度、平成27年度には、それぞれ建設部門の11の技術分野に係る問題とは異なった内容の問題が出題されている。ここでは、それらを「その他」の分野として扱っている。その他分野における平成20年度（Ⅳ－32）、平成21年度（Ⅳ－29）、平成23年度（Ⅳ－28）、平成26年度（Ⅲ－33）、平成27年度（Ⅲ－16）の出題キーワードを以下に示す。

「その他」過去10年間の出題キーワード

出題年度	設問キーワード
平成 20 年度	社会資本整備審議会道路分科会建議「品格ある国土と快適な生活の実現に向けた道路政策」、渋滞による損失額、死傷事故件数、道路ストック
平成 21 年度	費用便益分析マニュアル、道路事業の費用便益分析
平成 23 年度	道路の事業評価、費用便益分析マニュアル、費用便益分析、新規事業採択時評価、事業再評価
平成 26 年度	単位輸送量当たりの二酸化炭素の量
平成 27 年度	BRT、PTPS（公共車両優先システム）、LRT、低床式車両（LRV）、トランジットモール、コミュニティバス、デマンド交通

第3章　令和3年度試験問題の解答解説

Ⅲ－1　土の基本的性質に関する次の記述のうち、不適切なものはどれか。

① 間隙比 e は、土粒子密度 ρ_S と乾燥密度 ρ_d を用いて、$e = \dfrac{\rho_S}{\rho_d} - 1$ と求める。

② 粗粒土では、その粒度分布が透水性や力学的性質に影響するが、細粒土の力学的性質は、含水比 w の多少によって大きく変化する。

③ 飽和度 S_r は、含水比 w、土粒子密度 ρ_S、水の密度 ρ_w、間隙比 e を用いて、$S_r = \dfrac{e\rho_w}{w\rho_S} \times 100$ （％）と求める。

④ 土粒子の密度 ρ_S は、土粒子の構成物の単位体積当たりの平均質量である。

⑤ 間隙比 e と間隙率 n の関係は、$n = \dfrac{e}{1+e} \times 100$ （％）である。

【解答】③

【解説】飽和度は、土の間隙の体積に対する間隙中の水の体積の比（または百分率）をいう。

　　間隙中の水の体積を V_w、土の間隙の体積を V_v、含水比を w、土粒子の比重を G_S、間隙比を e とすると飽和度 S_r は、$S_r = \dfrac{V_w}{V_v} \times 100 = \dfrac{w \cdot G_S}{e} \times 100$ （％）と表すことができる。

　　また、土粒子の比重 G_S は、土粒子の密度 ρ_S を水の密度 ρ_w で除したものである。したがって飽和度 S_r は、$S_r = \underline{\dfrac{w\rho_S}{e\rho_w} \times 100}$ （％）となる。

　　③の文は、「飽和度 S_r は、……、$S_r = \underline{\dfrac{e\rho_w}{w\rho_S} \times 100}$ （％）と求める。」としているため不適切。

33

Ⅲ－2　土の圧密に関する次の記述の、□□□に入る語句として、最も適切な組合せはどれか。

　　土の圧密を考えるときに、土粒子及び□ a □は事実上圧縮しないものと考えてよい。したがって、土の圧密による体積減少は土の間隙の減少によるものであり、飽和土の場合、体積減少に等しい分だけの□ a □が排出される。粗い砂や礫のように透水性の□ b □土の場合、圧密は短時間で終了する。一方、粘土のような透水性の□ c □土では、□ a □の排出に長時間を要する。したがって、このような土の圧密現象を扱う場合、圧密荷重と圧密量の関係に加えて、圧密の□ d □が問題となる。

	a	b	c	d
①	間隙空気	高い	低い	応力履歴
②	間隙空気	低い	高い	時間的推移
③	間隙水	高い	低い	時間的推移
④	間隙水	低い	高い	応力履歴
⑤	間隙水	低い	高い	時間的推移

【解答】③

【解説】圧密とは、構造物の重量や土の自重などのために、透水度の低い飽和粘性土が脱水されるにつれて体積が圧縮される現象のことをいう。飽和粘性土の場合には、砂質土に比べて圧縮の速さがきわめて小さく、施工終了後にも大きな圧縮沈下が生じるために時間的推移が問題となる。なお、粗い砂や礫は透水性が高く、粘土は透水性が低い。

　　以上より、説明文の空欄に語句を入れると次のようになる。

　　土の圧密を考えるときに、土粒子及び□間隙水□は事実上圧縮しないものと考えてよい。したがって、土の圧密による体積減少は土の間隙の減少によるものであり、飽和土の場合、体積減少に等しい分だけの□間隙水□が排出される。粗い砂や礫のように透水性の□高い□土の場合、圧密は短時間で終了する。一方、粘土のような透水性の□低い□土では、□間隙水□の排出に長時間を要する。したがって、このような土の圧密現象を扱う場合、圧密荷重と圧密量の関係に加えて、圧密の□時間的推移□が問題となる。

　　これより、□□□に入る語句として最も適切な組合せは③になる。

Ⅲ－3 飽和粘土の供試体を用いて一軸圧縮試験を行ったところ、破壊時の軸荷重 P が 20 N、軸変位 ΔH は 10 mm であった。供試体が円柱形を正しく保持していること、体積が変化しないことと仮定して算定したこの飽和粘土の一軸圧縮強さ σ の値として適切なものはどれか。ただし、この供試体の初期高さ H_0 は 10.0 cm で、初期断面積 A_0 は 10 cm^2 とする。

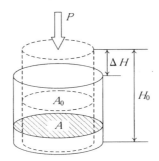

① 0.9 kN／m^2
② 1.8 kN／m^2
③ 9.0 kN／m^2
④ 18.0 kN／m^2
⑤ 20.0 kN／m^2

【解答】 ④

【解説】 供試体の圧縮ひずみ ε は、次の式によって求められる。

$$\varepsilon = \frac{\Delta H}{H_0} \times 100 = \frac{1}{10} \times 100 = 0.1 \times 100 = 10 \ （\%）$$

圧縮ひずみが ε になったときに供試体に加えられた荷重を P、圧縮ひずみ ε に対する供試体の断面積を A とすると、飽和粘土の一軸圧縮強さ σ は、次の式によって求められる。

$$\sigma = \frac{P}{A}$$

また、圧縮する前の供試体の断面積を A_0 とすると、圧縮ひずみ ε に対する供試体の断面積 A は、次の式によって求められる。

$$A = \frac{A_0}{1 - \dfrac{\varepsilon}{100}}$$

ここで $A_0 = 10$ cm^2、$\varepsilon = 10\%$ なので、

$$A = \frac{10}{1 - \dfrac{10}{100}} = 11.111 \ （\text{cm}^2） = \frac{11.111}{10^4} \ （\text{m}^2）$$

破壊時の軸荷重 P が 20 N なので、

$$\sigma = \frac{P}{A} = \frac{20}{0.0011111} = 18000 \ （\text{N/m}^2） = 18.0 \ （\text{kN/m}^2）$$

これより、一軸圧縮強さ σ の値として適切なものは④になる。

Ⅲ-4　斜面安定に関する次の記述のうち、不適切なものはどれか。
① 地すべりとは、山体を構成する土砂や礫の一部が、水と混合し河床堆積物とともに渓岸を削りながら急速に流下する現象である。
② 地すべり対策工は、地すべりの発生機構及び規模に応じて、抑制工と抑止工を適切に組み合わせて計画するものである。
③ 簡便分割法やスウェーデン法で用いられる斜面の安全率は、土のせん断強さをすべり面に働くせん断力で除した値として定義される。
④ 円弧すべり法で用いられる斜面の安全率は、ある点に関する土のせん断強さによる抵抗モーメントを滑動モーメントで除した値として定義される。
⑤ 落石防止工は、斜面上方の落石発生源において実施する落石予防工と、発生した落石に対し斜面下方で対処する落石防護工に区分される。

【解答】①
【解説】土砂災害は、大きく「土石流」、「地すべり」、「がけ崩れ」の3つに分類することができる。

　　土石流は、山体を構成する土砂や礫の一部が、水と混合し河床堆積物とともに渓岸を削りながら急速（5～20 m/s）に流下する現象である。地すべりは、斜面を構成する物質が、重力の影響で斜面下方へ移動するような斜面移動現象である。がけ崩れは、地すべりと比較して小規模で、急傾斜部分で比較的急速に斜面が崩壊する現象で、崩壊土砂が原形を留めず崩落するものとある程度原形を留めたまま滑落するものとがある。

　　①の文は「土石流」の内容を、「地すべりとは、……」として「地すべり」に置き換えているため不適切。

Ⅲ-5　はりの断面力図に関する次の記述のうち、不適切なものはどれか。
① 等分布荷重の区間では、せん断力図は直線、曲げモーメント図は2次曲線となる。
② 三角形分布荷重の区間では、せん断力図、曲げモーメント図の両方とも3次曲線となる。
③ 曲げモーメント図の勾配（接線の傾き）は、その点のせん断力に等しい。
④ 集中荷重の作用点では、せん断力図は階段状に変化し、曲げモーメント図は折れ曲がる。
⑤ 集中モーメント荷重の作用点では、せん断力図は変化せず、曲げモーメント図は階段状に変化する。

【解答】②

【解説】

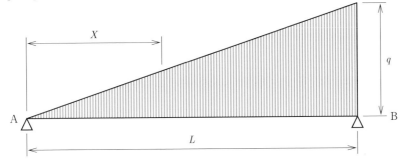

　図に示すような、単純ばりの全体に三角形分布荷重が作用した場合のせん断力 S_x の一般式は、$S_x = \left(q \cdot \dfrac{L}{6} \right)\left(1 - 3 \cdot \dfrac{X^2}{L^2} \right)$　で、変数 X の2次関数になることから、せん断力図は2次曲線となる。

　一方、曲げモーメント M_x の一般式は、$M_x = \left(q \cdot \dfrac{L^2}{6} \right)\left(\dfrac{X}{L} - \dfrac{X^3}{L^3} \right)$　で、変数 X の3次関数になることから、曲げモーメント図は3次曲線となる。

　②の文は「三角形分布荷重の区間では、せん断力図、曲げモーメント図の両方とも3次曲線となる。」としているため不適切。

Ⅲ－6　下図に示すT形断面について、辺 AB から図心 O までの距離 h として、適切なものはどれか。

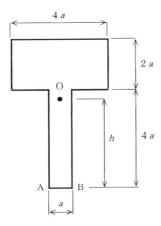

① $3a$　　② $\dfrac{7}{2}a$　　③ $4a$　　④ $\dfrac{9}{2}a$　　⑤ $5a$

【解答】③

【解説】平面図形の重心を図心という。一方、断面1次モーメントは、任意の軸に対して平面図形の面積とその図形の図心から軸までの距離の積で示される。これより、任意の図形の図心の位置は、断面1次モーメントを面積で割ることによって得ることができる。

　2つの四角形が合成されていると考えて、図心Oの辺ABからの距離hを求める。

　上の四角形の断面1次モーメントは、

$$4a \times 2a \times 5a = 40a^3$$

同様に下の四角形の断面1次モーメントは、

$$a \times 4a \times 2a = 8a^3$$

したがって、

$$40a^3 + 8a^3 = (4a \times 2a) + (a \times 4a) \times h$$

$$48a^3 = 12a^2 \times h$$

$$h = 48a^3 / 12a^2 = 4a$$

これより、辺ABから図心Oまでの距離hとして適切なものは③になる。

Ⅲ－7　平面応力状態にある弾性体が下図に示すように垂直応力とせん断応力を受けている。この点における最大主応力の値として適切なものはどれか。ただし、応力は矢印で示す方向を正とする。

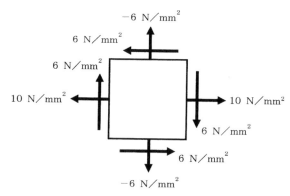

① $2 \text{ N}/\text{mm}^2$

② $6 \text{ N}/\text{mm}^2$

③ $10 \text{ N}/\text{mm}^2$

④ $12 \text{ N}/\text{mm}^2$

⑤ $16 \text{ N}/\text{mm}^2$

【解答】④

【解説】

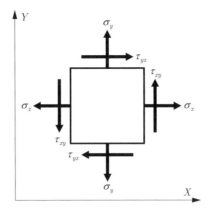

　図に示す二軸応力状態の最大主応力 σ_1 と最小主応力 σ_2 は、次の式で求められる。

$$\sigma_1 = \frac{\sigma_x + \sigma_y}{2} + \sqrt{\left(\frac{\sigma_x - \sigma_y}{2}\right)^2 + \tau_{xy}^{\;2}}$$

$$\sigma_2 = \frac{\sigma_x + \sigma_y}{2} - \sqrt{\left(\frac{\sigma_x - \sigma_y}{2}\right)^2 + \tau_{xy}^{\;2}}$$

　問題文では「応力は矢印で示す方向を正とする」としているため、最大主応力 σ_1 は、

$$\sigma_1 = \frac{10 + (-6)}{2} + \sqrt{\left\{\frac{10 - (-6)}{2}\right\}^2 + 6^2}$$

$$= 2 + \sqrt{100}$$

$$= 12 \;(\mathrm{N/mm^2})$$

これより、最大主応力の値として適切なものは④になる。

Ⅲ−8　鋼構造物の疲労に関する次の記述のうち、最も不適切なものはどれか。

①　疲労とは、時間的に変動する荷重が繰返し作用することによってき裂が発生・進展する破壊現象である。

②　溶接継手において疲労き裂の起点となるのは主に、溶接止端、溶接ルート、溶接欠陥である。

③　き裂の進展寿命に対しては、鋼種の影響はほとんどない。

④　溶接止端から発生する疲労き裂を対象とした疲労強度向上法として、グラインダー処理によって溶接止端形状を滑らかにする方法がある。

⑤　一定振幅の変動応力を繰返し受けるとき、疲労寿命の長短は変動応力の振幅に依存し、変動応力の平均値の影響は受けない。

【解答】⑤

【解説】繰返し応力の応力振幅が同じでも、平均応力の有無によって疲労限度の値は変わってくる。応力振幅で表した疲労限度の値は、引張りの平均応力が存在すると減少し、圧縮の平均応力が存在すると増大する。

　　　⑤の文は「……、変動応力の平均値の影響は受けない。」としているため不適切。

Ⅲ-9　鋼材の腐食及び防食に関する次の記述のうち、最も不適切なものはどれか。

①　耐候性鋼材は、リン、銅、ニッケル、クロムなどを少量添加した低合金鋼材であり、適度な乾湿の繰返しを受け、塩化物イオンのほとんどない環境で鋼材表面に形成される緻密な保護性錆びにより腐食の進展を抑制する。このため、耐候性鋼材は腐食性の高い環境に適用される。

②　防食下地として塗装されるジンクリッチペイントは、塗膜中に含まれる亜鉛末が鋼材表面に接触しており、塗膜に傷が入った場合などに犠牲防食作用を発揮して鋼材の腐食を防ぐ役割を担っている。溶出した亜鉛は、水分と反応して亜鉛化合物を生成して保護皮膜を形成する。

③　厚膜被覆は、ゴムやプラスチックなどの有機材料を1mm以上の厚膜に被覆した長期間の耐食性を有する防食法であり、主として港湾・海洋鋼構造物の飛沫・干満部の防食に用いられる。

④　金属溶射は、鋼材表面に溶融した金属材料を溶射して形成した溶射皮膜が腐食因子や腐食促進物質の鋼材への到達を抑制して鋼材を保護する防食法である。溶射直後の皮膜には多くの気孔が存在し、この気孔に水分などの腐食因子が侵入し不具合が生じることを防ぐため、金属溶射後に封孔処理が必要となる。

⑤　溶融めっきは、溶融した金属浴に鋼材を浸漬させ、鋼材表面にめっき皮膜を形成させる防食法であり、めっき材に用いる金属として亜鉛、アルミニウム、亜鉛・アルミニウム合金などがある。

【解答】①

【解説】耐候性鋼は、適量の銅、リン、クロム、ニッケルなどの合金元素を普通鋼材に添加することで、大気中での適度な乾湿の繰り返しにより鋼材表面に緻密

な保護性さび（安定さび）を形成させ、さびの進展を抑制することで腐食速度を低下させる鋼材である。しかしながら、耐候性鋼が大気中の塩分量が多い環境や、鋼材表面に湿潤状態が継続するような環境条件におかれた場合には、緻密なさび層は形成されず、著しい腐食や層状剥離さびが発生することとなる。

①の文は「……。このため、耐候性鋼材は<u>腐食性の高い環境に適用される</u>。」としているため不適切。

Ⅲ－10　コンクリートに関する次の記述のうち、不適切なものはどれか。
① コンクリートの標準的な空気量は、練上がり時においてコンクリート容積の4〜7%程度とするのが一般的である。
② 細骨材率を過度に小さくするとコンクリートが粗々しくなり、材料分離の傾向も強まるため、ワーカビリティーの低下が生じやすくなる。
③ コンクリートの配合は、所要のワーカビリティーが得られる範囲内で、単位水量をできるだけ少なくするように定める。
④ コンクリートの劣化に対する抵抗性並びに物質の透過に対する抵抗性等が要求されるコンクリートの一般的な水セメント比の値は65%より大きい。
⑤ コンクリートの材料分離抵抗性を確保するためには、一定以上の単位セメント量あるいは単位粉体量が必要である。

【解答】④

【解説】コンクリートの<u>水セメント比は65%以下</u>で、かつコンクリートに要求される強度、コンクリートの劣化に対する抵抗性並びに物質の透過に対する抵抗性等を考慮して、これらから定まる水セメント比のうちで最小の値を設定する。

④の文は「……コンクリートの<u>一般的な水セメント比の値は65%より大きい</u>。」としているため不適切。

Ⅲ－11　コンクリートの材料としてのセメントに関する次の記述のうち、不適切なものはどれか。
① 早強ポルトランドセメントは、高温環境下で用いると、凝結が早いためにコンクリートにこわばりが生じて仕上げが困難になったり、コールドジョイントが発生しやすくなったりすることがある。
② 低熱ポルトランドセメントは、寒中コンクリート、工期が短い工事、初期強度を要するプレストレストコンクリート工事等に使用される。
③ ポルトランドセメントには、普通、早強、超早強、中庸熱、低熱及び耐硫酸塩の6種類がある。

④　セメントは、構造物の種類、断面寸法、位置、気象条件、工事の時期、
　　工期、施工方法等によって、所要の品質のコンクリートが経済的に安定し
　　て得られるように選ぶ必要がある。

⑤　JISに品質が定められていない特殊なセメントの選定にあたっては、既
　　往の工事実績を調査し、事前に十分な試験を行ったうえで品質を確認して
　　使用する必要がある。

【解答】②

【解説】低熱ポルトランドセメントは、中庸熱ポルトランドセメントより水和熱が
　　　　低く高流動性に対応するセメントである。そのため、低熱ポルトランドセメン
　　　　トはマスコンクリートの工事や高流動コンクリートとして使用される。一方、
　　　　<u>早強ポルトランドセメント</u>は、普通ポルトランドセメントが材齢7日で発現
　　　　する強さがほぼ3日で得られる特性を持っており、寒冷期の工事や緊急工事、
　　　　初期強度を要するプレストレストコンクリート工事などに使用される。

　　　　②の文は「<u>低熱ポルトランドセメントは、寒中コンクリート、工期が短い工</u>
　　　　事、初期強度を要するプレストレストコンクリート工事等に使用される。」と
　　　　しているため不適切。

Ⅲ－12　コンクリート構造物の劣化現象に関する次の記述のうち、不適切な
ものはどれか。

①　アルカリシリカ反応とは、骨材中に含まれる反応性を有するシリカ鉱物
　　等がコンクリート中のアルカリ性水溶液と反応して、コンクリートに異常
　　膨張やひび割れを発生させる劣化現象をいう。

②　凍害とは、コンクリート中の水分が凍結と融解を繰返すことによって、
　　コンクリート表面からスケーリング、微細ひび割れ及びポップアウト等の
　　形で劣化する現象をいう。

③　すりへりとは、流水や車輪等の摩耗作用によってコンクリートの断面が
　　時間とともに徐々に失われていく現象をいう。

④　中性化とは、二酸化炭素がセメント水和物と炭酸化反応を起こし、細孔
　　溶液中のpHを上昇させることで、鋼材の腐食が促進され、コンクリートの
　　ひび割れや剥離、鋼材の断面減少を引き起こす劣化現象をいう。

⑤　床版の疲労とは、道路橋の鉄筋コンクリート床版が輪荷重の繰返し作用
　　によりひび割れや陥没を生じる現象をいう。

【解答】④

【解説】コンクリート構造物に生じる中性化とは、大気中の二酸化炭素がコンク
リート内に侵入し、水酸化カルシウムなどのセメント水和物と炭酸化反応を起
こすことにより、コンクリートの空隙中の水分の pH を低下させる現象である。
これにより、内部の鋼材表面の不動態皮膜が失われ、酸素と水分の供給により
腐食が進行する。さらに鋼材の腐食により、ひび割れの発生、かぶりの剥離、
耐力の低下などが起きる。

　④の文は「中性化とは、二酸化炭素がセメント水和物と炭酸化反応を起こし、
細孔溶液中の pH を上昇させることで、……」としているため不適切。

Ⅲ－13　都市計画に関する次の記述のうち、不適切なものはどれか。

① 都道府県が都市計画区域を指定しようとするときは、あらかじめ、関係
市町村及び都道府県都市計画審議会の意見を聴くとともに、国土交通大臣
に協議し、その同意を得なければならない。

② 準都市計画区域は、あらかじめ関係市町村及び都道府県都市計画審議会
の意見を聴いたうえで、都市計画区域外の区域のうち一定区域に対して、
市町村が指定する。

③ 2つ以上の都府県にわたる都市計画区域は、関係都府県の意見を聴いた
うえで、国土交通大臣が指定する。

④ 準都市計画区域においては、将来、都市計画区域となった場合において
も市街地として確保すべき最低基準を担保するために必要な規制のみを行
い、事業に係る都市計画は定められない。

⑤ 地域地区のうち高度地区については、都市計画区域では建築物の高さの
最高限度又は最低限度を定めるが、準都市計画区域では建築物の高さの最
高限度を定めるものに限られる。

【解答】②

【解説】準都市計画区域は、都市計画区域外の区域のうち、相当数の建築物等の
建築もしくは建設またはこれらの敷地の造成が現に行われ、または行われると
見込まれる区域を含み、かつ、そのまま放置すれば、将来における一体の都市
としての整備、開発及び保全に支障が生じるおそれがあるとして、都道府県が
指定する一定の区域をいう。

　都道府県は、準都市計画区域を指定しようとするときは、あらかじめ、関係
市町村および都道府県都市計画審議会の意見を聴かなければならない。

　②の文は「準都市計画区域は、……、市町村が指定する。」としているため
不適切。

Ⅲ－14　再開発に関する次の記述のうち、最も不適切なものはどれか。

① 市街地再開発事業には、用地買収方式による第1種市街地再開発事業と、権利変換方式による第2種街地再開発事業がある。

② 再開発において、土地の所有権者・借地権者・建物所有者・借家権者などの地権者が複雑に絡み合っている場合、これを整理して、事業前と事業後の権利を変更することを権利変換という。

③ 土地区画整理事業は、市街地の新規開発ばかりではなく、再開発の手法としても有効であるが、換地処分が複雑になり、立体換地が多くなるという特徴がある。

④ スラムクリアランスとは、不良住宅の密集地区を取り壊し、良好な住宅や商業地区につくり変えることである。

⑤ スーパーブロックは、細街路を廃道にして適当な大きさに構成された街区であり、大規模建築物・高層建築物の建設によって土地利用が高度化されるため、広場・小公園・駐車場などの都市施設を生み出すことができる。

【解答】①

【解説】市街地再開発事業は、施行地区内の権利者の、権利の変換方法の違いによって第1種市街地再開発事業（権利変換方式）と第2種市街地再開発事業（用地買収方式）に区分される。

　第1種市街地再開発事業は、土地の高度利用によって生み出される保留床の処分などによって事業費をまかなうもので、従前建物や土地所有者等は、従前資産の評価に見合う権利床を受け取るものである。一方、第2種市街地再開発事業は、災害発生の危険などで緊急性の高い事業について認められるもので、保留床処分により事業費をまかなう点は第1種事業と同じであるが、施行地区内の建物や土地等をいったん施行者が買収又は収用し、買収又は収用された者が希望すれば、その対償に代えて権利床が与えられるというものである。

　①の文は「……、用地買収方式による第1種市街地再開発事業と、権利変換方式による第2種市街地再開発事業がある。」として、第1種市街地再開発事業と第2種市街地再開発事業の権利の変換方法を入れ替えているため不適切。

Ⅲ－15　交通需要調査に関する次の記述のうち、最も不適切なものはどれか。

① 全国道路・街路交通情勢調査（道路交通センサス）は、自動車交通に関して行われる調査であり、主要な調査として一般交通量調査と自動車起終点調査が秋期の平日に全国一斉に行われる。

② 総合都市交通体系調査（都市圏パーソントリップ調査）は、規模の大きな都市圏の交通需要を交通主体にもとづいて総合的な視点で調査するものであり、人の1日の動きについて、トリップの発地・着地、交通目的、交通手段、訪問先の施設などに関するアンケート調査が実施される。

③ 全国都市交通特性調査（全国PT調査）は、全国横断的かつ時系列的に都市交通の特性を把握するために、国土交通省が実施主体となり、都市圏規模別に抽出した対象都市に対し、5年ごとに全国一斉に調査を実施するものである。

④ 国勢調査では、従業地又は通学地、従業地又は通学地までの利用交通手段などが5年ごとに調査されるため、市区町村間の通勤、通学交通需要とその流動の実態が把握できる。

⑤ 大都市交通センサスは、東京、中部、京阪神の3大都市圏における公共交通機関の利用状況を把握するために行われる調査であり、平成27年までは5年ごとに実施されている。

【解答】④

【解説】国勢調査は、人口、世帯、就業者からみた産業構造などの状況を地域別に明らかにする統計を得るために行われるもので、国の最も基本的な統計調査である。国勢調査から得られる各種統計は、国や地方公共団体における各種の行政施策を立案するための基礎資料として用いられることはもとより、国民の共有財産として研究・教育活動、経済活動など幅広い分野で利用される。なお、10年ごとの大規模調査では通勤通学の利用交通手段等も調査に含まれる。

　④の文は「国勢調査では、従業地又は通学地、従業地又は通学地までの利用交通手段などが5年ごとに調査されるため、……」としているため不適切。

Ⅲ－16 国土形成計画に関する次の記述のうち、最も不適切なものはどれか。

① 国土形成計画とは国土の利用、整備及び保全を推進するための総合的かつ基本的な計画であり、全国計画と広域地方計画からなる。

② 国土づくりの転換を迫る新たな潮流を踏まえ、全国総合開発法を抜本的に見直し、国土形成計画法とする法律改正が2005年に行われた。

③ 広域地方計画は、9つのブロック（北海道、東北圏、首都圏、北陸圏、中部圏、近畿圏、中国圏、四国圏、九州・沖縄圏）についてそれぞれ策定される。

④ 広域地方計画は、国と地方の協議により策定するために設置された広域地方計画協議会での協議を経て、国土交通大臣が決定する。

⑤　全国計画は、国土交通大臣が自治体からの意見聴取等の手続を経て案を
作成し、閣議で決定する。

【解答】③

【解説】広域地方計画は、全国計画を踏まえ、北海道と沖縄県を除く東北圏・首都
圏・北陸圏・中部圏・近畿圏・中国圏・四国圏・九州圏の全国8ブロックごと
に、概ね10年間の国土づくりの戦略を定め、各地域独自の個性を活かした取組
を進めていくこととしている。

　　　③の文は「広域地方計画は、9つのブロック（北海道、東北圏、首都圏、
北陸圏、中部圏、近畿圏、中国圏、四国圏、九州・沖縄圏）についてそれぞれ
策定される。」としているため不適切。

Ⅲ－17　非圧縮性完全流体の定常流れでは、流線上で次式のベルヌーイの定理
が成立する。

$$\frac{v^2}{2g} + z + \frac{p}{\rho \cdot g} = 一定$$

　ここで、g は重力加速度、ρ は水の密度、v は高さ z 点における流速、p は
高さ z の点における水圧である。

　下図のように、狭窄部を有する水平な管路がある。点Aにおける流速が v_A、
圧力が p_A、点Bにおける流速が $3v_A$ となるとき、点Bにおける圧力として最
も適切なものはどれか。ただし、点A、点Bを通る流線は水平とする。

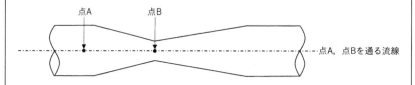

①　$p_A - \rho \cdot v_A^2$　　　②　$p_A - 4\rho \cdot v_A^2$

③　$p_A - 9\rho \cdot v_A^2$　　④　p_A　　　⑤　$p_A - v_A^2$

【解答】②

【解説】点Bにおける圧力を p_B とすると、ベルヌーイの定理より次の式が成り立つ。

$$\frac{v_A^2}{2g} + z + \frac{p_A}{\rho \cdot g} = \frac{(3v_A)^2}{2g} + z + \frac{p_B}{\rho \cdot g}$$

$$-\frac{4v_A^2}{g} + \frac{p_A}{\rho \cdot g} = \frac{p_B}{\rho \cdot g}$$

$$p_B = \rho \cdot g \left\{ -\frac{4v_A^2}{g} + \frac{p_A}{\rho \cdot g} \right\} = p_A - 4\rho \cdot v_A^2$$

これより、点Bにおける圧力として最も適切なものは②になる。

Ⅲ－18　単一管路内で満管となる水の流れに関する次の記述のうち、不適切なものはどれか。

① 流れ方向に管路の断面積が大きくなると、流量は減少する。

② ピエゾ水頭は、位置水頭と圧力水頭の和である。

③ 流れ方向に管路の断面が一様なときは、エネルギー線と動水勾配線は平行となる。

④ 全エネルギーは、摩擦や局所損失のため、流れ方向に減少する。

⑤ 管路の水平箇所では、流れ方向に管路の断面積が小さくなると、圧力水頭は減少する。

【解答】①

【解説】単一管路系の水の流れ（異なる口径の管を直列に連結した1本の管水路）に、毎秒 Q m^3 の流量が流れている場合には、次の式が成立する。

$$Q = A_1 \cdot V_1 = A_2 \cdot V_2 = A_i \cdot V_i$$

Q：流量 [m^3/s]、A：任意の点での断面積 [m^2]、V：平均流速 [m/s]

この式より、単一管路系の水の流れにおいては、管路の断面積が大きくなると速度は小さくなるが流量は変わらないことがわかる。

①の文は「流れ方向に管路の断面積が大きくなると、流量は減少する。」としているため不適切。

Ⅲ－19　一様な水路勾配と一様な長方形断面を持つ開水路の水理に関する次の記述のうち、不適切なものはどれか。

① 開水路の流れは、フルード数が1より小さい常流と、フルード数が1を超える射流、フルード数が1の限界流に分けられる。

② 限界勾配より緩い勾配の水路においては、等流水深は限界水深よりも大きい。

③ 限界勾配より急な勾配の水路においては、射流の水面形は下流側で等流水深に漸近する。

④ 等流水深は水路勾配が大きいほど減少するが、限界水深は水路勾配によらない。

⑤ マニングの平均流速公式によると、開水路の平均流速は粗度係数に比例

する。

【解答】⑤

【解説】マニングの平均流速公式は、次のとおりである。

$$Q = A \cdot V 、 V = \frac{1}{n} \times R^{\frac{2}{3}} \times I^{\frac{1}{2}}$$

Q：流量、A：流水の断面積、V：平均流速、n：粗度係数、

R：径深、I：勾配

マニングの平均流速公式より、開水路の平均流速Vは<u>粗度係数nに反比例する</u>ことがわかる。

　⑤の文は「マニングの平均流速公式によると、開水路の平均流速は<u>粗度係数に比例する</u>。」としているため不適切。

Ⅲ－20　水中の土砂移動に関する次の記述のうち、最も不適切なものはどれか。

①　河川における流砂は掃流砂、浮遊砂、ウォッシュロードに大別される。

②　砂堆は上流側が緩やかで、下流面は河床材料の水中安息角にほぼ等しい。

③　移動床上で流れの速度を増加させると、移動床境界に作用するせん断力が増加し、土砂が移動するようになる。この限界のせん断力を限界掃流力という。

④　河川の湾曲部では、大きい粒形の砂礫ほど、内岸側へ輸送されやすい。

⑤　ウォッシュロードは、流域にある断層、温泉余土などから生産される粘土・シルトや河岸侵食によって供給される微細粒子により構成される。

【解答】④

【解説】河川の湾曲部では、砂粒子に作用する重力と流体力の比が、大きい粒形の砂礫ほど大きいため、大きい粒形の砂礫が河床高の低い<u>外岸側</u>へ、細粒径の砂が断面内の二次流の影響によって内岸側に輸送されやすい。

　④の文は「……、<u>大きい粒形の砂礫</u>ほど、<u>内岸側</u>へ輸送されやすい。」としているため不適切。

Ⅲ－21　護岸に関する次の記述のうち、最も不適切なものはどれか。

①　護岸は、水制等の構造物や高水敷と一体となって、想定最大規模水位以下の流水の通常の作用に対して堤防を保護する、あるいは堀込河道にあっては堤内地を安全に防護できる構造とする。

②　低水護岸の天端工・天端保護工は、低水護岸が流水により裏側から侵食

されることを防止するため、必要に応じて設けられる。

③ のり覆工は、河道特性、河川環境等を考慮して、流水・流木の作用、土圧等に対して安全な構造となるように設計する。

④ 基礎工は、洪水による洗掘等を考慮して、のり覆工を支持できる構造とする。

⑤ 根固工は、河床の変動等を考慮して、基礎工が安全となる構造とする。

【解答】①

【解説】河川砂防技術基準　設計編には護岸設計の基本として、次のように記されている。

「護岸は、水制等の構造物や高水敷と一体となって、<u>計画高水位以下の水位</u>の流水の通常の作用に対して堤防を保護する、あるいは堀込河道にあっては堤内地を安全に防護できる構造とするものとする。」

①の文は「護岸は、水制等の構造物や高水敷と一体となって、<u>想定最大規模水位以下</u>の流水の通常の作用に対して堤防を保護する、あるいは堀込河道にあっては堤内地を安全に防護できる構造とする」としているため不適切。

Ⅲ－22　流砂及び河床変動に関する次の記述のうち、最も不適切なものはどれか。

① 掃流砂は、河床と間断なく接触しながら移動する土砂の運動形態のことを指し、底面付近の限られた範囲を滑動・転動あるいは小跳躍のいずれかの形式で移動する。

② 浮遊砂は、水流中の流れと一体となって移動するため、水路床から水面にいたる幅広い範囲にわたって分布する。

③ 混合砂の場合、大きな粒子の限界掃流力は平均粒径の粒子の限界掃流力よりも大きくなり、小さな粒子の限界掃流力は小さくなる。このことにより河床材料の分級現象が生じる。

④ 平面二次元河床変動解析は計算負荷が小さく、ダム築造や河川改修などによって境界条件を含む河道の状況に変化がもたらされた場合の、広範囲かつ長期にわたる河道内の土砂の侵食・堆積量を予測するのに適している。

⑤ 中規模河床形態は、砂州によって形成された河床形態であり、交互砂州（単列砂州）、複列砂州（多列砂州）、湾曲内岸の固定砂州、河口砂州、支川砂州などがある。

【解答】④

【解説】河床形状に関する解析レベルは、一次元／二次元の2レベルで設定する。

一次元は、平均河床高の河道縦断方向分布の時間変化を得るものである。二次元は、河道縦横断方向の河床高の平面分布の時間変化を得るものである。

土砂還元による変化は長期的かつ広範囲に把握する必要があり、二次元解析では計算負荷が大きく、長期かつ広範囲の河道を対象に解析を行うのは困難である。

④の文は「平面二次元河床変動解析は計算負荷が小さく、ダム築造や河川改修などによって境界条件を含む河道の状況に変化がもたらされた場合の、広範囲かつ長期にわたる河道内の土砂の侵食・堆積量を予測するのに適している。」としているため不適切。

Ⅲ－23　海岸工学に関する次の記述のうち、最も不適切なものはどれか。

① 潮汐（通常観測される潮位変動）は、天文潮、気象潮及び異常潮に大別される。このうち天文潮は、地球・月・太陽の位置関係の変化と地球の自転によって生じるものである。

② 有義波高とは、一般にはゼロアップクロス法で定義した各波の波高を大きいものから並べて、上から全体の1／3に当たる個数を抽出して平均した値である。

③ 平行等深線海岸に波が直角に入射すると、水深の減少に伴って波高が変化する。これを浅水変形という。

④ 水深が異なる境界に斜めに波が入射した場合に、波向線が浅い領域でより境界に直角になるように変化する。これを屈折という。

⑤ 海底地盤の変動によって発生した津波は、一般にはその波長は水深に比べて非常に短く、深海波として扱うことができる。

【解答】⑤

【解説】津波は、海底の変動によって発生する一連の波を指し、海底の断層の変動（地震）や海底火山の噴火、大規模な土砂崩壊などが原因で起こる。津波は、発生、伝播、浸水の3つの段階に分けられ、その破壊性と伝播スピードの速さが特徴である。津波は、水深に比べて波長が大変に長いため長波に分類される。

⑤の文は「……津波は、一般にはその波長は水深に比べて非常に短く、深海波として扱うことができる。」としているため不適切。

Ⅲ－24　海岸保全施設の設計に関する次の記述のうち、最も適切なものはどれか。

① マウンド被覆ブロックの重量は、設計高潮位を用いて安全性の照査を行う。

② 波高変化、波力、越波流量、波のうちあげ高の算定式及び算定図を用いる場合には、一般的に設計高潮位に砕波による平均水位の上昇量を加えない。

③ 津波に対して海岸堤防は、最大規模の津波を想定した設計津波を用いて天端高を設計する。

④ 直立堤を表のり勾配が1：2の傾斜堤に改良すると、越波流量が小さくなる。

⑤ 設計計算に用いる波高が2倍になると、離岸堤のブロックの所要質量はハドソン式では、4倍になる。

【解答】②

【解説】マウンド被覆ブロックの所要重量は、原則としてハドソン式により算定する。ハドソン式に用いる設計波高は設計有義波高を用いることとしている。①の文は「……、設計高潮位を用いて安全性の照査を行う。」としているため不適切。

　設計津波は、痕跡高や歴史記録・文献等の調査で判明した過去の津波の実績と、必要に応じて行うシミュレーションに基づくデータを用いて、一定頻度（数十年から百数十年に一度程度）で発生する津波（レベル1津波）の高さを想定し、その高さを基準として、海岸管理者が堤防の設計を行うこととしている。③の文は「……、最大規模の津波を想定した設計津波を用いて天端高を設計する。」としているため不適切。

　堤防は、前面ののり勾配が1：1より緩い傾斜型、1：3よりも緩やかな堤体を持つ緩傾斜型、1：1より急な直立型、傾斜型と直立型を組み合わせた混成型に分類される。越波流量は、前面ののり勾配が緩やかなほど大きくなる。④の文は「……傾斜堤に改良すると、越波流量が小さくなる。」としているため不適切。

　ハドソン式は次式によって表される。

$$W = \frac{\gamma_r \cdot H_D^{\,3}}{k_D \cdot \left(\dfrac{\gamma_r}{w_0} - 1\right)^3 \cdot \cot \alpha}$$

　W：のり面における表面捨石等の所要重量、γ_r：捨石等の空中単位体積重量、w_0：海水の単位体積重量、α：のり面が水平角となす角、k_D：捨石等の種類によって決まる定数、H_D：のり面の前面における進行波の波高

　これより離岸堤のブロックの所要質量は、設計計算に用いる波高の3乗に比

例することがわかる。すなわち、設計計算に用いる波高が2倍になると、離岸堤のブロックの所要質量はハドソン式では、8倍になる。⑤の文は「設計計算に用いる波高が2倍になると、離岸堤のブロックの所要質量はハドソン式では、4倍になる。」としているため不適切。

　②の文は適切である。

Ⅲ−25　港湾施設の防波堤に関する次の記述のうち、最も不適切なものはどれか。

①　防波堤は、防潮堤や水門、堤防などの港湾施設の外郭施設の1つで、主に港内静穏度の確保を目的に設置される。

②　消波ブロック被覆堤は、反射波、越波、伝達波が少なく、直立部に働く波力が軽減される。

③　混成堤は、水深の大きな箇所、比較的軟弱な地盤にも適するが、高マウンドになると、衝撃砕波力が直立部に作用する恐れがある。

④　傾斜堤は、反射波が少なく、波による洗掘に対して順応性があるが、軟弱地盤には適用できない。

⑤　直立堤は、堤体の幅が狭くてすむが、反射波が大きく、波による洗掘の恐れがある。

【解答】④

【解説】傾斜堤（傾斜型堤防）は、海岸保全施設としての堤防の型式の1つで、石やコンクリートブロックを台形状に捨てこんだもので、勾配が1：1以上のものをいう。傾斜堤は、1) 基礎地盤が比較的軟弱な場合、2) 海底地盤に凹凸がある場合、3) 堤防用地や堤体土砂が容易に得られる場合、4) 水利的条件や既設構造物との接続の関係がある場合、5) 海浜利用上や親水性の要請が高い場合、などに用いられる。

　④の文は「傾斜堤は、……、軟弱地盤には適用できない。」としているため不適切。

Ⅲ−26　土砂災害防止対策に関する次の記述のうち、最も不適切なものはどれか。

①　土砂災害警戒区域等における土砂災害防止対策の推進に関する法律（以下、土砂災害防止法）では、対象とする自然現象を急傾斜地の崩壊、土石流、地すべり、河道閉塞による湛水と定めている。

②　土砂災害防止法では、土砂災害警戒区域は市町村長が、土砂災害特別警

戒区域は都道府県知事が指定する。

③ 土砂災害防止法では、土砂災害警戒区域が指定された場合、市町村長はハザードマップを作成し住民等に提供することが義務付けられている。

④ 土砂災害防止法の土砂災害特別警戒区域は、要配慮者利用施設等にかかわる開発行為の制限等を行う区域を定めるものである。

⑤ 土砂災害防止法に基づき運用されている土砂災害警戒情報は、土壌雨量指数と60分積算雨量を用いて、土砂災害発生の蓋然性を判断している。

【解答】 ②

【解説】 土砂災害防止法第7条では、土砂災害警戒区域について「都道府県知事は、基本指針に基づき、急傾斜地の崩壊等が発生した場合には住民等の生命又は身体に危害が生ずるおそれがあると認められる土地の区域で、当該区域における土砂災害（河道閉塞による湛水を発生原因とするものを除く。以下この章、次章及び第二十七条において同じ。）を防止するために警戒避難体制を特に整備すべき土地の区域として政令で定める基準に該当するものを、土砂災害警戒区域（以下「警戒区域」という。）として指定することができる。」と定めている。

また、土砂災害防止法第9条では、土砂災害特別警戒区域について「都道府県知事は、基本指針に基づき、警戒区域のうち、急傾斜地の崩壊等が発生した場合には建築物に損壊が生じ住民等の生命又は身体に著しい危害が生ずるおそれがあると認められる土地の区域で、一定の開発行為の制限及び居室（建築基準法（昭和二十五年法律第二百一号）第二条第四号に規定する居室をいう。以下同じ。）を有する建築物の構造の規制をすべき土地の区域として政令で定める基準に該当するものを、土砂災害特別警戒区域（以下「特別警戒区域」という。）として指定することができる。」と定めている。

②の文は「土砂災害防止法では、土砂災害警戒区域は市町村長が、土砂災害特別警戒区域は都道府県知事が指定する。」としているため不適切。

Ⅲ−27 国内の再生可能エネルギーに関する次の記述のうち、最も適切なものはどれか。

① 太陽光発電は、自家消費やエネルギーの地産地消を行う分散電源に適しており、系統電源喪失時の非常用の電源として昼夜間発電できるエネルギー源である。

② 風力発電は、大規模に開発した場合、発電コストは原子力発電と比較しても遜色なく、今後の再生可能エネルギーの量的拡大の鍵となるエネルギー源である。

③　中小水力発電は、発電時に二酸化炭素を排出しないクリーンエネルギーであり、一度発電所を作れば、その後数十年にわたり発電が可能なエネルギー源である。

④　未活用の廃棄物を燃料とするバイオマス発電は、熱利用効率が高く、かつ廃棄物の再利用や減少につながる循環型社会構築に大きく寄与するエネルギー源である。

⑤　地熱発電は、地下の地熱エネルギーを使うため、化石燃料のように枯渇する心配がないが、地下に掘削した井戸からは主に夜間に天然の蒸気・熱水が噴出することから、連続した発電が難しいエネルギー源である。

【解答】③

【解説】太陽光発電は、エネルギー源が太陽光であるため基本的には設置する地域に制限がなく、導入しやすいシステムであり、災害時などには、貴重な非常用電源として使うことができるが、夜間は発電できない。①の文は「太陽光発電は、自家消費やエネルギーの地産地消を行う分散電源に適しており、系統電源喪失時の非常用の電源として昼夜間発電できるエネルギー源である。」としているため不適切。

風力発電は、大規模に発電できれば発電コストが火力並みであることから、経済性も確保できる可能性のあるエネルギー源である。②の文は「風力発電は、大規模に開発した場合、発電コストは原子力発電と比較しても遜色なく、今後の再生可能エネルギーの量的拡大の鍵となるエネルギー源である。」としているため不適切。

バイオマス発電は、生物資源を直接燃焼したりガス化するなどして発電するもので、廃棄物の再利用や減少につながり、循環型社会構築に大きく寄与する。バイオマス発電は、熱利用を組み合わせることで高いエネルギー効率を実現できるが、資源が広い地域に分散しているためにコストがかかる小規模分散型の設備になりがちであることや、熱エネルギーは移動することが難しいために熱需要施設の集約などに課題がある。④の文は「……バイオマス発電は、熱利用効率が高く、……」としているため不適切。

地熱発電は、地下1,000〜3,000 mに掘削した井戸から昼夜を問わず天然の蒸気を噴出させるため、連続して発電が行われる。⑤の文は「地熱発電は、……、地下に掘削した井戸からは主に夜間に天然の蒸気・熱水が噴出することから、連続した発電が難しいエネルギー源である。」としているため不適切。

③の文は適切である。

Ⅲ－28　中小水力発電に関する次の記述のうち、不適切なものはどれか。

① 第5次包蔵水力調査における一般水力の発電方式のうち、流れ込み式発電所は地点数、最大出力、年間可能発電電力量のそれぞれの合計が、未開発地点の大部分を占めている。

② 発電計画において決定すべき使用水量のうち常時使用水量は、流れ込み式発電所にあっては年間を通じて355日発電に使用し得る水量である。

③ 無圧水路に接続する取水口の位置は、極端な水流の激突や土砂の堆積を防ぐため、一般に川の流れが直線的なところで、土砂や漂流物が流入しないように、河川に直角かやや上流向きに設ける。

④ 露出形式の水圧管路の屈曲部では、管をコンクリート製アンカーブロックで固定する。

⑤ ペルトン水車は、流量が変化しても落差変動が少ない場合には効率の低下が比較的小さいので、高落差で流量変動の少ない流れ込み式発電所に適した水車である。

【解答】⑤

【解説】ペルトン水車は、ノズルから噴出する水をバケットに衝突させる機構の衝動水車で、高落差に適しており、大型機から小型機まで適用できる。ペルトン水車は、高落差で落差変動の少ない流れ込み式発電所に適した水車である。

　⑤の文は「ペルトン水車は、……、高落差で流量変動の少ない流れ込み式発電所に適した水車である。」としているため不適切。

Ⅲ－29　舗装の性能指標の設定上の留意点に関する次の記述のうち、不適切なものはどれか。

① 舗装の性能指標及びその値は、道路の存する地域の地質及び気象の状況、交通の状況、沿道の土地利用状況等を勘案して、舗装が置かれている状況ごとに、監理技術者が設定する。

② 雨水を道路の路面下に円滑に浸透させることができる構造とする場合には、舗装の性能指標として浸透水量を設定する。

③ 舗装の性能指標の値は施工直後の値とするが、施工直後の値だけでは性能の確認が不十分である場合には、必要に応じ、供用後一定期間を経た時点での値を設定する。

④ 疲労破壊輪数、塑性変形輪数及び平たん性は必須の舗装の性能指標であるので、路肩全体やバス停などを除き必ず設定する。

⑤　舗装の性能指標は、原則として車道及び側帯の舗装の新設、改築及び大規模な修繕の場合に設定する。

【解答】①

【解説】舗装の性能指標は、舗装が求められる性能を示す指標をいう。車道及び側帯の舗装の必須の性能指標は、疲労破壊輪数、塑性変形輪数及び平たん性の3項目としており、雨水を道路の路面下に円滑に浸透させることができる構造とする場合においては、これに浸透水量を加える。さらに必要に応じて、すべり抵抗、耐骨材飛散、耐摩耗、騒音の発生の減少等の観点から舗装の性能指標を追加するものとしている。また、舗装の性能指標の基準値は、1）舗装計画交通量に応じた疲労破壊輪数、2）道路の区分及び舗装計画交通量に応じた塑性変形輪数、3）平たん性、4）道路の区分に応じた浸透水量、についてそれぞれ定められている。

　①の文は「舗装の性能指標及びその値は、……、監理技術者が設定する。」としているが、監理技術者が設定するものではないため不適切。

Ⅲ－30　鉄道における軌道構造に関する次の記述のうち、最も不適切なものはどれか。

①　レールは長期にわたり車両の走行を維持する重要な役割を果たす材料であり、車両の重量を支えるとともに、車両の走行に対して平滑な走行面を与えるという機能を持つ。

②　軌道の一般的な構成はレールとまくら木とで組み立てられた軌きょうと、これを支持する道床バラスト及び土路盤とからなる。

③　スラブ軌道はレールを支持するプレキャストのコンクリートスラブ（軌道スラブ）をコンクリートの路盤上に填充層を介して設置した軌道構造で、保守省力化を目的として開発されたものである。

④　曲線における許容通過速度は軌道の構造強度による制限に加えて、緩和曲線長、設定カント、横圧に対するレール締結装置の強度により定まるが、車両の性能とも大きな関連がある。

⑤　車両が直線から円曲線に、又は円曲線から直線に移るときに発生する大きな水平方向の衝撃を防ぐため、直線と円曲線との間に曲率が連続的に変化する緩和曲線を挿入するが、その形状として、在来線では一般的にサイン逓減曲線が、新幹線では3次放物線が用いられる。

【解答】⑤

【解説】鉄道の軌道における緩和曲線の形状は、一般に緩和曲線の曲率の逓減形状により、3次放物線とサイン半波長逓減曲線、クロソイド曲線などに分けられる。新幹線のように高速運転が要求され、緩和曲線長を十分にとることができる場合は緩和曲線の始終点で曲率の不連続が生じないサイン半波長逓減曲線を、その他の場合には3次放物線を緩和曲線に用いることを原則としている。

⑤の文は「……、在来線では一般的にサイン逓減曲線が、新幹線では3次放物線が用いられる。」として、在来線と新幹線が入れ替わっているため不適切。

Ⅲ−31　山岳トンネルの支保工に関する次の記述のうち、不適切なものはどれか。

① ロックボルトは、トンネル壁面から地山内部に穿孔された孔に設置される支保部材であり、穿孔された孔のほぼ中心に定着される芯材が孔の周囲の地山と一体化することにより、地山の内部から支保効果を発揮する。

② ロックボルトの性能は、軟岩や未固結地山では、主に亀裂面に平行な方向あるいは直角な方向の相対変位を抑制すること、また、亀裂の発達した中硬岩や硬岩地山では、主にトンネル半径方向に生じるトンネル壁面と地山内部との相対変位を抑制することにある。

③ 鋼製支保工は、トンネル壁面に沿って形鋼等をアーチ状に設置する支保部材であり、建込みと同時に一定の効果を発揮できるため、吹付けコンクリートの強度が発現するまでの早期において切羽の安定化を図ることができる。

④ 吹付けコンクリートは、トンネル掘削完了後、ただちに地山にコンクリートを面的に密着させて設置する支保部材であり、その性能は、掘削に伴って生じる地山の変形や外力による圧縮せん断等に抵抗することにある。

⑤ 吹付けコンクリートの強度については、掘削後ただちに施工し地山を保持するための初期強度、施工中に切羽近傍でのトンネルの安定性を確保するための早期強度、長期にわたり地山を支持する長期強度が必要である。

【解答】②

【解説】ロックボルト工は、ロックボルトという鋼製のロッドをトンネル周辺の岩盤自体に挿入して締付けることにより、トンネル周辺に地山のアーチを形成して岩盤の内部強度を高め、アンカー領域内にある岩盤のゆるみの発生及び進行を積極的に阻止しようとする支保工をいう。ロックボルトの支保機能は、亀裂の発達した中硬岩や硬岩地山では、主に亀裂面に平行な方向あるいは直角な方向の相対変位を抑制すること、また、軟岩や土砂地山では、主にトンネル半径

方向に生ずるトンネル壁面と地山内部との相対変位を抑制することにある。

　②の文は「ロックボルトの性能は、軟岩や未固結地山では、主に亀裂面に平行な方向あるいは直角な方向の相対変位を抑制すること、また、亀裂の発達した中硬岩や硬岩地山では、主にトンネル半径方向に生じるトンネル壁面と地山内部との相対変位を抑制することにある。」としており、「軟岩や未固結地山」と「亀裂の発達した中硬岩や硬岩地山」の内容が逆になっているため不適切。

Ⅲ－32　建設工事の施工法に関する次の記述のうち、不適切なものはどれか。

① 盛土式仮締切り工法は、土砂で堰堤を構築する締切り工法であり、比較的水深が浅い地点で用いられることが多い。構造は比較的単純であり、水深の割に堤体幅が小さくなり、大量の土砂を必要とするため、狭隘な地点では不利になることが多い。

② ワイヤーソー工法は、切断解体しようとする部材にダイヤモンドワイヤーソーを大回しに巻き付け、エンドレスで高速回転させてコンクリートや鉄筋を切断する工法である。

③ バーチカルドレーン工法は、飽和した粘性土地盤に対する地盤改良工法の一種であり、軟弱粘性土地盤中に人工的な排水路を設けて間隙水の排水距離を短くし、圧密を早期に収束させ地盤強度を向上させる工法である。

④ RCD工法は、セメント量を減じたノースランプの超硬練りコンクリートをダンプトラックなどで運搬し、ブルドーザで敷き均し、振動ローラで締固める全面レアー打設する工法であり、従来のケーブルクレーン等によるブロック打設工法に比べ、大幅に工期の短縮と経費の節減が可能な工法である。

⑤ EPS工法は、高分子材の大型発泡スチロールブロックを盛土材料や裏込め材料として積み重ねて用いる工法であり、材料の超軽量性、耐圧縮性、耐水性及び自立性を有効に利用する工法である。

【解答】①

【解説】仮締切り工は、河川水・海水・湖沼水等を遮断し、ドライな状態で構造物を施工できるようにするための仮設構造物であり、築堤によるもの、鋼矢板を用いるもの、両者を組み合わせたものなど種々の形式がある。盛土式仮締切り工法は、構造は比較的単純であるが、水深の割に堤体幅が大きくなり、狭隘な地点では不利となることが多い。

　①の文は「構造は比較的単純であり、水深の割に堤体幅が小さくなり、大量の土砂を必要とするため、狭隘な地点では不利になることが多い。」としている

ため不適切。

Ⅲ－33　建設工事の施工管理に関する次の記述のうち、不適切なものはどれか。

① 品質管理の目的は、施工管理の一環として、工程管理、出来形管理とも併せて管理を行い、初期の目的である工事の品質、安定した工程及び適切な出来形を確保することにある。

② 工程管理とは、施工前において最初に計画した工程と、実際に工事が進行している工程とを比較検討することで、工事が計画どおりの工程で進行するように管理し、調整を図ることである。

③ 原価管理とは、受注者が工事原価の低減を目的として、実行予算書作成時に算定した予定原価と、すでに発生した実際原価を対比し、工事が予定原価を超えることなく進むよう管理することである。

④ 環境保全管理とは、工事を実施するときに起きる、騒音振動をはじめとする環境破壊を最小限にするために配慮することをいう。

⑤ 労務管理とは、労務者や第三者に危害を加えないようにするために、安全管理体制の整備、工事現場の整理整頓、施工計画の検討、安全施設の整備、安全教育の徹底を行うことである。

【解答】⑤

【解説】労務管理とは、企業が従業員を雇い入れる際に、従業員の労働条件や労働環境を定義したり、その後に継続して労働契約内容を維持することを目的に「労働期間」、「労働時間」、「労働の対価」、「業務内容」等に関する契約内容を業務として管理することである。一方、労務者や第三者に危害を加えないようにするための管理は、安全管理である。

　⑤の文は「安全管理」の内容を「労務管理とは、……」としているため不適切。

Ⅲ－34　建設環境に関する次の記述のうち、最も不適切なものはどれか。

① 水質汚濁に係る環境基準は、公共用水域の水質について達成し、維持することが望ましい基準を定めたものであり、人の健康の保護に関する環境基準（健康項目）と生活環境の保全に関する環境基準（生活環境項目）の2つからなる。

② 微小粒子状物質「PM2.5」とは、大気中に浮遊している直径2.5マイクロメートル以下の非常に小さな粒子のことで、ぜんそくや気管支炎などの呼吸器系疾患や循環器系疾患などのリスクを上昇させると考えられている。

③　ゼロ・エミッションとは、1994年に国連大学が提唱した考え方で、あらゆる廃棄物を原材料などとして有効活用することにより、廃棄物を一切出さない資源循環型の社会システムをいう。

④　振動規制法では、くい打機など、建設工事として行われる作業のうち、著しい振動を発生する作業であって政令で定める作業を規制対象とし、都道府県知事等が規制地域を指定するとともに、総理府令で振動の大きさ、作業時間帯、日数、曜日等の基準を定めている。

⑤　持続可能な開発目標（SDGs：Sustainable Development Goals）とは、2001年に策定されたミレニアム開発目標（MDGs）の後継として、2015年9月の国連サミットで加盟国の全会一致で採択された「持続可能な開発のための2030アジェンダ」に記載された、発展途上国を対象とする先進国の開発援助目標である。

【解答】⑤

【解説】外務省のホームページには、『持続可能な開発目標SDGsとは』として次のように記されている。

　　　「持続可能な開発目標（SDGs：Sustainable Development Goals）とは、2001年に策定されたミレニアム開発目標（MDGs）の後継として、2015年9月の国連サミットで加盟国の全会一致で採択された「持続可能な開発のための2030アジェンダ」に記載された、2030年までに持続可能でよりよい世界を目指す国際目標です。」

　　　⑤の文は「……、発展途上国を対象とする先進国の開発援助目標である。」としているため不適切。

Ⅲ－35　建設環境に関する次の記述のうち、最も不適切なものはどれか。

①　建設副産物物流のモニタリング強化の実施手段の1つとして始まった電子マニフェストは、既存法令に基づく各種届出等の作業を効率化し、働き方改革の推進を図る相互連携の取組である。

②　気候変動対策として緩和策と適応策は車の両輪であり、これらを着実に推進するため、「地球温暖化対策の推進に関する法律」並びに「気候変動適応法」の2つの法律が施行されている。

③　生物指標とは、生息できる環境が限られ、かつ、環境の変化に敏感な性質を持つ種を選定し、その分布状況等の調査をすることによって地域の環境を類推・評価するためのものである。

④　木材は、加工に要するエネルギーが他の素材と比較して大きく、地球温

暖化防止、循環型社会の形成の観点から、公共工事での木材利用は推奨されていない。

⑤　循環型社会の形成のためには、再生品などの供給面の取組に加え、需要面からの取組が重要であるとの観点から、循環型社会形成推進基本法の個別法の1つとして、2005年に「国等による環境物品等の推進等に関する法律（グリーン購入法）」が制定された。

【解答】④

【解説】木材は、加工に要するエネルギーが他の素材と比較して<u>少なく</u>、多段階における長期的利用が地球温暖化防止、循環型社会の形成に資するなど環境にやさしい素材であることから、<u>公共工事等において木材利用推進が図られている</u>。

　④の文は「木材は、加工に要するエネルギーが他の素材と比較して<u>大きく</u>、地球温暖化防止、循環型社会の形成の観点から、<u>公共工事での木材利用は推奨されていない</u>。」としているため不適切。

第4章　建設部門専門科目試験の効果的な学習方法

　建設部門における技術士第一次試験の合格には、幅広い専門科目の知識が必要とされる。前章までは、平成24年度から令和3年度までの過去10年間に出題された問題のキーワードとその出題傾向を示すとともに、昨年度（令和3年度）の試験問題の解答解説を示すことによって建設部門の専門科目に関して、出題内容と出題レベルを明らかにした。本章では、これから令和4年度の試験が行われる11月27日に向けた専門科目の対策について、本書の活用方法とともに、具体的にどのような方法でどのような学習を進めていけばよいのかについて述べる。

　技術士第一次試験のように、5肢択一式の設問に対する受験対策としては、本書のような過去問題の解答解説や問題集を用いて学習を進めていくことが多い。しかしながら、問題集をもとに学習を進めていく場合には、その使い方に留意しておくべきことがある。5肢択一の問題のうち、技術士第一次試験で比較的多く出題される「不適切なもの（誤っているもの）を選べ」という問題では、当たり前のことであるが1つだけが不適切な（誤り）の文で、残りの4つの文は適切な（正しい）文である。不適切なもの（誤っているもの）を選ぶという問題を解いていく場合には、『なぜ』その設問文が不適切（誤り）なのかを考えていくことになり、これだろうという選択肢を選んでからその正誤を確認することになる。そして、正解することができたのか、その選択理由に間違いはなかったのかを確認して一喜一憂して終わりにしてしまうことが多い。このような学習方法では問題の正解のみを確認することだけで終わってしまい、現在の知識レベルを確認するだけならばいいが、第一次試験に合格するために必要な知識を増やすという学習にはなっていないのである。問題集を使った学習において、その学習効果を高めるためには、単に正解を確認するだけではなく、確認した後に残りの4つの文の内容を改めて理解するという姿勢が重要である。すなわち、1つの問題を解いて1項目だけを理解するのではあまりにももったいないのである。

　そして技術士第一次試験の学習は、キーワードを中心に進めていくのが適切かつ効率的な方法である。本書では、問題を解くだけではなくその後の学習に役立てられるように、設問で使用したキーワードを示している。正解できたか

どうかの確認だけではなく、よくわからなかった設問文がある場合には、この
キーワードを中心とした学習展開を行うようにしていただきたい。これが、
合格に結びつくための知識を確実に増やすために重要なことである。また、
2.5節で述べた出題傾向ならびに第3章の令和3年度試験問題の解答解説の内容
でもわかるとおり、令和3年度の問題の多くは、過去に出題された設問を再利
用した形の出題内容になっている。過去の出題傾向を俯瞰すると平成21年度
からの建設部門の問題には、それまでに出題された問題をいくつか取り入れる
ようにはなっていたが、平成24年度以降からの問題のように、多くの設問文
が過去問題をもとに作られたということはなかったことから、これは試験制度
改正の方向に基づいた変化と見ることができる。

　したがって、令和4年度の試験においても過去に出題された問題と同様の設
問が、たくさん出題されると考えられる。そのため、これまでに出題されてき
た過去問題についてレビューしておくことは、建設部門のこれからの受験対策
として極めて重要である。

　なお、次章からの必修問題は、令和3年度に出題された問題の類似問題とと
もに、技術士第一次試験受験用に建設部門専門科目の11分野のキーワードを
まとめて解説した弊著『技術士第一次試験「建設部門」受験必修キーワード
700　第8版』(日刊工業新聞社)の内容をもとに作成している。この『キーワー
ド700』の学習効果を確認するために本書を利用するのはもちろんのこと、
本書で自分の理解が不十分な項目やキーワードがあった場合は必ず『キーワー
ド700』に戻ってその内容を確認するようにしていただきたい。このような
フィードバックによって着実に理解度が向上し、合格に一歩一歩近づいていく
ことになる。

　『技術士第一次試験「建設部門」受験必修キーワード700　第8版』と本書を
併用した効果的な学習方法を以下に示すので、学習計画を立てるときの参考に
していただきたい。

『技術士第一次試験「建設部門」受験必修キーワード700』の理解

よくわからない事項や分野があれば、そのキーワードを中心に教科書等により内容を確認

本書の300問による理解度の確認（第5章）

理解が不十分なキーワードは『技術士第一次試験「建設部門」受験必修キーワード700』にて再確認

本書の模擬問題による確認（第6章）

『技術士第一次試験「建設部門」受験必修キーワード700』による最終確認

効果的な学習のフロー

第5章　受験必修問題

5.1　「土質及び基礎」の問題

【問題1】※令和3年度試験　関連問題

土の基本的性質に関する次の記述のうち、最も不適切なものはどれか。

① 間隙比eと間隙率nの間には、$e = \dfrac{n}{100 - n}$の関係がある。

② 飽和度は、土の間隙の体積に対する間隙中の水の体積の割合（百分率）をいう。

③ 最大乾燥密度は、道路の盛土や河川の堤防を施工する場合などで、締固め度を測定する際に施工管理基準の基本の値となる。

④ コンシステンシー指数I_cは、自然含水比wが液性限界に近ければ$I_c = 1$（不安定）、塑性限界に近ければ$I_c = 0$（安定）となる。

⑤ 液性指数I_Lは、塑性限界w_p、含水比w、塑性指数I_pを用いて$I_L = \dfrac{w - w_p}{I_p}$と定義される。

【解説】コンシステンシー指数は、液性指数と同様に、対象土の含水比がどの位置にあるかによって土の安定性を評価するものである。コンシステンシー指数I_cは、次の式により算出する。

$$I_c = (w_L - w) / I_p \qquad (w_L：液性限界、w：自然含水比、I_p：塑性指数)$$

　コンシステンシー指数は、液性指数とは逆で、自然含水比wが液性限界に近ければ$I_c = 0$（不安定）、塑性限界に近ければ$I_c = 1$（安定）となる。

　④の文は「……、自然含水比wが液性限界に近ければ$I_c = 1$（不安定）、塑性限界に近ければ$I_c = 0$（安定）となる。」としているため不適切。

【解答】④

【学習にあたってのキーワード】

　間隙比、間隙率、飽和度、最大乾燥密度、コンシステンシー指数、液性限界、塑性限界、液性指数、塑性指数

【問題2】※令和3年度試験　関連問題

軟弱地盤対策工法に関する次の記述の、　□　に入る語句として、最も適切な組合せはどれか。

バーチカルドレーン工法は、軟弱地盤中に人工のバーチカルドレーンを多数設置して排水距離を　a　に短縮し、載荷重などによって生じる地盤の　b　を促進する工法である。バーチカルドレーン工法は支持力を増加させる、あるいは残留沈下を除去することを目的とした工法であり、代表的なものとして　c　がある。この工法は、圧密に要する時間は、　d　に比例するというテルツァギーの圧密理論を応用したものである。

	a	b	c	d
①	水平方向	圧力	オールケーシング工法	最大排水距離
②	水平方向	圧密	サンドドレーン工法	最大排水距離の2乗
③	水平方向	圧密	オールケーシング工法	最大排水距離
④	垂直方向	圧力	オールケーシング工法	最大排水距離の1/2乗
⑤	垂直方向	圧密	サンドドレーン工法	最大排水距離の2乗

【解説】バーチカルドレーン工法は、軟弱地盤中に人工のバーチカルドレーンを多数設置して排水距離を<u>水平方向</u>に短縮し、載荷重などによって生じる地盤の<u>圧密</u>を促進する工法である。バーチカルドレーン工法は支持力を増加させる、あるいは残留沈下を除去することを目的とした工法であり、代表的なものとして<u>サンドドレーン工法</u>がある。この工法は、圧密に要する時間は、<u>最大排水距離の2乗</u>に比例するというテルツァギーの圧密理論を応用したものである。

これより、　□　に入る語句として最も適切な組合せは②になる。

【解答】②

【学習にあたってのキーワード】

軟弱地盤対策工法、圧密、サンドドレーン工法、圧密係数、圧密時間、時間係数、排水距離、圧密促進工法、圧密度、ペーパードレーン工法、過圧密、正規圧密、過剰間隙水圧

【問題3】※令和3年度試験　関連問題

飽和粘土について、乱さない試料と練り返した試料の供試体を用いて、それぞれ一軸圧縮試験を行ったところ、次の図に示す応力−ひずみ曲線が得られた。この飽和粘土の鋭敏比 S_t の値として最も適切なものはどれか。

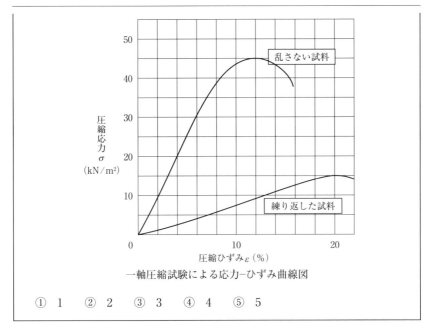

一軸圧縮試験による応力−ひずみ曲線図

① 1　　② 2　　③ 3　　④ 4　　⑤ 5

【解説】応力−ひずみ曲線図より、乱さない試料の一軸圧縮強さ q_u は、

$$q_u = 45 \ [\text{kN} / \text{m}^2]$$

同様に、練り返した試料の一軸圧縮強さ q_{ur} は、

$$q_{ur} = 15 \ [\text{kN} / \text{m}^2]$$

一方、鋭敏比 S_t は、$\dfrac{乱さない試料の一軸圧縮強さ}{練り返した試料の一軸圧縮強さ}$ によって求められる。

$$S_t = \frac{q_u}{q_{ur}} = \frac{45}{15} = 3$$

したがって③が正解となる。

【解答】③

【学習にあたってのキーワード】

一軸圧縮試験、応力−ひずみ曲線、鋭敏比

【問題4】※令和3年度試験　関連問題

斜面安定に関する次の記述のうち、不適切なものはどれか。

① 斜面の安全率の定義の1つは、土のせん断強さによる抵抗モーメントを
ある点に関する滑動モーメントで除した値として定義され、円弧すべり法
はこの定義に基づいている。

② 斜面のすべりに対する安全率の値を具体的に求める方法には、すべり面

の形状を円形と仮定する円弧すべり解析と、任意形状のすべり面を対象とした非円形すべり面解析がある。

③　土石流とは、山体を構成する土砂や礫の一部が、水と混合し河床堆積物とともに渓岸を削りながら急速に流下する現象である。

④　落石防止工は、斜面上方の落石発生源において実施する落石予防工と、発生した落石に対し斜面下方で対処する落石防護工に区分される。

⑤　抑制工は、構造物を設けることによって構造物の抵抗力を利用し、地すべり運動の一部または全部を停止させることを目的とした地すべり対策工である。

【解説】地すべり対策工（地すべり防止工）は、地すべり地の地形、地下水の状態などの自然条件を変化させることにより、地すべり運動を停止または緩和させる抑制工と、構造物を設けることによって構造物の抵抗力を利用し、地すべり運動の一部または全部を停止させる抑止工とに大別できる。地すべり防止施設の配置計画においては、地すべりの規模及び発生・運動機構、保全対象の状況、工法の経済性等を勘案し、抑制工と抑止工を適切に組み合わせて工法を選定する。

　　　⑤の文は抑止工の内容を「抑制工は、……」としているため不適切。

【解答】⑤

【学習にあたってのキーワード】

斜面の安全率、円弧すべり法（円弧すべり解析）、非円形すべり面解析、土石流、落石防止工、落石予防工、落石防護工、地すべり対策工、抑制工、抑止工

【問題5】

飽和粘土の供試体を用いて一軸圧縮試験を行ったところ、一軸圧縮強さが q_u となった。この土のせん断抵抗角 ϕ_u と非排水せん断強さ c_u の組合せとして正しいものはどれか。

①　$\phi_u = 0°$　、　$c_u = 0.5q_u$　　②　$\phi_u = 0°$　、　$c_u = q_u$

③　$\phi_u = 0°$　、　$c_u = 2q_u$　　④　$\phi_u = 30°$　、　$c_u = 0.5q_u$

⑤　$\phi_u = 30°$　、　$c_u = q_u$

【解説】飽和粘性土について、原地盤から採取した乱さない試料について一軸圧縮試験を行えば、次に示す三軸圧縮試験のUU試験（非圧密非排水試験）における、見かけの粘着力 c_u に相当する強度定数を知ることができる。

$$c_u = 1/2 \cdot q_u　、　\phi_u = 0$$

これより、せん断抵抗角ϕ_uと非排水せん断強さc_uの組合せとして正しいものは①になる。

【解答】①

【学習にあたってのキーワード】

　一軸圧縮試験、三軸圧縮試験、UU試験（非圧密非排水試験）、せん断抵抗角、非排水せん断強さ

【問題6】

　上下を透水層に挟まれた厚さ10.0 mの飽和粘土層があり、構造物によって圧縮され、その最終沈下量が100 cmと推定されている。この粘土層が50％圧密を完了するまでに要する日数のうち、正しいものは次のうちどれか。ただし、この粘土の圧密係数は$C_v = 50$ cm^2／日とし、圧密度50％のときの時間係数は$T_v = 0.2$とする。

① 500日　　② 1000日　　③ 2000日　　④ 3000日　　⑤ 4000日

【解説】粘土層の排水経路の長さH'は、上下面が透水層で両面排水になるから$H' = 5.0$ m $= 500$ cmとなる。$C_v = 50$ cm^2／日、$T_v = 0.2$より、圧密を完了するまでに要する日数tは、

$$t = \frac{T_v (H')^2}{C_v} = \frac{0.2 \times (500)^2}{50} = 1000 \quad （日）$$

　したがって②が正しい。

【解答】②

【学習にあたってのキーワード】

　圧密、圧密沈下量、圧密沈下に要する時間

【問題7】

土圧に関する次の記述のうち、最も不適切なものはどれか。

①　主働土圧は、擁壁などの壁体が背面の土から水平方向の土圧を受けて、その土から離れるように動く時の土圧である。

②　受働土圧は、擁壁などの壁体を背面の土に水平方向に移動させたときに構造物に作用する土圧である。

③　静止土圧は、擁壁などの壁体の移動がなく、静止した状態において土が壁体に及ぼす水平方向の土圧である。

④　クーロンの土圧とは、重力だけが働く半無限の土体の中に生じる任意の要素について、応力の平衡状態から土圧を求める方法である。

⑤　地盤に粘着力がない場合、ランキンの土圧論による主働土圧係数は、地盤の内部摩擦角 ϕ を用いて、$\tan^2\left(\dfrac{\pi}{4} - \dfrac{\phi}{2}\right)$ となる。

【解説】クーロンの土圧理論は、壁体背面にくさび形の土塊を考えて、壁体によって支えられる土について、壁体が少し移動した場合の力の釣り合いから土圧を求める方法をいう。一方、ランキンの土圧は、重力だけが働く半無限の土体の中に生じる任意の要素について、応力の平衡状態から土圧を求める方法をいう。④の文は、「ランキンの土圧」の内容を「クーロンの土圧とは、……」としているため不適切。

【解答】④

【学習にあたってのキーワード】

主働土圧、受働土圧、静止土圧、クーロンの土圧、ランキンの土圧、内部摩擦角

【問題8】

突固めによる土の締固め試験結果の一般的傾向に関する次の記述の、□□□ に入る語句の組合せとして最も適切なものはどれか。

締固め試験のモールド、ランマー、落下高が同じであっても、突固め回数を増すと得られる最大乾燥密度は　a　、最適含水比　b　。しかし突固め回数を増すにつれて変化率が　c　。

	a	b	c
①	増大し	は減少する	減ずる
②	増大し	は減少する	増加する
③	増大し	も増大する	減ずる
④	減少し	は増大する	増加する
⑤	減少し	も減少する	増加する

【解説】突固めによる土の締固め試験方法は、土が締固められたときの乾燥密度と含水量との関係を、比較的に実際の施工機械の締固め効果に近い結果を与えるという経験的認識のもとに知ることができ、これによって土を最も安定な状態に締固めることができる最適含水比を予測することができる。

突固めによる土の締固め試験結果の一般的傾向として、締固め試験のモールド、ランマー、落下高が同じであっても、突固め回数を増すと得られる最大乾燥密度は増大し、最適含水比は減少する。しかし突固め回数を増すにつれて変化率が減ずる。

したがって、□□□ に入る語句の組合せとして最も適切なものは①になる。

【解答】①

【学習にあたってのキーワード】

　突固めによる土の締固め試験、最大乾燥密度、最適含水比

【問題9】

　土のダイレイタンシーに関する次の記述の、□□□に入る語句として、最も適切な組合せはどれか。

　土の　a　においては体積変化が起こるが、この性質をダイレイタンシーという。よく締まった　b　または　c　では、正のダイレイタンシー（体積の増加）を示し、ゆるい　b　または　d　では、負のダイレイタンシー（体積の減少）を示す。

	a	b	c	d
①	圧密	砂質土	過圧密粘土	シルト
②	圧密	過圧密粘土	砂質土	シルト
③	せん断	砂質土	過圧密粘土	正規圧密粘土
④	せん断	過圧密粘土	シルト	正規圧密粘土
⑤	せん断	砂質土	正規圧密粘土	過圧密粘土

【解説】土のせん断においては体積変化が起こるが、この性質をダイレイタンシーという。よく締まった砂質土または過圧密粘土では、正のダイレイタンシー（体積の増加）を示し、ゆるい砂質土または正規圧密粘土では、負のダイレイタンシー（体積の減少）を示す。

　したがって、□□□に入る語句として最も適切な組合せは③になる。

【解答】③

【学習にあたってのキーワード】

　ダイレイタンシー、正のダイレイタンシー、負のダイレイタンシー、せん断、過圧密粘土、正規圧密粘土

【問題10】

　下図に示すように、断面積Aの容器に長さLの砂試料を設定し、上部の水面を一定位置に保ちながら給水を行った。砂試料を通過した水をパイプを通して小さな容器に導き、この容器の水位を一定に保ちながら、あふれる水の量を測定した（水頭差がhである）。ある程度水を流して定常状態になったときを見計らって、あふれる水の量を測定すると、単位時間当たりの流量がQであった。ダルシーの法則が成り立つとき、この砂試料の透水係数kは次のうちどれか。

ただし、砂試料の下には金網が挿入されているものとし、図示の位置に固定されているものとする。また、水が受ける金網の抵抗は無視するものとする。

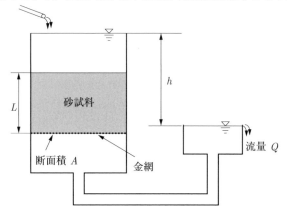

①　$k = \dfrac{QL}{hA}$　　②　$k = \dfrac{QAL}{h}$　　③　$k = \dfrac{Q}{hAL}$

④　$k = \dfrac{QA}{hL}$　　⑤　$k = \dfrac{Qh}{LA}$

【解説】ダルシーの法則は、ある時間に土中を浸透する水の量は、動水勾配に比例するという関係をいう。ダルシーは、実験的に砂層の中を流れる地下水の流れについて次のような経験式を導いた。

$$Q = k \cdot A \cdot i = k \cdot A \cdot \frac{h}{L}$$

　　（Q：流量、k：透水係数、A：断面積、i：動水勾配、h：水頭差、
　　L：hに応ずる距離）

このダルシーの式を変形すると透水係数は、$k = \dfrac{Q \cdot L}{h \cdot A}$　となることがわかる。したがって①が正解となる。

【解答】①

【学習にあたってのキーワード】

　透水係数、ダルシーの法則、動水勾配

【問題11】

土の透水に関する次の記述のうち、最も不適切なものはどれか。

①　透水係数の値は一般に、粘性土よりも砂質土の方が大きい。

②　ダルシーの法則とは、ある時間に土中を浸透する水の量は、動水勾配に比例するという関係をいう。

③　室内における透水試験方法には、透水係数の比較的大きい材料に適用す

る変水位透水試験と、透水係数の比較的小さい材料に適用する定水位透水試験がある。

④ 土中水の移動は、その水頭勾配と土の透水性を表すパラメータによって定量的に取り扱うことができる。

⑤ 被圧帯水層は、不透水層によって上下部分を挟まれた状態で存在し、帯水層中に地下水面は存在しない。

【解説】室内における透水試験方法には、透水係数の比較的大きい材料に適用する定水位透水試験と、透水係数の比較的小さい材料に適用する変水位透水試験がある。

③の文は、「……、透水係数の比較的大きい材料に適用する変水位透水試験と、透水係数の比較的小さい材料に適用する定水位透水試験がある。」として、定水位透水試験と変水位透水試験が逆になっているため不適切。

【解答】③

【学習にあたってのキーワード】

透水係数、ダルシーの法則、動水勾配、変水位透水試験、定水位透水試験、単孔式透水試験、水頭勾配、被圧帯水層、帯水層、不透水層

【問題12】

土の構成と基本的物理量に関する次の記述のうち、最も不適切なものはどれか。

① 単位体積の土に含まれる土粒子の重量を乾燥単位体積重量という。

② 土粒子の質量に対する間隙に含まれる水の質量の割合を百分率で表したものを含水比といい、含水比が100％の土を飽和土と呼ぶ。

③ 日本統一土質分類法では、粒径が0.075 mm以下の土粒子を細粒分（細粒土）と呼び、特に粒径が0.005 mm以上の土を粘土という。

④ 粒径加積曲線が水平に幅広く描かれ、さまざまな粒径の土粒子が適度に混じり合った土は締固めやすい特色を持つ。このような土を粒度配合の良い土と呼ぶ。

⑤ 粗粒土の構造（単粒構造）において、間隙比が低い（小さい）構造を密な状態、間隙比が高い（大きい）構造を緩い状態と表現する。

【解説】日本統一土質分類法では、粒径が0.075 mm以下の土粒子を細粒分（細粒土）と呼び、特に粒径が0.005 mm以下の土を粘土という。③の文は「日本統一土質分類法では、……、特に粒径が0.005 mm以上の土を粘土という。」としているため不適切。

【解答】③

【学習にあたってのキーワード】

　乾燥単位体積重量、含水比、飽和土、日本統一土質分類法、細粒土、粘土、粒径加積曲線、粗粒土、間隙比

【問題13】

　土の湿潤単位体積重量をγ_t、含水比をw、土粒子の比重をG_S、水の単位体積重量をγ_wとするとき、この土の間隙比eを算出する式として正しいものはどれか。

① $w\dfrac{G_S\gamma_w}{\gamma_t}$　　② $w\dfrac{G_S\gamma_w}{\gamma_t}-1$　　③ $(1+w)\dfrac{G_S\gamma_w}{\gamma_t}$

④ $(1+w)\dfrac{G_S\gamma_w}{\gamma_t}-1$　　⑤ $(1+w)\dfrac{G_S\gamma_w}{\gamma_t}+1$

【解説】　間隙比は、水及び空気と水蒸気などの間隙の体積と土粒子の体積の比率をいう。

$$e=\frac{V_v}{V_s}\qquad(V_v:\text{間隙の体積}、V_s:\text{土粒子の体積})$$

　また土粒子の重量をW_s、土の全体積をV、土粒子の比重をG_S、水の単位体積重量をγ_wとすると乾燥密度γ_dと間隙比eの間には、次のような関係がある。

$$\gamma_d=\frac{W_s}{V}=\left(\frac{G_S}{1+e}\right)\cdot\gamma_w$$

　さらに、含水比をwとすると乾燥密度γ_dと湿潤密度γ_tの間には、次の関係がある。

$$\gamma_d=\frac{\gamma_t}{1+w}$$

　以上より間隙比eの式は、次のように誘導することができる。

$$e=\frac{V_v}{V_s}=\left(\frac{\gamma_w}{\gamma_d}\cdot G_S\right)-1=\left\{\left(\gamma_w\cdot\frac{G_S}{\gamma_t}\right)\cdot(1+w)\right\}-1$$

$$=(1+w)\frac{G_S\gamma_w}{\gamma_t}-1$$

　したがって④が正しい。

【解答】④

【学習にあたってのキーワード】

　含水比、間隙比

【問題14】

下図は、土粒子、水、空気の三相から成る土の構成を各層に分離して模式的に描いた図である。図中の記号を用いて土の状態量を表した次の式のうち、誤っているものはどれか。ただし、長さの単位をcm、質量の単位をgとする。

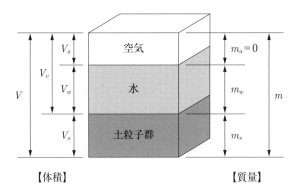

【体積】 【質量】

① 土粒子の密度 $\rho_s = \dfrac{m_s}{V_s}$ $[\mathrm{g/cm^3}]$ ② 間隙比 $e = \dfrac{V_v}{V_s}$

③ 間隙率 $n = \dfrac{V - V_s}{V} \times 100$ $[\%]$ ④ 含水比 $w = \dfrac{m_w}{m_s} \times 100$ $[\%]$

⑤ 飽和度 $S_r = \dfrac{V_w}{V} \times 100$ $[\%]$

【解説】 飽和度は、土の間隙の体積に対する間隙中の水の体積の割合（百分率）なので、

$$S_r = \dfrac{V_w}{V_v} \times 100 \ [\%]$$ となる。⑤は、分母が全体積になっているため誤り。

【解答】 ⑤

【学習にあたってのキーワード】

密度、間隙比、間隙率、含水比、飽和度

【問題15】

土のせん断に関する次の記述のうち、最も不適切なものはどれか。

① 応力経路は、せん断中の供試体内の応力を応力座標にプロットし、これらの点を結ぶ曲線によって応力の変化状況を表そうとするものである。

② 圧密排水試験は、ある圧力で圧密したのち、供試体の排水あるいは吸水を許さずにせん断する試験である。

③　鋭敏比は、練り返し前後の強さの比であり、$S_t=$（不かく乱強度）／（練り返し強度）により求められる。

④　三軸圧縮試験における各段階の側圧に対する軸応力を測定することにより、モールの応力円を描くことができ、このモールの応力円に対する破壊包絡線の傾きが内部摩擦角、縦軸との交点が粘着力を与える。

⑤　ダイレイタンシーは、せん断変形に伴う体積変化のことをいう。

【解説】圧密排水試験（CD試験）は、砂質土地盤の支持力や安定、または粘性土地盤の長期安定を調べるためにある圧力で圧密したのち、供試体の排水を許してせん断する試験である。一方、圧密非排水試験（CU試験）は、サンドドレーン工法などによって現在の地盤を圧密させたときに期待しうる地盤の強さを見積もるために、ある圧力で圧密したのち、供試体の排水あるいは吸水を許さずにせん断する試験である。

　　②の文は「圧密排水試験は、ある圧力で圧密したのち、供試体の排水あるいは吸水を許さずにせん断する試験である。」としているため不適切。

【解答】②

【学習にあたってのキーワード】

応力経路、圧密排水試験、鋭敏比、三軸圧縮試験、モールの応力円、内部摩擦角、粘着力、ダイレイタンシー

【問題16】

土の強度やせん断に関する次の記述のうち、最も不適切なものはどれか。

①　一軸圧縮試験に適用できる土質は、原則として自然地盤から採取した乱されない飽和粘土であるが、実用上は不飽和粘性土の乱されない試料や、締固めた粘性土に対しても適用できる。

②　圧密排水試験で得られる強度定数は、砂質土地盤の支持力や安定、または粘性土地盤の長期安定問題に適用される。

③　鋭敏比は、練り返し前後の強さの比であり、$S_t=$（不かく乱強度）／（練り返し強度）により求められる。またこれらの強度は、通常は一軸圧縮試験により求められる。

④　粘性土における正規圧密粘土と過圧密粘土とのせん断挙動の差についても、ダイレイタンシーによって説明がつく。

⑤　粘性土の圧密非排水試験より得られる非排水せん断強さ c_u は、施工中の粘土地盤の安定や支持力を見積もるなどの短期的な設計値を求めるために用いられる。

【解説】三軸圧縮試験の種類には、目的に応じて次の3つがある。

1. 施工中の粘土地盤の安定や支持力を見積もるなどの短期的な設計値を求めるための非圧密非排水試験（UU試験）

2. サンドドレーン工法などによって現在の地盤を圧密させたときに期待しうる地盤の強さを見積もるための圧密非排水試験（CU試験）

3. 砂質土地盤の支持力や安定、または粘性土地盤の長期安定を調べるための圧密排水試験（CD試験）

⑤の文は「粘性土の圧密非排水試験より得られる非排水せん断強さ c_u は、施工中の粘土地盤の安定や支持力を見積もるなどの短期的な設計値を求めるために用いられる」としているため不適切。

【解答】⑤

【学習にあたってのキーワード】

一軸圧縮試験、三軸圧縮試験、圧密排水試験、鋭敏比、正規圧密粘土、過圧密粘土、ダイレイタンシー、圧密非排水試験

【問題17】

土の間隙比を e、土粒子の比重を G_s、水の単位体積重量を γ_w とするとき、水中における飽和土の単位体積重量を算出する式として正しいものは次のうちどれか。

① $\dfrac{G_s - 1}{1 + e}\gamma_w$　② $\dfrac{G_s + 1}{1 + e}\gamma_w$　③ $\dfrac{G_s + e}{1 + e}\gamma_w$

④ $\dfrac{G_s - e}{1 + e}\gamma_w$　⑤ $\dfrac{G_s}{1 + e}\gamma_w$

【解説】飽和土の単位体積重量 γ_{sat} は、土の間隙比を e、土粒子の比重を G_s とすると土の全重量は $G_s \cdot \gamma_w + e \cdot \gamma_w$ であり、土の全体積は $V = 1 + e$ であるから、

$$\gamma_{sat} = \frac{G_s + e}{1 + e}\gamma_w$$

と表される。

一方、水中における飽和土の単位体積重量 γ_{sub} は、$\gamma_{sub} = \gamma_{sat} - \gamma_w$ であるから、

$$\gamma_{sub} = \frac{G_s + e}{1 + e}\gamma_w - \gamma_w = \frac{G_s - 1}{1 + e}\gamma_w$$

となる。

これより①が正しい。

【解答】①

【学習にあたってのキーワード】

間隙比、土粒子の比重、土の単位体積重量、水中における土の単位体積重量

【問題18】

　下図に示す、均質な水平成層地盤の地表面から深さ 6.0 m の地点における土被り圧（有効応力）σ_z はいくらか。ただし、地下水位は地表面から 2.0 m の深さに位置し、それより浅い部分の湿潤単位体積重量 γ_t は 17 kN／m^3、地下水位以深の飽和単位体積重量 γ_{sat} は 20 kN／m^3、水の単位体積重量 γ_w は 10 kN／m^3 とする。

① 　44 kN／m^2

② 　54 kN／m^2

③ 　64 kN／m^2

④ 　74 kN／m^2

⑤ 　84 kN／m^2

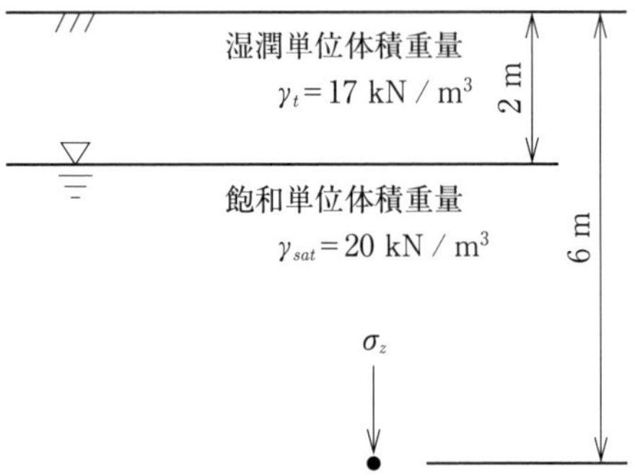

湿潤単位体積重量　$\gamma_t = 17$ kN／m^3

2 m

飽和単位体積重量　$\gamma_{sat} = 20$ kN／m^3

6 m

σ_z

【解説】土粒子間に直接伝わる応力を有効応力という。土の自重による鉛直方向の有効応力を、有効土被り圧または単に土被り圧といい、$\sigma_z{}'$ で表す。

　　土被り圧を式で表すと、$\sigma_z{}' = \gamma \times z$ （kN/m^2）となる。

　　　（γ：土の単位体積重量（kN/m^3）、z：深さ（m））

　　また、地表面から下に地下水面がある場合には、土層を地下水面の上下の2層に分けて、それぞれの土被り圧を加えて有効土被り圧を求める。地下水面から上の部分の土の単位体積重量を γ_t、深さを z_1、地表面から土被り圧を受ける点までの深さを z_2、土の飽和単位体積重量を γ_{sat}、水の単位体積重量を γ_w とすると土被り圧 $\sigma_z{}'$ は、

$$\sigma_z{}' = \gamma_t \cdot z_1 + (\gamma_{sat} - \gamma_w)(z_2 - z_1)$$

となる。

　　したがって、$\sigma_z = 17 \times 2 + (20 - 10) \times (6 - 2) = 74$ （kN/m^2）

　　④が正解となる。

【解答】④

【学習にあたってのキーワード】

　有効応力、有効土被り圧

【問題19】

基礎に関する次の記述のうち、最も不適切なものはどれか。

① テルツァギーの支持力算定式では、全般せん断破壊と局部せん断破壊において、それぞれの破壊に対応した支持力係数が用いられている。

② 杭の周面抵抗力とは、杭の周面を通じて地盤から受ける杭軸方向の抵抗力のことである。

③ 杭基礎にネガティブフリクションが働くと、杭材に大きな軸力が負荷されるとともに、杭先端地盤に大きな荷重が作用することとなる。

④ 直接基礎とは、上部構造物からの荷重を基礎スラブの底面から地盤に直接伝える基礎をいう。

⑤ 地盤が構造物の荷重を支える能力を極限支持力という。

【解説】極限支持力とは、地盤がせん断破壊を生じずに支え得る基礎の最大荷重あるいは荷重強度のことである。地盤が構造物の荷重を支える能力は、支持力である。

⑤の文は「支持力」を「極限支持力」としているため不適切。

【解答】⑤

【学習にあたってのキーワード】

テルツァギーの支持力算定式、全般せん断破壊、局部せん断破壊、支持力係数、杭基礎、ネガティブフリクション、直接基礎、極限支持力

【問題20】

土のせん断や安定計算に関する次の記述のうち、最も不適切なものはどれか。

① 安定計算に用いる土のせん断強さを決定する場合、せん断試験の排水条件は実際の現場の条件を考慮して、最も危険と考えられる条件で試験を行う。

② 粘性土の圧密非排水試験より得られる非排水せん断強さは、有効拘束圧に対して一定の割合で増加していく。

③ 砂質土地盤の支持力や安定、または粘性土地盤の長期安定を調べるときの三軸圧縮試験は、圧密非排水試験（CU試験）によって行う。

④ 正規圧密粘土地盤に盛土載荷を行う場合は、非排水せん断試験によって得られた非排水せん断強さを用いる。

⑤ 三軸圧縮試験の測定結果による、モールの応力円に対する破壊包絡線の傾きが内部摩擦角、縦軸との交点が粘着力を与える。

【解説】三軸圧縮試験は、円筒形の供試体に拘束圧力（側圧）を加えた状態で、さらに軸方向に軸差応力を加えてせん断破壊を引き起こすものである。各段階の側圧に対する軸応力を測定することにより、モールの応力円を描くことができ、このモールの応力円に対する破壊包絡線の傾きが内部摩擦角 ϕ、縦軸との交点が粘着力 c を与える。

　試験の種類としては、1. 地盤内の応力変化する時間が、発生する間隙水圧の消散時間に比べて短い場合を想定したもの、例えば試験施工中の粘土地盤の安定や支持力を見積もるなどの短期的な設計値を求めるための「非圧密非排水試験（UU 試験）」、2. サンドドレーン工法などによって現在の地盤を圧密させたときに期待しうる地盤の強さを見積もるために、ある圧力で圧密したのち、供試体の排水あるいは吸水を許さずにせん断する「圧密非排水試験（CU 試験）」、3. 砂質土地盤の支持力や安定、または粘性土地盤の長期安定を調べるための「圧密排水試験（CD 試験）」、の3種類がある。

　③の文は「砂質土地盤の支持力や安定、または粘性土地盤の長期安定を調べるときの三軸圧縮試験は、<u>圧密非排水試験（CU 試験）</u>によって行う。」としているため不適切。

【解答】③

【学習にあたってのキーワード】

　三軸圧縮試験、非圧密非排水試験、圧密非排水試験、圧密排水試験、有効拘束圧、正規圧密粘土、モールの応力円、破壊包線絡、内部摩擦角、粘着力

【問題21】

　土の圧密に関する次の記述のうち、最も不適切なものはどれか。

① 自然堆積した正規圧密粘土は、一般に側方変形を許さない K_0 圧密された状態であると考えられている。

② 圧密係数は、圧密試験によって求めることができ、この値を用いて沈下割合（速度）を計算することができる。

③ 粘性土地盤の圧密の進行を早めるためには、バーチカルドレーンなどの圧密促進工法が用いられている。

④ 過圧密状態の土では、テルツァギーの圧密理論に合った圧密変形を示す。

⑤ 正規圧密領域では塑性変形が卓越するのに対して、過圧密領域では弾性変形を示す。

【解説】正規圧密とは、対象とする地盤が地中で現在受けている有効上載圧力よりも大きな有効圧密荷重、すなわち応力履歴を過去に受けていない状態をいう。

正規圧密状態の土では、テルツァギーの圧密理論に合った圧密変形を示す。

④の文は「過圧密状態の土では、テルツァギーの圧密理論に合った圧密変形を示す」としているため不適切。

【解答】④

【学習にあたってのキーワード】

正規圧密、K_0圧密、圧密度（圧密係数）、圧密試験、圧密促進工法、バーチカルドレーン、過圧密、テルツァギーの圧密理論

【問題22】

粘土のせん断に関する次の記述のうち、最も不適切なものはどれか。

① 正規圧密状態の土では、テルツァギーの圧密理論に合った圧密変形を示す。

② 飽和した乱さない正規圧密粘土の一軸圧縮試験を行うと、三軸圧縮試験の非圧密非排水試験における見かけの粘着力 c_u に相当する強度定数が得られる。

③ サンドドレーン工法などによって現在の地盤を圧密させたときに期待しうる地盤の強さを見積もるための三軸圧縮試験の種類は、圧密非排水試験（CU試験）とする。

④ 正規圧密領域では弾性変形が卓越するのに対して、過圧密領域では塑性変形を示す。

⑤ 圧密試験によって沈下時間の推定に必要な圧密係数を求めたり、圧密沈下量の計算に必要な圧縮指数や圧密降伏応力を求めたりすることができる。

【解説】圧密降伏応力に対して、現在受けている有効土かぶり圧の大きさが低い場合を「過圧密」と呼んでいる。すなわち「過圧密」とは、地中で現在受けている有効上載圧力よりも大きな有効圧密荷重を過去に受けており、締め固められた状態といえる。一方、現在受けている有効土かぶり圧が等しい場合を「正規圧密」と呼んでいる。正規圧密領域では塑性変形（除荷しても元には戻らない変形）が卓越するのに対して、過圧密領域では弾性変形（除荷すると元に戻る変形）を示す。④の文は正規圧密領域と過圧密領域の記載内容が逆さまになっているため不適切。

【解答】④

【学習にあたってのキーワード】

正規圧密、テルツァギーの圧密理論、一軸圧縮試験、三軸圧縮試験、粘着力、サンドドレーン工法、過圧密、圧密試験

【問題23】

土中の浸透と地下水に関する次の記述のうち、最も不適切なものはどれか。

①　帯水層の下部が不透水層で地下水が帯水層の空隙を満たす形で存在し、地下水面が大気圧と平衡を保っている状態を被圧帯水層という。

②　限界動水勾配は、クイックサンド現象が発生するときの動水勾配のことをいう。

③　土質力学では、水理学でのピエゾ水頭のことを全水頭と呼んでいる。

④　フローネット（流線網）の中で、ある等ポテンシャル線に沿った各点では間隙水の水頭が一定であり、浸透水の分子は等ポテンシャル線に直交する流線に沿って移動することになる。

⑤　クイックサンド現象は、地下水面の浅い砂質地盤において矢板による土留で、オープンカットをしたときなどに生じやすい現象である。

【解説】帯水層は、地下水によって飽和されている透水性の良好な地盤のことをいう。帯水層の下部が不透水層で、地下水が帯水層の空隙を満たす形で存在し、地下水面が大気圧と平衡を保っている状態を不圧帯水層という。一方、帯水層と不透水層が何層にも重なり合うような場合には、帯水層の中の地下水は不透水層と不透水層の間に挟まれて大気圧より高い圧力で被圧される。このような状態の帯水層を被圧帯水層といい、被圧帯水層には地下水面は存在しない。

①の文は「地下水面が大気圧と平衡を保っている状態を<u>被圧帯水層</u>」としているため不適切。

【解答】①

【学習にあたってのキーワード】

帯水層、被圧帯水層、不圧帯水層、限界動水勾配、クイックサンド現象、水頭、ピエゾ水頭、フローネット（流線網）

【問題24】

下図に示すように、断面積 $500\ cm^2$ の容器に長さ $25\ cm$ の砂試料を設定し、上部の水面を一定位置に保ちながら給水を行った。試料を通過した水をパイプを通して小さな容器に導き、この容器の水位を一定に保ちながらあふれる水の量を測定した（水頭差は $50\ cm$ である）。ある程度水を流して定常状態になったときを見計らって、あふれる水の量を測定すると、毎秒 $100\ cm^3$ であった。ダルシーの法則が成り立つとすると、この砂試料の透水係数 k と透水速度 v の組合せで正しいものは次のうちどれか。ただし、砂試料の下には金網が挿入さ

れているものとし、図示の位置に固定されているものとする。また、水が受ける金網の抵抗は無視するものとする。

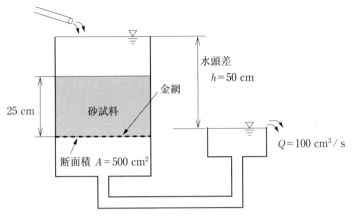

① $k = 5 \times 10^{-2}$ cm/s、 $v = 0.1$ cm/s
② $k = 5 \times 10^{-2}$ cm/s、 $v = 0.2$ cm/s
③ $k = 10 \times 10^{-2}$ cm/s、 $v = 0.1$ cm/s
④ $k = 10 \times 10^{-2}$ cm/s、 $v = 0.2$ cm/s
⑤ $k = 20 \times 10^{-2}$ cm/s、 $v = 0.1$ cm/s

【解説】 ダルシーの法則より、

$$v = k \cdot i \qquad Q = v \cdot A = k \cdot A \cdot i$$

（Q：流量、k：透水係数、A：断面積、i：動水勾配）

$$Q = 100 \text{ cm}^3/\text{s} \qquad i = \frac{h}{L} = \frac{50}{25} = 2$$

（h：水頭差、L：透水距離）

これより $k = \dfrac{Q}{A \cdot i} = \dfrac{100}{500 \times 2} = 10 \times 10^{-2}$ cm/s

$$v = k \cdot i = 0.1 \times 2 = 0.2 \text{ cm/s}$$

したがって④が正しい組合せになる。

【解答】 ④

【学習にあたってのキーワード】

　ダルシーの法則、透水係数、透水速度、圧力水頭、定水位透水試験

【問題25】

　粘土のせん断に関する次の記述のうち、最も不適切なものはどれか。

① 粘土の非排水せん断強さは、一軸圧縮強さの約1/2倍程度になる。

② 粘性土における正規圧密粘土と過圧密粘土とのせん断挙動の差は、ダイレタンシー（ダイレイタンシー、ダイラタンシーなどとも表記される。）によって説明がつく。

③ 粘性土が、せん断されて膨張する場合、ダイレタンシーが負であるという。

④ 圧密非排水試験は、ある圧力で圧密したのち、供試体の排水あるいは吸水を許さずにせん断する試験である。

⑤ 過圧密比とは、地盤内で現在受けている有効土被り圧に対する、圧密試験で求められる圧密降伏応力の比である。

【解説】ダイレタンシーは、せん断変形に伴う体積変化のことをいい、せん断されて膨張する場合、ダイレタンシーが正であるという。③の文は「せん断されて膨張する場合、ダイレタンシーが負であるという。」としているため不適切。

【解答】③

【学習にあたってのキーワード】

非排水せん断強さ、一軸圧縮強さ、正規圧密粘土、過圧密粘土、ダイレタンシー、圧密排水試験、過圧密比、有効土被り圧、圧密試験、圧密降伏応力

【問題26】

土の基本的性質に関する次の記述のうち、最も不適切なものはどれか。

① 土のコンシステンシー限界の1つで、土が塑性体から半固体に変わる限界の含水比を塑性限界という。

② 泥炭や関東ロームは自然含水比が大きいため、乾燥密度は湿潤密度に比べて著しく小さな値となる。

③ 最大間隙比は、シルトあるいは粘性土のような細粒分の多い材料において、最も緩い状態の間隙比をいう。

④ 粒径加積曲線図は、通過質量百分率とふるい網目で得られる粒径との関係を、通過質量百分率を縦軸に算術目盛りで、粒径を横軸に対数目盛りにとったグラフ上に描いた図で、粒度分布の状態を知ることができる。

⑤ 土壌間隙が水で満たされている状態を飽和状態といい、間隙中に土壌水と土壌空気とが共存している状態を不飽和状態という。

【解説】最大間隙比は、砂のような粗粒の粘着性のない材料において最も緩い状態の間隙比をいう。③の文は「……、シルトあるいは粘性土のような細粒分の多い材料において、……」としているため不適切。

【解答】③

【学習にあたってのキーワード】

塑性限界、乾燥密度、湿潤密度、最大間隙比、間隙比、粒径加積曲線図、粒度分布、飽和状態、不飽和状態

【問題27】

土圧に関する次の記述の、[ ]に入る語句の組合せとして、最も適切なものはどれか。

擁壁などの壁体が、背面の土から土圧を受けて、その土から離れるように動くときの土圧を[a]という。[a]の大きさは、[b]および静止土圧よりも[c]値になる。一方、擁壁などの壁体を、背面の土の方向に移動させたときに構造物に作用する土圧を[b]という。

[d]の土圧理論は、重力だけが働く半無限の土体の中に生じる任意の要素について、応力の平衡状態から土圧を求める方法であり、擁壁の水平変位によって盛土が塑性化したときの応力を求め、それを深さ方向に積分することによって壁面に作用する[a]・[b]を算定することができる。

	a	b	c	d
①	主働土圧	受働土圧	大きい	クーロン
②	主働土圧	受働土圧	小さい	ランキン
③	主働土圧	受働土圧	小さい	クーロン
④	受働土圧	主働土圧	大きい	ランキン
⑤	受働土圧	主働土圧	大きい	クーロン

【解説】擁壁などの壁体が、背面の土から土圧を受けて、その土から離れるように動くときの土圧を主働土圧という。主働土圧の大きさは、受働土圧および静止土圧よりも小さい値になる。一方、擁壁などの壁体を、背面の土の方向に移動させたときに構造物に作用する土圧を受働土圧という。

ランキンの土圧理論は、重力だけが働く半無限の土体の中に生じる任意の要素について、応力の平衡状態から土圧を求める方法であり、擁壁の水平変位によって盛土が塑性化したときの応力を求め、それを深さ方向に積分することによって壁面に作用する主働土圧・受働土圧を算定することができる。

以上より、a、b、c、dには、それぞれ「主働土圧」、「受働土圧」、「小さい」、「ランキン」が入る。したがって②が正解となる。

【解答】②

【学習にあたってのキーワード】

主働土圧、受働土圧、静止土圧、ランキンの土圧理論、クーロンの土圧理論

【問題28】

　土の間隙比を e、間隙率を n、含水比を w、土粒子の比重を G_s、水の単位体積重量を γ_w、含水量を m_w、土を炉乾燥した重量を m_s、湿潤密度を ρ_t とするとき、それぞれを表す式として正しいものを次のうちから選べ。

① 間隙比：$\dfrac{n}{100 - n}$　　② 土の湿潤単位体積重量：$G_s\left(1 + \dfrac{w}{100}\right) \cdot \dfrac{\gamma_w}{1 - e}$

③ 間隙率：$\dfrac{e}{1 - e} \times 100$　　④ 含水比：$\dfrac{m_s}{m_w} \times 100$

⑤ 乾燥密度：$\dfrac{\rho_t}{1 - \dfrac{w}{100}}$

【解説】土の湿潤単位体積重量（湿潤密度）ρ_t は、$\rho_t = \dfrac{G_s(1 + w / 100)}{1 + e}\gamma_w$ となるため、②は誤り。

　間隙率 n は、$n = \dfrac{e}{1 + e} \times 100$ となるため③は誤り。

　含水比 w は、$\dfrac{m_w}{m_s} \times 100$ となるため④は誤り。

　乾燥密度 ρ_d は、$\rho_d = \dfrac{\rho_t}{1 + \dfrac{w}{100}}$ となるため⑤は誤り。

　間隙比 e は、$e = \dfrac{n}{100 - n}$ と表すことができる。
　したがって①は正しい。

【解答】①

【学習にあたってのキーワード】

　間隙比、間隙率、含水比、土粒子の比重、湿潤単位体積重量（湿潤密度）、乾燥密度

【問題29】

　土の基本的性質に関する次の記述のうち、最も不適切なものはどれか。

① 間隙比は、土の中にある水や空気、水蒸気など土粒子以外の間隙の体積を、土粒子の体積で除して求められる。

② 飽和度（S_r）の値が1の状態は、完全乾燥の状態にある。

③ 乾燥密度と含水比の関係を描いた締固め曲線の頂点の密度を、最大乾燥密度（$\gamma_{d\,max}$）という。

---

④ コンシステンシー指数は、自然含水比 w が液性限界に近ければ $I_c = 0$ （不安定）、塑性限界に近ければ $I_c = 1$ （安定）となる。

⑤ 液性指数 I_L は、塑性限界 (W_p)、含水比 (w)、塑性指数 (I_p) を用いて $I_L = (w - W_p) / I_p$ と定義される。

【解説】飽和度は、土の間隙の体積に対する間隙中の水の体積の割合（百分率）のことで、飽和度 $S_r = \dfrac{V_w}{V_v} \times 100 = \dfrac{w \cdot G_s}{e} \times 100$ の関係から求められる。

（V_w：間隙中の水の体積、V_v：土の間隙の体積、w：含水比、G_s：土粒子の比重、e：間隙比）

飽和度の値によって間隙の状態は次のように分けられる。

1) $S_r < 1$：不飽和の状態

2) $S_r = 1$：間隙が完全に水で満たされた飽和状態

3) $S_r = 0$：完全乾燥の状態

②の文は「$S_r = 1$ の状態は、完全乾燥の状態にある」としているため不適切。

【解答】②

【学習にあたってのキーワード】

間隙比、飽和度、最大乾燥密度、コンシステンシー指数、液性限界、塑性限界、液性指数、塑性指数

【問題30】

下図に示すような2次元無限長直線斜面において、任意の幅 b を有する土塊 ABCD の安定から斜面の安全率 F を求める式として、次のうち最も適切なものはどれか。ここで想定されるすべり面は斜面表面に平行であり、その深さは H とする。また、斜面およびすべり面の傾斜角度を α、土の粘着力、内部摩擦角および湿潤単位体積重量を、それぞれ c、ϕ、γ_t とする。

① $F = \dfrac{\tan \phi}{\tan \alpha} + \dfrac{c}{\gamma_t bH} \dfrac{1}{\sin \alpha}$

② $F = \dfrac{\tan \phi}{\tan \alpha} + \dfrac{c}{\gamma_t H} \dfrac{1}{\sin 2\alpha}$

③ $F = \dfrac{\tan \phi}{\tan \alpha} + \dfrac{c}{\gamma_t bH} \dfrac{2}{\sin 2\alpha}$

④ $F = \dfrac{\tan \phi}{\tan \alpha} + \dfrac{c}{\gamma_t H} \dfrac{2}{\sin 2\alpha}$

⑤ $F = \dfrac{\tan \phi}{\tan \alpha} + \dfrac{c}{\gamma_t H} \dfrac{2}{\sin \alpha}$

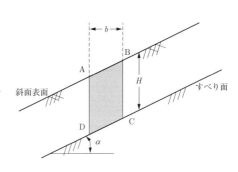

【解説】安全率は（抵抗力）／（滑動しようとする力）から求められる。

滑動しようとする力は、$\gamma_t \times b \times H \times \sin\alpha$

この土には摩擦力による抵抗力と粘着力による抵抗力とが働く。

摩擦力による抵抗力は、$\gamma_t \times b \times H \times \cos\alpha \times \tan\phi$

粘着力による抵抗力は、$\dfrac{c \times b}{\cos\alpha}$　となるので

$$\text{安全率 } F = \frac{\gamma_t \times b \times H \times \cos\alpha \times \tan\phi + \dfrac{c \times b}{\cos\alpha}}{\gamma_t \times b \times H \times \sin\alpha}$$

$$= \frac{\cos\alpha \times \tan\phi}{\sin\alpha} + \frac{c}{\gamma_t \times H} \times \frac{1}{\sin\alpha \times \cos\alpha}$$

$$= \frac{\tan\phi}{\tan\alpha} + \frac{c}{\gamma_t \times H} \times \frac{2}{\sin 2\alpha}$$

以上より、安全率 F を求める式として④が適切である。

【解答】④

【学習にあたってのキーワード】

　　斜面の安全率、土の粘着力、内部摩擦角、湿潤単位体積重量

【問題31】

　間隙比 $e = 0.60$、含水比 $w = 25\%$、土粒子の密度 $\gamma_s = 2.60$ g/cm^3 のときの乾燥密度と湿潤密度の値の組合せで正しいものは次のうちどれか。

① $\gamma_d = 1.53$ g/cm^3　　　　$\gamma_t = 1.93$ g/cm^3

② $\gamma_d = 1.53$ g/cm^3　　　　$\gamma_t = 1.93$ g/cm^3

③ $\gamma_d = 1.53$ g/cm^3　　　　$\gamma_t = 2.03$ g/cm^3

④ $\gamma_d = 1.63$ g/cm^3　　　　$\gamma_t = 2.03$ g/cm^3

⑤ $\gamma_d = 1.63$ g/cm^3　　　　$\gamma_t = 2.13$ g/cm^3

【解説】乾燥密度：$\gamma_d = \dfrac{W_s}{V} = \dfrac{\gamma_s}{1+e} = \dfrac{2.60}{1+0.6} = 1.625$ g/cm^3

　　　　　　　　（W_s：土粒子重量、V：全体積）

　　湿潤密度：$\gamma_t = \dfrac{W}{V} = \gamma_d \cdot \left(1 + \dfrac{w}{100}\right) = 1.625 \times 1.25 = 2.031$ g/cm^3

　　　　　　　　（W：全重量、V：全体積）

　したがって④が正しい。

【解答】④

【学習にあたってのキーワード】

　　間隙比、含水比、乾燥密度、湿潤密度

【問題32】

圧密に関する次の記述のうち、最も不適切なものはどれか。

① 圧密は、透水度の低い飽和粘性土が脱水されるにつれて体積が圧縮される現象のことである。

② 圧密係数は、圧密の進行速度に影響を与える係数で、圧密係数が大きいほど圧密終了までの時間は長くなる。

③ 圧密試験では、沈下時間の推定に必要な圧密係数を求めるばかりではなく、圧密沈下量の計算に必要な圧縮指数及び圧密降伏応力を求めることができる。

④ 圧密係数 c_v は時間係数 $T_v = c_v \times t / H^2$（T_v：時間係数、c_v：圧密係数、t：時間、H：最大排水長さ）の関数として表される。

⑤ 圧密度とは、最終圧密沈下量に対する圧密の程度（割合）のことである。

【解説】圧密係数は、圧密の進行速度に影響を与える係数で、圧密係数が大きいほど圧密は速く終了するというものである。②の文は「圧密係数が大きいほど圧密終了までの時間は長くなる」としているため不適切。

【解答】②

【学習にあたってのキーワード】

圧密係数、圧密試験、圧密度

【問題33】

不透水性の地盤の上に厚さ 6.0 m の飽和粘土層があり、その上には透水性を有した厚さ 3.0 m の砂層がある。盛土を設置することにより、地表面に 30 kN/m² の載荷重が作用する。このとき、80%圧密が完了するまでの時間と、そのときの地表面沈下量は、次の組合せのうちどれか。ただし、この粘土の圧密係数は 0.020 m²/日、体積圧縮係数は 0.005 m²/kN であり、載荷重は粘土層の各深さに一斉に伝えられるものとする。なお、圧密度が80%となるときの時間係数は0.60としてよい。

	完了時間	沈下量
①	1080 日	0.72 m
②	1080 日	0.90 m
③	190 日	0.50 m
④	190 日	0.72 m
⑤	190 日	0.90 m

【解説】圧密沈下量 S は、次の式によって算出することができる。

$$S = H\frac{e_0 - e}{1 + e_0} = H \cdot m_v \cdot \Delta p = H\frac{C_c}{1 + e_0}\log 10\frac{p_0 + \Delta p}{p_0}$$

ただし、H：粘土層の層厚

e_0：粘土層の中心面における載荷前の間隙比

m_v：体積圧縮係数

p_0：粘土層の中心面における載荷前の有効土かぶり圧

Δp：載荷重によって生じた粘土層の中心面での増加圧力

e：粘土層の中心面において増加圧力 Δp によって圧密された後の間隙比

設問では、$H = 6.0$ m、$\Delta p = 30$ kN/m^2、$m_v = 0.005$ m^2/kN がそれぞれ与えられているので、80％圧密が完了するときの地表面沈下量 S は、

$S = H \cdot m_v \cdot \Delta p \cdot$（圧密度）

$= 6.0$ (m) $\times 30$ (kN/m^2) $\times 0.005$ (m^2/kN) $\times 0.8 = \underline{0.72}$ (m)

となる。

一方、圧密沈下に要する日数 t は、次の式によって算出できる。

$t = T_v \cdot (H')^2 / C_v$

ただし、T_v：時間係数

H'：排水距離

C_v：圧密係数

粘土層の排水経路の長さ H' は、下面が不透水層で片面排水になるから $H' = H = 6.0$ (m) となる。$C_v = 0.020$ m^2/日、$T_v = 0.60$ より、圧密を完了するまでに要する日数 t は、

$t = T_v \cdot (H')^2 / C_v = 0.60 \times (6.0)^2 / 0.020 = \underline{1080}$（日）

以上より、圧密が完了するまでの時間と、そのときの地表面沈下量は、1080日と 0.72 m の組合せとしている①が正しい。

【解答】①

【学習にあたってのキーワード】

圧密、圧密沈下量、圧密沈下に要する時間、体積圧縮係数、圧密係数

5.2 「鋼構造及びコンクリート」の問題

【問題1】※令和3年度試験 関連問題

はりの断面力図に関する次の記述のうち、最も不適切なものはどれか。

① せん断力図、曲げモーメント図の縦距は、その点のせん断力、曲げモーメントの大きさを示している。

② 片持ばりにおいて、せん断力図の自由端から任意点の面積は、その点の曲げモーメントの大きさを表す。

③ 単純ばりにおいて、せん断力がゼロになる点の曲げモーメントは最大になる。

④ 一端張出ばりに等分布荷重が作用すると、せん断力の符号がマイナスからプラスに変わる反曲点が生じる。

⑤ 三角形分布荷重の区間では、せん断力図は2次曲線、曲げモーメント図は3次曲線になる。

【解説】一端張出ばりに等分布荷重が作用すると、曲げモーメントの符号がマイナスからプラスに変わる点が生じる。この点を反曲点といい、符号がこの点から変わることは、はりの曲がる方向が上下逆になるということであり、一端張出ばりでは設計上求めなければならない点である。

④の文は「一端張出ばりに等分布荷重が作用すると、せん断力の符号がマイナスからプラスに変わる反曲点が生じる。」としているため不適切。

【解答】④

【学習にあたってのキーワード】

せん断力図、曲げモーメント図、片持ばり、単純ばり、一端張出ばり、反曲点、三角形分布荷重

【問題2】※令和3年度試験 関連問題

次ページ図に示すようなL形の図形ABCDEFがある。図の図心Oの辺BCからの距離h_0として、最も近いものは①〜⑤のうちどれか。

① 3.0 cm ② 3.3 cm ③ 3.6 cm ④ 3.9 cm ⑤ 4.2 cm

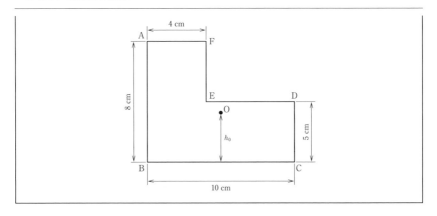

【解説】任意の図形の図心の位置は、断面1次モーメントを面積で割ることによって得ることができる。L形の図形 ABCDEF が2つの四角形が合成されていると考えると、図心 O の辺 BC からの距離 h_0 は、

$$4 \times 8 \times 4 + 6 \times 5 \times 2.5 = (4 \times 8 + 6 \times 5) \times h_0$$

$$128 + 75 = 62 \times h_0$$

$$h_0 = 3.27 \text{（cm）}$$

となる。

したがって図心 O の辺 BC からの距離 h_0 として、最も近いものは②となる。

【解答】②

【学習にあたってのキーワード】

図心、断面1次モーメント

【問題3】※令和3年度試験　関連問題

平面応力状態にある弾性体が下図に示すように垂直応力とせん断応力を受けている。この点における最大主応力の値と最小主応力の値の組合せのうち、適切なものはどれか。ただし、応力は矢印で示す方向を正とする。

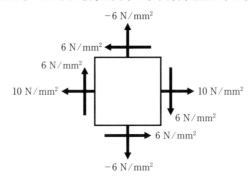

	最大主応力	最小主応力
①	$6\,\mathrm{N/mm^2}$	$-6\,\mathrm{N/mm^2}$
②	$6\,\mathrm{N/mm^2}$	$-8\,\mathrm{N/mm^2}$
③	$12\,\mathrm{N/mm^2}$	$-6\,\mathrm{N/mm^2}$
④	$12\,\mathrm{N/mm^2}$	$-8\,\mathrm{N/mm^2}$
⑤	$12\,\mathrm{N/mm^2}$	$-12\,\mathrm{N/mm^2}$

【解説】

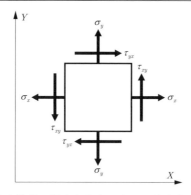

　図に示す二軸応力状態の最大主応力 σ_1 と最小主応力 σ_2 は、次の式で求められる。

$$\sigma_1 = \frac{\sigma_x + \sigma_y}{2} + \sqrt{\left(\frac{\sigma_x - \sigma_y}{2}\right)^2 + \tau_{xy}{}^2}$$

$$\sigma_2 = \frac{\sigma_x + \sigma_y}{2} - \sqrt{\left(\frac{\sigma_x - \sigma_y}{2}\right)^2 + \tau_{xy}{}^2}$$

最大主応力 σ_1 は、

$$\sigma_1 = \frac{10 + (-6)}{2} + \sqrt{\left\{\frac{10 - (-6)}{2}\right\}^2 + 6^2}$$

$$= 2 + \sqrt{100}$$

$$= 12\,[\mathrm{N/mm^2}]$$

一方、最小主応力 σ_2 は、

$$\sigma_2 = \frac{10 + (-6)}{2} - \sqrt{\left\{\frac{10 - (-6)}{2}\right\}^2 + 6^2}$$

$$= 2 - \sqrt{100}$$

$$= -8\,[\mathrm{N/mm^2}]$$

　これより、最大主応力の値と最小主応力の値の組合せのうち、適切なものは④になる。

【解答】④

【学習にあたってのキーワード】

　垂直応力、せん断応力、最大主応力、最小主応力

【問題4】※令和3年度試験　関連問題

鋼構造物の疲労に関する次の記述のうち、最も不適切なものはどれか。

① 疲労破壊は、材質の部分変化、残留応力、応力集中、加工時の欠陥などが疲労により成長し破壊に至るもので、静的荷重の場合と違った状況を示す。

② 鋼部材の設計に当たっては、原則として、疲労強度が著しく低い継手及び溶接の品質確保が難しい構造の採用を避ける。

③ 応力振幅で表した疲労限度の値は、引張りの平均応力が存在すると増大し、圧縮の平均応力が存在すると減少する。

④ 繰返し応力の応力振幅が同じでも、平均応力の有無によって疲労限度の値は変わってくる。

⑤ 設計計算によって算出した応力度の公称値と部材に発生する実応力との関係が明らかでない場合には、二次応力に対する疲労耐久性が確保できるよう細部構造に配慮する。

【解説】応力振幅で表した疲労限度の値は、引張りの平均応力が存在すると減少し、圧縮の平均応力が存在すると増大する。③の文は「応力振幅で表した疲労限度の値は、引張りの平均応力が存在すると増大し、圧縮の平均応力が存在すると減少する。」としているため不適切。

【解答】③

【学習にあたってのキーワード】

　疲労、疲労破壊、残留応力、応力集中、継手、溶接、疲労限度、平均応力、二次応力

【問題5】※令和3年度試験　関連問題

鋼材の腐食及び防食に関する次の記述のうち、最も不適切なものはどれか。

① 溶融亜鉛めっきは、表面に鉄と亜鉛の合金層と純亜鉛からなる被膜を形成し、環境中で表面に形成される酸化被膜による保護効果と犠牲防食効果により鋼材の腐食を抑制する。

② 電気防食工法は、鋼材から流出する腐食電流に対して、これに打ち勝つだけの直流電流を外部から鋼材に流し込むことにより、鋼材のイオン化（腐食）を抑制・防止する方法である。

③　耐候性鋼材は、鋼材を母材としてステンレスやチタンなどの他の金属で被覆されたものであり、一般的には被覆金属に耐食性を持たせ、母材で強度を確保するという使い方をしている。

④　金属溶射は、ブラスト処理等の表面処理を施した鋼材面に溶融した金属を圧縮空気で吹き付けて被膜層を形成させるもので、長期のメンテナンスを不要とする防錆技術であり広く利用されている。

⑤　一般に鋼橋の防錆は、塗装をすることにより外気や水分などの腐食因子を遮断し、さびの発生を防いでいる。

【解説】耐候性鋼材は、表面に安定さびを形成し耐食性を呈する機能性鋼材の1つである。緻密な保護性さび（安定さび）によってさびの進展を抑制するため、無塗装での使用が可能である。

一方、クラッド鋼は、鋼材を母材としてステンレスやチタンなどの他の金属で被覆されたものであり、一般的には被覆金属に耐食性を持たせ、母材で強度を確保するという使い方をしている。

③の文は「クラッド鋼」の内容を「耐候性鋼材は、……」としているため不適切。

【解答】③

【学習にあたってのキーワード】

溶融亜鉛めっき、電気防食工法、耐候性鋼材、クラッド鋼、高性能鋼材、金属溶射

【問題6】※令和3年度試験　関連問題

コンクリートに関する次の記述のうち、最も不適切なものはどれか。

①　練混ぜ時にコンクリート中に含まれる塩化物イオンの総量は、原則として0.3 kg/m³以下とする。

②　コンクリートの圧縮強度の試験値が設計基準強度を下回る確率は、土木構造物では一般には5%以下という値が用いられる。

③　コンクリートの空気量は、粗骨材の最大寸法、その他に応じてコンクリート容積の4〜7%を標準とする。

④　コンクリートの単位水量の上限は175 kg/m³を標準とする。単位水量がこの上限値を超える場合には、所要の耐久性を満足していることを確認しなければならない。

⑤　粗骨材の最大寸法は、鉄筋コンクリートの場合は部材の最小寸法の1/4を、無筋コンクリートの場合は部材最小寸法の1/5を超えないことを標準とする。

【解説】粗骨材の最大寸法は、鉄筋コンクリートの場合、部材の最小寸法の1/5を、無筋コンクリートの場合は部材最小寸法の1/4を超えないことを標準とする。

　　⑤の文は「粗骨材の最大寸法は、鉄筋コンクリートの場合は部材の最小寸法の1/4を、無筋コンクリートの場合は部材最小寸法の1/5を超えないことを標準とする。」としており、鉄筋コンクリートと無筋コンクリートの数値が逆になっているため不適切。

【解答】⑤

【学習にあたってのキーワード】

　塩化物イオンの総量、圧縮強度の試験値が設計基準強度を下回る確率、コンクリートの空気量、コンクリートの単位水量の上限値、粗骨材の最大寸法

【問題7】※令和3年度試験　関連問題

　コンクリートの材料としてのセメントに関する次の記述のうち、不適切なものはどれか。

①　低アルカリ形セメントは、セメント中の全アルカリ量を3.0％以下に抑えたセメントのことをいう。

②　早強ポルトランドセメントは、普通ポルトランドセメントより早期に強度が発現されるため、緊急工事、寒冷期の工事などに使用される。

③　高炉セメントを使用したコンクリートは、1) 長期強度が大きい、2) 耐海水性や化学抵抗性に優れている、3) 断熱温度上昇速度が小さい、4) アルカリシリカ反応が抑制される、等の特徴を有している。

④　フライアッシュセメントは、ポゾラン反応性を有するフライアッシュを混合材として用いたセメントをいう。

⑤　低熱ポルトランドセメントは、材齢初期の圧縮強さは低いが、長期において強さを発現する特性を持っている。

【解説】低アルカリ形セメントは、セメント中の全アルカリ量を0.6％以下に抑えたセメントのことをいう。低アルカリ形セメントの種類は、一般のポルトランドセメントと同じで次の6種類がある。1) 普通ポルトランドセメント（低アルカリ形）、2) 早強ポルトランドセメント（低アルカリ形）、3) 超早強ポルトランドセメント（低アルカリ形）、4) 中庸熱ポルトランドセメント（低アルカリ形）、5) 低熱ポルトランドセメント（低アルカリ形）、6) 耐硫酸塩ポルトランドセメント（低アルカリ形）

　　①の文は「低アルカリ形セメントは、セメント中の全アルカリ量を3.0％以下に抑えたセメントのことをいう」としているため不適切。

【解答】①

【学習にあたってのキーワード】

　セメント、低アルカリ形セメント、早強ポルトランドセメント、高炉セメント、
フライアッシュセメント、低熱ポルトランドセメント

【問題8】※令和3年度試験　関連問題

　コンクリート構造物の劣化現象に関する次の記述のうち、不適切なものはど
れか。

① 　アルカリ骨材反応は、セメント中のナトリウムやカリウムのアルカリイ
　　オンと反応性骨材が湿度の高い条件下で反応し、コンクリートに膨張ひび
　　割れを生じさせるものをいう。

② 　塩害の原因である塩化物は、主にコンクリートを製造する際の使用材料
　　中に含まれるものであり、コンクリート構造物の表面から浸透することは
　　ほとんどない。

③ 　コンクリートの中性化は、環境条件、水セメント比・単位セメント量な
　　どの配合条件、施工条件、表面仕上げの方法等が影響する。

④ 　凍害により、美観の低下、内部鋼材（鉄筋）への防錆効果の低下等を引
　　き起こし、劣化が進むと部材の耐荷性にも影響を及ぼすことがある。

⑤ 　アルカリシリカ反応を抑制する方法としては、1）低アルカリ形のセメ
　　ントを用いる、2）高炉セメントあるいはフライアッシュセメントを用いる、
　　3）コンクリート中の全アルカリ量をある限度以下に抑える、などが有効
　　であるとされている。

【解説】塩害は、コンクリート中の内部鋼材（鉄筋）が塩化物イオンの作用で発錆
　することにより、コンクリートに損傷を与えることをいう。塩害によりコンク
　リートにひび割れの発生、さび汁による表面の汚れ、かぶりコンクリートのは
　く離、内部鋼材の断面欠損などを引き起こす。塩害の原因である塩化物は、使
　用材料中に含まれることもあるし、海洋環境などによっては潮風によりコンク
　リート表面から内部に浸透するものもある。

　　②の文は「塩害の原因である塩化物は、……コンクリート構造物の表面から
　浸透することはほとんどない」としているため不適切。

【解答】②

【学習にあたってのキーワード】

　アルカリ骨材反応、塩害、中性化、凍害、アルカリシリカ反応

【問題9】

　図に示す単純ばり AB における最大曲げモーメント M_{max} として、正しいものは次のうちどれか。

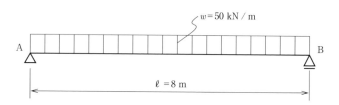

$w = 50$ kN / m

A　　　　　　　　　　　　　　　　　　　　　　B

$\ell = 8$ m

① 100 kN・m　　② 200 kN・m　　③ 300 kN・m

④ 400 kN・m　　⑤ 500 kN・m

【解説】最大曲げモーメント M_{max} は、はりの中央点に生じる。A点における支点反力を R_A とし、はりの中央点をCとするとC点における曲げモーメント M_C は、

$$M_C = R_A \times \frac{l}{4} = \left(\frac{1}{2} \times w \times l \right) \times \frac{l}{4} = w \times \frac{l^2}{8}$$

　したがってABにおける最大曲げモーメント M_{max} は、

$$M_{max} = w \times \frac{l^2}{8} = 50 \times \frac{8^2}{8} = 400 \quad (\text{kN}\cdot\text{m})$$

　正しいものは④となる。

【解答】④

【学習にあたってのキーワード】

　曲げモーメント、最大曲げモーメント

【問題10】

　次の単純ばりの x 点における曲げモーメントの値として、正しいものはどれか。

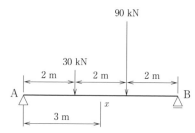

90 kN

30 kN

2 m　　　2 m　　　2 m

A　　　　　　　　　　　　B

x

3 m

① 30 (kN・m)　　② 60 (kN・m)　　③ 90 (kN・m)

④ 120 (kN・m)　　⑤ 150 (kN・m)

【解説】 A点における支点反力をR_A、B点における支点反力をR_Bとすると、B点の曲げモーメントM_Bは、

$$\sum M_B = R_A \times 6 - 30 \times 4 - 90 \times 2 = 0$$

したがって$R_A = 50$（kN）

X点における曲げモーメントの値は、

$$R_A \times 3 - 30 \times (3-2) = 50 \times 3 - 30 = 120 \text{ (kN·m)}$$

④が正しい。

【解答】 ④

【学習にあたってのキーワード】

単純ばり、曲げモーメント

【問題11】

下図に示すような長方形ABCDがある。この断面の各種断面諸量に関する次の記述のうち、正しいものはどれか。

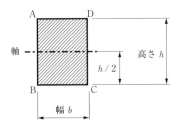

① 高さhを3倍、幅bを3倍にすると、断面積は6倍になる。

② 幅bを2倍にすると、図示の軸まわりの断面二次モーメントは8倍になる。

③ 高さhを3倍にすると、図示の軸に関する断面係数は9倍になる。

④ 高さhを3倍にすると、図示の軸まわりの断面二次モーメントは3倍になる。

⑤ 幅bを3倍にすると、図示の軸に関する断面二次半径は3倍になる。

【解説】 高さhを3倍、幅bを3倍にすると、断面積は9倍になる。①は誤り。

幅をb、高さをhとする矩形断面の図心軸に対する断面二次モーメントは、$I_{nx} = \dfrac{bh^3}{12}$となる。したがって幅$b$を2倍にすると、図示の軸まわりの断面二次モーメントは2倍になる。②は誤り。

高さhを3倍にすると、図示の軸まわりの断面二次モーメントは27倍になる。④は誤り。

図形の面積をA、X軸に対する断面二次モーメントをI_xとするとき、

$r_x = \sqrt{\dfrac{I_x}{A}}$ で与えられる r_x を、X軸に対する断面二次半径という。幅 b を3倍にすると、図示の軸まわりの断面二次モーメントは3倍になり、図形の面積も3倍になるので、断面二次半径は、$\sqrt{\dfrac{3}{3}} = 1$ 倍となる。⑤は誤り。

　断面係数は、ある図心軸に関する断面二次モーメントを、その軸から断面の最も遠い点までの距離で除した値をいう。したがって高さを3倍にすると、図示の軸に関する断面二次モーメントは27倍になり、その軸から断面の最も遠い点までの距離が3倍になるから、断面係数は9倍になる。③は正しい。

【解答】③

【学習にあたってのキーワード】

　断面積、断面二次モーメント、断面係数、断面二次半径

【問題12】

　下図に示すような長方形ABCDがある。図示の軸に関する断面係数 Z と図示の軸に関する断面二次半径 r の組合せのうち、正しいものはどれか。

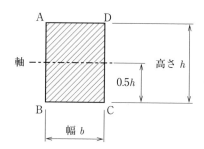

	断面係数	断面二次半径
①	$Z = \dfrac{bh^2}{6}$	$r = \dfrac{bh}{\sqrt{12}}$
②	$Z = \dfrac{bh^2}{6}$	$r = \dfrac{h}{\sqrt{12}}$
③	$Z = \dfrac{bh^2}{12}$	$r = \dfrac{bh}{\sqrt{12}}$
④	$Z = \dfrac{bh^2}{12}$	$r = \dfrac{h}{\sqrt{12}}$
⑤	$Z = \dfrac{bh^2}{24}$	$r = \dfrac{bh^2}{\sqrt{12}}$

【解説】断面係数は、ある図心軸に関する断面二次モーメントを、その軸から断面の最も遠い点までの距離で除した値をいう。幅を b、高さを h とする矩形断面の図心軸に対する断面二次モーメント I_x は、$I_x = \dfrac{bh^3}{12}$ になる。したがって図示の軸に関する断面係数 Z は、

$$Z = \frac{bh^3}{12} \div \frac{1}{2}h = \frac{bh^2}{6}$$

図形の面積を A、X軸に対する断面二次モーメントを I_x とするとき、

$r_x = \sqrt{\dfrac{I_x}{A}}$ で与えられる r_x を、X軸に対する断面二次半径という。したがって図示の軸に関する断面二次半径 r は、

$$r = \sqrt{\frac{bh^3}{12} \div bh} = \sqrt{\frac{h^2}{12}} = \frac{h}{\sqrt{12}}$$

したがって、②の組合せが正しい。

【解答】②

【学習にあたってのキーワード】

断面係数、断面2次半径、断面2次モーメント

【問題13】

鋼構造物に関する次の記述のうち、最も不適切なものはどれか。

① 高力ボルト摩擦接合では、複数の鋼板等を高力ボルトで締め付ける際に生じる圧縮力で生じる接合材間の摩擦抵抗によって、ボルト直角方向の応力を鋼板等に伝達する。

② 純断面積とは、引張り力を受ける部材にリベット孔やボルト孔がある場合に、設計計算に用いる断面積をいう。

③ 部材の細長比が大きいほど、断面2次半径が大きいほど座屈しにくくなる。

④ 鋼橋に使用する鋼種の選定に当たっては、部材の応力状態、製作方法、架橋位置の環境条件、防せい防食法等に応じて、鋼材の機械的性質や化学組成、有害成分の制限、形状寸法等の特性や品質を考慮する必要がある。

⑤ 応力を伝える溶接部の有効厚は、その溶接の理論のど厚としている。

【解説】座屈は、細長い柱や薄い板が縦方向の圧縮力を受けたときに、横方向に変形を起こす現象をいう。部材の細長比が小さいほど、断面2次半径が大きいほど座屈しにくい。③の文は「部材の細長比が大きいほど、断面2次半径が大きいほど座屈しにくくなる。」としているため不適切。

【解答】③

【学習にあたってのキーワード】

　　高力ボルト摩擦接合、純断面積、細長比、断面2次半径、座屈、鋼種の選定、
有効厚、理論のど厚

【問題14】

　次図に示すように、長さ L、断面2次モーメント I の柱A、柱Bの2本の長柱
がある。柱Aの最小の座屈荷重 P_{cr} (A) と柱Bの最小の座屈荷重 P_{cr} (B) の比
である、$\dfrac{P_{cr}(A)}{P_{cr}(B)}$ の値として最も近いものは次のうちどれか。ただし、柱Aお
よび柱Bの材質は同じで、柱Aおよび柱Bはいずれも部材軸方向に材質、断面
2次モーメントが一様であるとする。また、柱Aの境界条件は両端ヒンジ、柱B
の境界条件は一端固定、他端ヒンジとする。

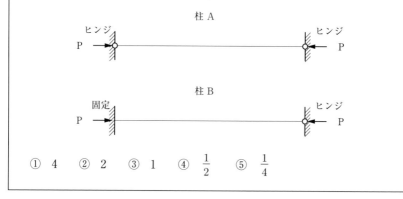

　①　4　　②　2　　③　1　　④　$\dfrac{1}{2}$　　⑤　$\dfrac{1}{4}$

【解説】柱部材の長さを L としたときの柱の有効座屈長 Le は、両端ヒンジの場合
　　は $Le_A = L$、一端固定、一端ヒンジの場合は $Le_B = 0.7L$ となる。

　　　オイラーの座屈荷重の式は $P_{cri} = \pi^2 \cdot EI / Le^2$（$E$：鋼材のヤング係数、$I$：圧縮
　　材の断面2次モーメント、Le：有効座屈長）であり、AおよびBの断面2次モー
　　メントがともに I だから、

　　　　　P_{cr} (A) $= \pi^2 \cdot EI / L^2$

　　　　　P_{cr} (B) $= \pi^2 \cdot EI / 0.49L^2$

　　すなわち、$\dfrac{P_{cr}(A)}{P_{cr}(B)} = \dfrac{\pi^2 \cdot EI / L^2}{\pi^2 \cdot EI / 0.49L^2} = 0.49$

　　　正解は④となる。

【解答】④

【学習にあたってのキーワード】

　　長柱、座屈荷重、断面2次モーメント

【問題15】

　長さ$3L$（mm）の片持ばりに、等分布荷重P（N／mm）が鉛直方向下向きに静的かつ弾性内で満載している。はりの断面二次モーメントは$3I$（mm^4）、ヤング率はE（N／mm^2）であり、せん断変形は無視するものとする。この片持ばりの先端のたわみδ_0（mm）として、正しいものは次のうちどれか。

① $\dfrac{9PL^4}{EI}$　　② $\dfrac{9PL^4}{2EI}$　　③ $\dfrac{27PL^4}{2EI}$

④ $\dfrac{27PL^4}{8EI}$　　⑤ $\dfrac{81PL^4}{8EI}$

【解説】

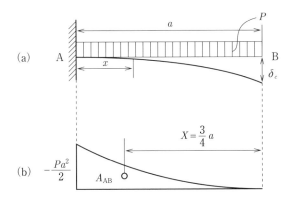

　図において、AB間の任意断面における曲げモーメント図Mxは、

$$Mx = -\frac{1}{2P(a-x)^2}$$

であるから、曲げモーメント図は図（b）のようになる。したがってその面積A_{AB}は、

$$A_{AB} = \frac{Pa^3}{6}$$

　曲げモーメント図の図心と点Bを通る鉛直線との間の距離Xは、

$X = 3a／4$であるから、たわみδ_cは、

$$\delta_c = \frac{1}{EI} \times A_{AB} \times X = \frac{1}{EI} \times \frac{Pa^3}{6} \times \frac{3a}{4}$$

$$= \frac{Pa^4}{8EI}$$

　ここで、設問条件から等分布荷重PはP（N／mm）、片持ばりの長さaは$3L$（mm）、はりの断面二次モーメントIは$3I$（mm^4）、ヤング率EはE（N／mm^2）であることから、この片持ばりの先端のたわみδ_0は、

$$\delta_0 = \frac{P \times (3L)^4}{8E \times 3I} = \frac{27PL^4}{8EI} \quad \text{(mm)}$$

よって、④が正しい。

【解答】 ④

【学習にあたってのキーワード】

　片持ばり、たわみ、モールの定理、カスティリアノの定理

【問題16】

　下図に示すような点Cにヒンジを有するゲルバーばりABに集中荷重が作用しているとき、曲げモーメント図の概形として最も適当なものは①〜⑤のうちどれか。ただし、曲げ剛性は一定とし、はりの自重は無視する。

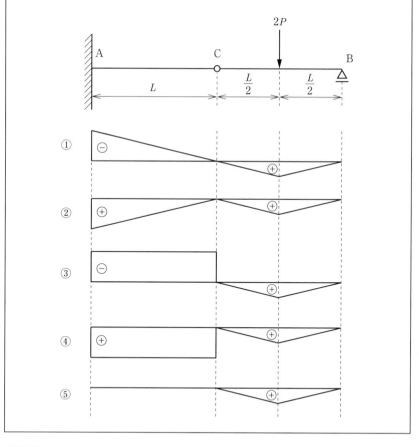

【解説】 このゲルバーばりは、次の図のような片持ちばりと単純ばりによる構成に分解してみる。

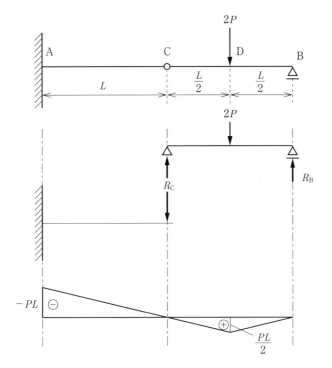

支点反力は $R_B = R_C = P (= R_A)$

各点の曲げモーメントは、

$$M_A = -R_C \times L = -PL$$

$$M_D = \frac{R_C \times L}{2} = \frac{PL}{2}$$

$$M_C = M_B = 0$$

これより曲げモーメント図の概形として最も適当なものは①となる。

【解答】①

【学習にあたってのキーワード】

ゲルバーばり、曲げモーメント図、片持ちばり、単純ばり

【問題17】

鉄筋コンクリートに関する次の記述のうち、最も不適切なものはどれか。

① 鉄筋のあきは、コンクリートの施工性を満足する必要がある。そのため設計時には、コンクリートの配合に基づいて想定されるフィニッシャビリティをもとにコンクリートの施工性を満足することを照査しておく必要がある。

②　鉄筋コンクリートは、外力に対して鉄筋とコンクリートとが一体となって働く必要があるため、外力が作用した時の鉄筋端部の定着はきわめて重要である。

③　鉄筋のかぶりは、要求される耐火性、耐久性、構造物の重要度、施工誤差等を考慮して定めなければならない。ただし、かぶりは鉄筋の直径に施工誤差を加えた値よりも小さい値としてはならない。

④　構造物には、要求性能を満足するように、照査法に応じて必要となる鉄筋を配置しなければならない。

⑤　鉄筋の継手の強度や信頼性は、継手の種類、施工の方法、鉄筋の材質、荷重の状態等によって異なる。

【解説】鉄筋のあきは、コンクリートの施工性を満足する必要があるが、コンクリートの施工性は一般に、鉄筋のあきとコンクリートのスランプの関係で照査することができる。したがって、設計時にはコンクリートの配合に基づいて想定されるスランプを用いてコンクリートの施工性を満足することを照査しておく必要がある。

①の文は「……。そのため設計時には、コンクリートの配合に基づいて想定されるフィニッシャビリティをもとにコンクリートの施工性を満足することを照査しておく必要がある。」としているため不適切。

【解答】①

【学習にあたってのキーワード】

鉄筋のあき、鉄筋の定着、鉄筋のかぶり、鉄筋の配置、鉄筋の継手

【問題18】

長さ L の単純ばりに等分布荷重 W が鉛直方向下向きに静的かつ弾性内で作用している。はりの断面二次モーメントは I、ヤング率は E であり、せん断変形は無視するものとする。この単純ばりの中央の鉛直方向たわみ δ [mm] として、正しいものは次のうちどれか。

①　$\delta = \dfrac{wL^4}{3EI}$　　　②　$\delta = \dfrac{3wL^4}{16EI}$　　　③　$\delta = \dfrac{wL^4}{24EI}$

④　$\delta = \dfrac{5wL^4}{192EI}$　　　⑤　$\delta = \dfrac{5wL^4}{384EI}$

【解説】はり中央の曲げモーメントは $Mc = wL^2$

$Mc = wL^2$ の放物線で囲まれた図形の面積は $Mc \times L \times \dfrac{2}{3}$ となる。

また、この放物線の半分の図形の図心は、はり端部から $\frac{5}{16}$、はり中央から $\frac{3}{16}$ の位置になる。したがって、M/EI 図を等分布荷重と考えたときの反力は、

$$R_{A'} = R_{B'} = \frac{1}{2} \times \frac{wL^2}{8} \times L \times \frac{2}{3} = \frac{wL^3}{24}$$

すなわち、M/EI 図の中央部の曲げモーメント $M_{c'} = M_{\max'}$ を求めると、

$$M_{\max'} = R_{A'} \times \frac{L}{2} - R_{A'} \times \frac{3}{16}L = \frac{wL^3}{24\left(\dfrac{L}{2} - \dfrac{3L}{16}\right)} = \frac{5wL^4}{384EI}$$

よって最大たわみ δ は、⑤の $\delta = \dfrac{5wL^4}{384EI}$ となる。

【解答】⑤

【学習にあたってのキーワード】

はりのたわみ

【問題19】

道路橋の床版に関する次の記述のうち、最も不適切なものはどれか。

① 鋼コンクリート合成床版は、底鋼板や鋼製の主部材の強度が床版強度に占める割合が高いため、活荷重に対する疲労強度はRC床版に対して高い。

② 床版は、橋梁を通行する自動車や人などの荷重を直接受けて、荷重を主桁などの構造部材に伝達させる構造部材である。

③ 鋼床版は、輪荷重を直接支持するために疲労損傷に留意する必要があるが、コンクリート系床版に比べて重量を軽くできるが、補剛材によって補剛する必要があるため床版の厚さは大きくなる。

④ 合成床版は、鋼材が表面に露出するために塗装などの防錆対策が必要となるが、耐久性の向上、床版の長支間化、工期の短縮などを図ることができる。

⑤ 床版の設計にはT荷重を用いる。このT荷重は、実際の車両の軸重を示したものではなく、車両の隣り合う車軸を1組の集中荷重に置き換えたものである。

【解説】鋼床版は、デッキプレートと呼ばれる鋼板を使用した床版であるが、デッキプレートだけでは車両荷重により変形が大きくなるので、縦リブと横リブと呼ばれる補剛材によって補剛するとともに、鋼床版は縦げた、横げた等の床組構造または主げたで支持される。鋼床版は、輪荷重を直接支持するために疲労損傷に留意する必要があるが、コンクリート系床版に比べて重量を軽くできる、床版の厚さを抑えることができるなどの利点がある。

③の文は「鋼床版は、……補剛材によって補剛する必要があるため床版の厚さは大きくなる。」としているため不適切。

【解答】③

【学習にあたってのキーワード】

　道路橋の床版、鋼コンクリート合成床版、RC 床版、鋼床版、合成床版、T 荷重

【問題20】

　暑中コンクリートの対策に関する次の記述のうち、最も不適切なものはどれか。

① 早強ポルトランドセメント、AE 剤、AE 減水剤を使用する。

② 打込み直後から湿潤養生を行う。

③ 材料はなるべく低温のものを用いる。

④ 場合によってはクーリングを行う。

⑤ コンクリートに接する部分は散水して十分に湿らせる。

【解説】暑中コンクリートでは、スランプ低下、単位水量の増加、凝結の促進、コンクリート表面からの急激な水分蒸発などによるコールドジョイントやひび割れの発生、長期強度の低下などが生じやすくなるため、それらに対する対策が必要となる。

　コンクリートの配合面からは一般に、AE 減水剤遅延形や減水剤遅延形、高性能 AE 減水剤を使用することで暑中コンクリートの対策を行っている。早強ポルトランドセメントや AE 剤、AE 減水剤は通常、寒中コンクリートの対策に使用される。したがって、①の文は不適切。

【解答】①

【学習にあたってのキーワード】

　暑中コンクリート

【問題21】

　「道路橋示方書・同解説　Ⅰ共通編（平成 29 年 11 月）」に規定される、我が国の道路橋の設計で考慮する作用に関する次の記述のうち、最も不適切なものはどれか。

① 活荷重は、大型の自動車の走行頻度に応じて、A 活荷重及び B 活荷重に区分されている。高速自動車国道や一般国道など基幹的な道路網を構成する幹線道路には、大型車の走行頻度が比較的高い状況を想定した B 活荷重を適用する。

② 衝撃による応力は、活荷重応力に衝撃係数を乗じたものを用いる。

③ 鋼橋において、支点移動の影響を考慮する場合の断面力は、弾性計算で求めた最終移動量の推定値による断面力の 50％を設計計算に用いる。

④ 上部構造に作用する風荷重は、橋軸に直角に作用する水平荷重とし、設計部材に最も不利な応力を生じるように載荷する。

⑤ 歩道等の床版及び床組を設計する場合の活荷重には、群集荷重として $5.0\ \mathrm{kN/m^2}$ の等分布荷重を載荷する。

【解説】「道路橋示方書・同解説 Ⅰ共通編（平成29年11月）」では『支点移動の影響による断面力の算出にあたっては、<u>コンクリート橋については弾性計算で求めた最終移動量の推定値による断面力の50%を設計計算に用いるものとし、鋼橋については弾性計算で求めた最終移動量の推定値による断面力をそのまま設計計算に用いる。</u>』としている。

③の文は「鋼橋において、支点移動の影響を考慮する場合の断面力は、弾性計算で求めた最終移動量の推定値による断面力の50%を設計計算に用いる」としているため不適切。

【解答】 ③

【学習にあたってのキーワード】

活荷重、A活荷重、B活荷重、衝撃係数、支点移動の影響、風荷重、群集荷重

【問題22】

下図に示す全長に渡り EI が一定な片持ばり AC の先端 C に集中荷重 $2P$ が鉛直下向きに作用したとき、はり AC の中央の点 B のたわみ δ_B として正しいものはどれか。

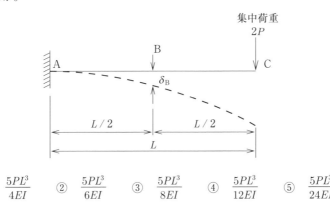

① $\dfrac{5PL^3}{4EI}$ ② $\dfrac{5PL^3}{6EI}$ ③ $\dfrac{5PL^3}{8EI}$ ④ $\dfrac{5PL^3}{12EI}$ ⑤ $\dfrac{5PL^3}{24EI}$

【解説】 E をヤング率、I をはりの断面2次モーメントとすると、はりの曲げ問題に関するたわみの微分方程式の一般解は $EI\dfrac{d^2y}{dx^2} = -Mx$ となる。

x 点におけるたわみ量を y、たわみ角を θ とすると、

x点の曲げモーメント　　$Mx = -P(L - x)$

弾性曲線の微分方程式　　$\dfrac{d^2y}{dx^2} = -\dfrac{Mx}{EI} = \dfrac{P}{EI}(L - x)$

これを微分する　　$\theta = \dfrac{dy}{dx} = \dfrac{P}{EI}\left(Lx - \dfrac{x^2}{2} + C1\right)$、

$$y = \dfrac{P}{EI}\left(\dfrac{L}{2}x^2 - \dfrac{x^3}{6} + C1x + C2\right)$$

境界条件　　$x = 0$；$y = 0$、$\theta = 0$より　　$C1 = C2 = 0$

したがって　　$\theta = -\dfrac{P}{2EI}(x^2 - 2Lx)$、$y = -\dfrac{P}{6EI}(x^3 - 3Lx^2)$　となる。

ここで、yに設問条件であるPに$2P$、xに$L / 2$を代入すると、ACの中央の点Bのたわみδ_Bは、

$$\delta_\mathrm{B} = -\dfrac{2P}{6EI}\left(\dfrac{L^3}{8} - \dfrac{3L^3}{4}\right) = -\dfrac{2P}{6EI}\left(-\dfrac{5L^3}{8}\right)$$

$$= \dfrac{5PL^3}{24EI}$$

となる。

　⑤が正しい。

【解答】⑤

【学習にあたってのキーワード】

　片持ばり、たわみ量

【問題23】

　下図に示すように、トラスの節DとEに3 kN、Fに6 kNの荷重が、それぞれ作用している。部材 $\overline{\mathrm{AF}}$ に発生する軸力として、正しいものは①〜⑤のうちどれか。ただし、軸力は引張りを正とする。

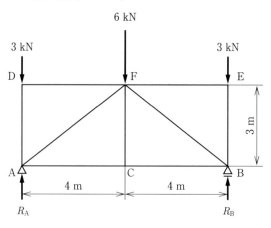

| ① −3 kN | ② −4 kN | ③ −5 kN | ④ +4 kN | ⑤ +5 kN |

【解説】A点の支点反力 R_A、ならびにB点の支点反力 R_B を求める。

$$R_A = R_B = \frac{3 + 6 + 3}{2} = 6 \text{ kN}$$

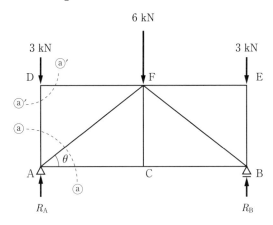

部材 $\overline{AD}$ に発生する軸力を求める。格点Dの周りに仮想切断面ⓐ′〜ⓐ′を考えて、格点Dの力の安定条件を適用すると、

$$\sum V = 3 + AD = 0$$
$$\overline{AD} = -3 \text{ kN}$$

次に格点Aの周りに仮想切断面ⓐ〜ⓐを考えて、格点Aの力の安定条件を適用すると、

$$\sum V = R_A + \overline{AD} + \overline{AF}\sin\theta = 6 - 3 + \frac{\overline{AF} \times 3}{5} = 0$$
$$\overline{AF} = -5 \text{ kN}$$

したがって部材 $\overline{AF}$ に発生する軸力として、正しいものは③となる。

【解答】③

【学習にあたってのキーワード】

トラス、接点法、断面法

【問題24】

コンクリートに関する次の記述のうち、最も不適切なものはどれか。

① コンクリートの圧縮強度は通常、コンクリート構造物の設計基準強度に用いられるもので、一般には一軸圧縮試験による最大荷重を加圧軸に直交する供試体面積で割った値をいう。

② コンクリートの引張強度は、割裂引張強度試験によって求められ、引張強度は圧縮強度のおよそ$1/10$〜$1/13$である。

③ コンクリートの曲げ強度は3等分点載荷法による曲げ試験によって求められ、曲げ強度は圧縮強度のおよそ$1/3$〜$1/4$である。

④ セメントの種類はクリープに影響を及ぼし、強度発現が早いセメントほどクリープは小さくなる。

⑤ コンクリートの中性化は、年月を経てコンクリート中に含まれている水酸化カルシウムが空気中の炭酸ガスと反応して炭酸カルシウムに変化し、アルカリ性を失う現象をいう。

【解説】コンクリートの曲げ強度は3等分点載荷法による曲げ試験によって求められ、曲げ強度は圧縮強度のおよそ$1/5$〜$1/7$である。③の文は「曲げ強度は圧縮強度のおよそ$1/3$〜$1/4$」としているため不適切。

【解答】③

【学習にあたってのキーワード】

コンクリートの強度性状、圧縮強度、一軸圧縮試験、引張強度、割裂引張強度試験、曲げ強度、3等分点載荷法による曲げ試験、クリープ、コンクリートの中性化

【問題25】

下図に示す異なる支持条件の柱（圧縮材）A、B、Cについて、それぞれ座屈荷重をP_A、P_B、P_Cとしたとき、それらの大小関係として最も適切なものはどれか。ただし、柱の長さ、断面、材質は全て同じものとする。

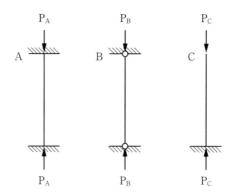

① $P_A < P_B < P_C$　　② $P_A < P_C < P_B$　　③ $P_C < P_A < P_B$

④ $P_C < P_B < P_A$　　⑤ $P_B < P_C < P_A$

【解説】柱部材の長さをlとしたときの柱の有効座屈長l_eは、端部の条件によってそれぞれ次のようになる。

一端固定、一端自由の場合（図のC）	：$l_e = 2l$
両端ヒンジの場合（図のB）	：$l_e = l$
一端固定、一端ヒンジの場合	：$l_e = 0.7l$
両端固定の場合（図のA）	：$l_e = 0.5l$

一方、オイラーの座屈荷重P_{cri}は次式で表される。

$$P_{cri} = \pi^2 \cdot EI / l^2$$

（E：鋼材のヤング係数、I：圧縮材の断面2次モーメント、l：両支点間の部材長（有効座屈長））

柱は、有効座屈長l_eが大きいほど座屈しやすい。

したがって、座屈荷重の大小関係は$P_C < P_B < P_A$となり、適切なものは④になる。

【解答】④

【学習にあたってのキーワード】

座屈、有効座屈長、オイラーの座屈荷重、ヤング係数、断面2次モーメント

【問題26】

構造物の補強工法に関する次の記述のうち、最も不適切なものはどれか。

① 耐震壁増設工法は、鉄筋コンクリート造の建物の中で、窓等の開口を有している部分の袖壁や腰壁を取り除き、開口が無いあるいは開口の小さな鉄筋コンクリートの壁を作ることにより建物の強度を増す工法である。

② 鋼板接着工法は、損傷したRC床版の下面に鋼板を接着させて、床版の曲げ耐荷力向上を図る工法である。

③ 上面増厚工法は、既設コンクリート床版上面にスチールファイバーコンクリートを打設して新旧コンクリートを一体化させ、床版厚の増加によって補強する工法である。

④ 外ケーブル工法は、橋梁の耐荷力向上や応力改善ならびに主桁の連結化を目的として、既設橋の補強だけに用いられている。

⑤ 繊維シート接着工法は、活荷重により床版に発生する引張応力を炭素繊維シートにより補強する工法である。

【解説】外ケーブル工法は、既設橋の耐荷力向上や応力改善、主桁の連結化だけではなく、施工性、経済性の向上および耐久性向上の目的から、新設の橋梁でも用いられている。

④の外ケーブル工法の内容は「既設橋の補強だけに用いられている」としているために不適切。

【解答】④

【学習にあたってのキーワード】

構造物の補強工法

【問題27】

下図に示すような逆T型の図形の図心を通る $_{nX}$ 軸に対する断面2次モーメント I_{nX} として、正しいものは①～⑤のうちどれか。

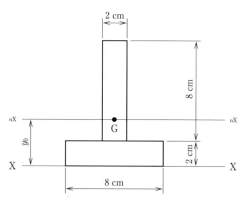

① およそ290 cm^4 ② およそ240 cm^4 ③ およそ190 cm^4

④ およそ140 cm^4 ⑤ およそ90 cm^4

【解説】任意の図形の図心の位置は、断面1次モーメントを面積で割ることによって得ることができる。また、断面2次モーメントは、任意の軸に対して微小面積とその図心から軸までの距離の2乗との積の総和で示される。また、図心から e だけ離れた全断面の図心軸に対する断面2次モーメントは、図心軸の断面2次モーメントに「面積×図心から辺BCまでの距離の2乗」を加えたものになる。

X軸に対する断面1次モーメントは、

$$Q_X = 16 \text{ cm}^2 \times 6 \text{ cm} + 16 \text{ cm}^2 \times 1 \text{ cm} = 112 \text{ cm}^3$$

したがって図心の位置 $y_0 = Q_X / A = 112 \text{ cm}^3 / 32 \text{ cm}^2 = 3.5 \text{ cm}$

長方形の断面2次モーメントは、$bh^3 / 12$ であるから、この図形の図心を通る $_{nX}$ 軸に対する断面2次モーメント I_{nX} は、

$$I_{nX} = \left[\frac{2 \times 8^3}{12} + 16 \times (6 - 3.5)^2 \right] + \left[\frac{8 \times 2^3}{12} + 16 \times (3.5 - 1)^2 \right]$$

$$= 291 \text{ cm}^4 \quad \text{となる。}$$

これより①が正しい。

【解答】①

【学習にあたってのキーワード】

　断面1次モーメント、図心、断面2次モーメント

【問題28】

　下図に示すように、片持ばりABの点Cに集中荷重 P (N) が作用している。このとき、点Cの鉛直方向変位の大きさ δ_c (mm) として、正しいものは①～⑤のうちどれか。なお、はりABの断面2次モーメントは I (mm^4)、ヤング率は E (N/mm^2) であり、せん断変形は無視するものとする。

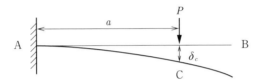

① Pa^3 / EI 　　② $Pa^3 / 2EI$ 　　③ $Pa^3 / 3EI$

④ $Pa^3 / 6EI$ 　　⑤ $Pa^3 / 8EI$

【解説】はりの鉛直方向変位（たわみ）は、弾性荷重による解法（モールの定理）またはカスティリアノの定理によって求めることができるが、ここでは弾性荷重による解法によって δ_c を求める。弾性荷重による解法（モールの定理）では『はりの任意点におけるたわみは、曲げモーメント図を荷重と考えたとき、その点に生ずる曲げモーメントを EI で割った値に等しい』としている。

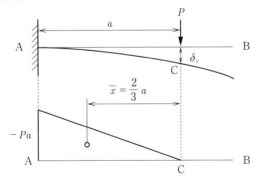

　AC間の曲げモーメント図の面積 A_{AC} は $A_{AC} = Pa^2 / 2$

　曲げモーメント図の図心と点Cを通る鉛直線との間の距離 $\bar{x}$ は、$\bar{x} = \dfrac{2}{3}a$ であるから、

$$\delta_c = \frac{1}{EI} \times A_{AC} \times \overline{x} = \frac{1}{EI} \times \frac{Pa^2}{2} \times \frac{2a}{3}$$
$$= \frac{Pa^3}{3EI}$$

したがってC点のたわみδ_cは$Pa^3/3EI$となり、③が正解となる。

【解答】③

【学習にあたってのキーワード】

はりのたわみ、モールの定理、カスティリアノの定理

【問題29】

現在の「道路橋示方書・同解説　Ⅰ共通編」で規定される、わが国の道路橋の設計に用いられる活荷重に関する次の記述のうち、最も不適切なものはどれか。

① 高速自動車国道、一般国道、都道府県道及びこれらの道路と基幹的な道路網を形成する市町村道の橋の設計にあたってはA活荷重を適用する。

② 歩道等には、群集荷重として$5.0\,\mathrm{kN/m^2}$の等分布荷重を載荷するものとする。

③ 軌道には、軌道の車両荷重とT荷重のうち設計部材に不利な応力を与える荷重を載荷するものとする。

④ 車道部分にはT荷重を載荷するものとする。

⑤ T荷重は、橋軸方向には1組、橋軸直角方向には組数に制限がないものとし、設計部材に最も不利な応力が生じるよう載荷するものとする。

【解説】高速自動車国道、一般国道、都道府県道及びこれらの道路と基幹的な道路網を形成する市町村道の橋の設計にあたってはB活荷重を適用するものとしている。①の文は「A活荷重を適用する」としているため不適切。

【解答】①

【学習にあたってのキーワード】

活荷重、A活荷重、B活荷重、T荷重

【問題30】

溶接継手に関する次の記述のうち、最も不適切なものはどれか。

① 溶接部の許容応力度は、鋼種、溶接方法、応力の種類ごとにそれぞれ規定されている。

② 溶接の種類には、部材を突き合わせて溶接するすみ肉溶接と、部材と部材との隅角を溶接するグルーブ溶接がある。

③ 強度の異なる鋼材を溶接によって接合するときは、強度の低い方の値をとる。

④ 厚板、高張力鋼、拘束度の高い継手の溶接では、溶接割れ防止の目的で、溶接に先立って予熱を行う。

⑤ 高温割れは、溶接金属の組成と溶接条件、特に溶接電流と溶接速度の組合せを変えることにより防止される。

【解説】溶接の種類には、部材を突き合わせて溶接するグルーブ溶接（突合せ溶接）と、部材と部材との隅角を溶接するすみ肉溶接がある。また、溶接方法としては、アーク溶接、電気圧接、ガス圧接などが用いられている。

②の文は「グルーブ溶接」と「すみ肉溶接」が逆さまになっているため不適切。

【解答】②

【学習にあたってのキーワード】

溶接継手、許容応力度、グルーブ溶接、すみ肉溶接、予熱、高温割れ

【問題31】

鋼橋の維持管理に関する次の記述のうち、最も不適切なものはどれか。

① 部材連結部においてF11Tの高力ボルトが使われている場合、ボルトの遅れ破壊が発生する危険性がある。

② これまで用いられてきた防食材料には、鉛化合物、六価クロム化合物及びPCBなどの有害物質を含むものがあるので、環境汚染や人的影響等が発生することのないように留意する。

③ 鋼部材に外力が繰り返し作用すると、構造的な応力集中部、あるいは溶接形状や溶接欠陥などに起因する応力集中部から、比較的低い応力状態でき裂が発生する場合がある。

④ 鋼橋の防食法には、塗装、めっき、金属溶射など被覆による防食、耐候性鋼材を使った材料による防食、環境改善による防食、電気防食などがある。

⑤ 防食塗装における塗膜の劣化は、構造物全体で均一に進行することが多いため、塗り替えをする場合は、できるだけ旧塗膜をすべて除去して全面を塗り替えるようにする。

【解説】防食塗装における塗膜の劣化は、構造物全体で均一に進行しないことが多く、旧塗膜をすべて除去して全面を塗り替えるのは経済的ではない。

⑤の文は「……、構造物全体で均一に進行することが多いため、塗り替えをする場合は、できるだけ旧塗膜をすべて除去して全面を塗り替えるようにす

る。」としているため不適切。

【解答】⑤

【学習にあたってのキーワード】

　F11T の高力ボルト、遅れ破壊、防食材料、疲労き裂、塗装、めっき、金属溶射、耐候性鋼材、電気防食

【問題32】

鋼橋の設計に関する次の記述のうち、最も不適切なものはどれか。

① 　アーチ橋において、アーチ部材断面が支承寸法より大きい場合には断面を絞り、集中反力がフランジと腹板に直接伝達されるようにする。

② 　トラス格点におけるガセットは、腹材の連結に必要となる高力ボルトの施工を容易にするために、なるべく大きくするのがよい。

③ 　すみ肉溶接でまわし溶接を行った場合は、まわし溶接部分は有効長に含めない。

④ 　箱形断面主げたは、フランジ幅を大きくとれるので、大きな支間長に適用することができる。

⑤ 　ラーメン隅角部における力の伝達は、せん断応力によってなされる。

【解説】必要以上に大きなガセットは、ピン結合として設計されているトラス格点の局部応力を大きくする原因となる。そのため、トラス格点におけるガセットは、腹材の連結に必要な数の高力ボルトを配置できる範囲で、なるべく小さくするのがよい。②の文は「施工を容易にするために、なるべく大きくするのがよい」としているため不適切。

【解答】②

【学習にあたってのキーワード】

　アーチ橋、トラス、すみ肉溶接、箱形断面、ラーメン

【問題33】

鋼構造物の溶接継手の設計上の留意点に関する次の記述のうち、最も不適切なものはどれか。

① 　溶接継手の設計にあたっては、少なくとも曲げモーメント、軸方向力及びせん断力並びにそれらの組合せに対して安全となるようにする。

② 　溶接線に直角な方向に引張力を受ける継手には、すみ肉溶接による溶接継手を用いるのを原則とする。

③ 　完全溶込み開先溶接による溶接継手では、裏はつりを行うことを原則とする。

④ 応力を伝える溶接部の有効厚は、その溶接の理論のど厚とする。

⑤ すみ肉溶接でまわし溶接を行った場合は、まわし溶接部分は有効長に含めない。

【解説】溶接線に直角な方向に引張力を受ける継手には、<u>完全溶込み開先溶接による溶接継手</u>を用いるのを原則とし、部分溶込み開先溶接による溶接継手やすみ肉溶接による溶接継手を用いてはならない。

②の文は「溶接線に直角な方向に引張力を受ける継手には、<u>すみ肉溶接による溶接継手</u>を用いるのを原則とする」としているため不適切。

【解答】②

【学習にあたってのキーワード】

溶接継手、すみ肉溶接、完全溶込み開先溶接、裏はつり、有効厚、理論のど厚、まわし溶接

【問題34】

鋼材の非破壊試験やコンクリート中の鋼材の非破壊試験に関する次の記述のうち、最も不適切なものはどれか。

① 浸透探傷試験は、表面に露出したきずやクラックを拡大した像の指示模様として知覚的に感知しやすくして行う検査手法である。

② 自然電位法は、電位の低いまたは高いという傾向を把握することで、コンクリート中の鋼材の腐食の進行を判断する方法である。

③ 電磁波レーダ法は、比誘電率の異なる物質の境界において電磁波の反射が生じることを利用し、主にコンクリート中の鉄筋位置、かぶりの厚さなどを調べる方法である。

④ 磁粉探傷試験は、鉄鋼材料などの強磁性体を磁化し、欠陥部に生じた磁極による磁粉の付着を利用して欠陥を検出する試験で、欠陥の幅と深さを検出することができる。

⑤ 渦流探傷試験は、導体の試験体に渦電流を発生させ、欠陥の有無による渦電流の変化を計測することで、欠陥の種類と深さを推定することができる。

【解説】磁粉探傷試験は、強磁性体を磁化した場合に、表層部に磁束を妨げる欠陥が存在するときに、外部空間に生じる漏洩磁束によって吸着された磁粉模様から表層部の欠陥を検出するものである。そのため、表面及び表面直下の欠陥は検出できるが、<u>欠陥の深さを検出することはできない</u>。

④の文は「……、欠陥の幅と<u>深さを検出することができる</u>」としているため不適切。

【解答】④

【学習にあたってのキーワード】

　浸透探傷試験、自然電位法、電磁波レーダ法、磁粉探傷試験、渦流探傷試験

【問題35】

　トラス構造に関する次の記述のうち、最も不適切なものはどれか。

①　トラスの構成部材には、圧縮力が作用する。

②　トラスの構成部材には、引張力が作用する。

③　トラスの構成部材には、曲げモーメントが作用する。

④　静定トラスの部材力を求める方法のうち節点法では、垂直方向と水平方向の合力をゼロとして部材応力を求める。

⑤　トラスの設計に当たっては、格点剛結の影響による二次応力をできるだけ小さくするように配慮する必要がある。

【解説】トラスは、細長い部材を三角形状に組合せ、部材に曲げモーメントの作用を受けないように各部材の交点をヒンジによって結合し、外力に抵抗するようにつくられた構造物をいう。したがって、トラスを構成する部材はすべて圧縮材と引張材になる。

　③の文は「トラスの構成部材には、<u>曲げモーメントが作用する。</u>」としているため不適切。

【解答】③

【学習にあたってのキーワード】

　トラス、節点法、断面法、二次応力

【問題36】

　下図に示すように、長さ10 mのはり ABに集中荷重60 kNと等分布荷重10 kN/mが作用している。このはり ABの最大曲げモーメント M_{max}の値として、正しいものは①〜⑤のうちどれか。

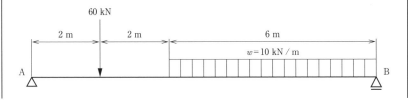

① 116 kN・m　　② 128 kN・m　　③ 146 kN・m

④ 168 kN・m　　⑤ 186 kN・m

【解説】A点、B点の反力をそれぞれ R_A、R_B とすると、支点Bの曲げモーメントはゼロになるから、

$$\sum M_B = R_A \times 10 - 60 \times 8 - 10 \times 6 \times 3 = 0$$

$$R_A = 66 \text{ kN}$$

A点から最大曲げモーメントが生じる位置までの距離を x とすると、その点のせん断力 S_x は、

$$S_x = 66 - 60 - 10(x - 4) = 46 - 10x$$

$$S_x = 46 - 10x = 0 \text{ とおくと、} x = 4.6 \text{ (m)}$$

すなわち、$x = 4.6$ (m) のときに最大曲げモーメントが生じる。

$$M_x = 66x - 60(x - 2) - 5(x - 4)^2$$

この式に $x = 4.6$ を代入すると、

$$M_{\max} = 66 \times 4.6 - 60(4.6 - 2) - 5(4.6 - 4)^2$$

$$= 145.8 \text{ kN・m}$$

したがってはり AB の最大曲げモーメント $M_{\max}$ の値として、正しいものは③となる。

【解答】③

【学習にあたってのキーワード】

単純ばり、最大曲げモーメント、集中荷重、等分布荷重

【問題37】

下図に示すように、長さ6 m のはり AB に等変分布荷重が作用している。はり AB において、最大曲げモーメントが発生する点を点Cとすると、点Cから点Aまでの距離 X (m) として正しいものは、次のうちどれか。

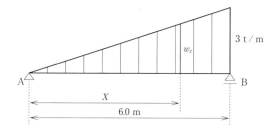

① 3.46 m　　② 3.73 m　　③ 4.00 m　　④ 4.27 m　　⑤ 4.54 m

【解説】A点における反力R_AならびにB点における反力R_Bは、それぞれ上向きに、

$$R_A = \left(3\,\text{t/m} \times 6\,\text{m} \times \frac{1}{2} \right) \times \frac{1}{3} = 3\,\text{t}$$

$$R_B = \left(3\,\text{t/m} \times 6\,\text{m} \times \frac{1}{2} \right) \times \frac{2}{3} = 6\,\text{t}$$

A点からの距離Xにおけるせん断力S_xは、$S_x = R_A - w_x \times X \times \dfrac{1}{2}$

$3\,\text{t/m} : 6\,\text{m} = w_x : X$　より　$w_x = \dfrac{1}{2} \cdot X$　となるから、

$$S_x = R_A - \frac{1}{4} \cdot X^2$$

最大曲げモーメントが発生する点は、せん断力の値が0になる。

したがって$S_0 = R_A - \dfrac{1}{4} \cdot X_0^{\ 2} = 0$

これより、$X_0 = \sqrt{4 \cdot R_A} = \sqrt{12} = 2\sqrt{3} = 3.46$　(m)

正解は①となる。

【解答】①

【学習にあたってのキーワード】

等変分布荷重、最大曲げモーメント

【問題38】

プレストレストコンクリート構造に関する次の記述のうち、最も不適切なものはどれか。

①　プレストレストコンクリート構造は、コンクリート部材に配置されたPC鋼材に緊張力を導入することにより、その反力としてコンクリートにあらかじめ圧縮応力を与えるものである。

②　プレテンション方式は、PC鋼材をあらかじめ所定の力・位置に緊張しておき、これにコンクリートを打込み、硬化した後に緊張力を解放してプレストレスを与える方式で、工場製作をする場合と現場製作をする場合がある。

③　プレストレストコンクリートのポストテンション方式のうちの内ケーブル方式は、コンクリート部材が硬化した後に、その内部に設けられたダクトに配置されたPC鋼材を緊張し、緊張後にPC鋼材が腐食しないようにシース管の空隙部にグラウトを注入する方式である。

④　プレストレストコンクリートは、若材齢でプレストレスを与えることから、部材の弾性およびクリープ変形が大きくなる可能性があり、設計および施工・製作時に技術的配慮が必要である。

⑤　プレストレストコンクリートの構造体の種類としてのPRC構造は、曲げひび割れの発生を許すが軽度のプレストレスを導入することで、RC構造

> よりもきびしいひび割れ幅制限を満足するように設計される。

【解説】プレストレストコンクリートのプレストレスの導入方法には、コンクリート打設前に鋼材を緊張するプレテンション方式、ならびにコンクリート硬化後に鋼材を緊張するポストテンション方式がある。プレテンション方式は、<u>PC工場でのみ製作が可能</u>で、PC鋼材をあらかじめ所定の力・位置に緊張しておき、これにコンクリートを打込み、硬化した後に緊張力を解放してプレストレスを与える方式で、緊張力は鋼材とコンクリートの付着力で保持される。

②の文は「プレテンション方式は、……、<u>工場製作をする場合と現場製作をする場合がある。</u>」としているため不適切。

【解答】②

【学習にあたってのキーワード】

プレストレストコンクリート構造、プレテンション方式、ポストテンション方式、内ケーブル構造、外ケーブル構造、クリープ、PRC構造

【問題39】

平面構造物の支点に関する次の記述のうち、最も不適切なものはどれか。

① ローラー支点（移動支点）は、ローラー方向と回転に関しては自由に動く。

② ローラー支点（移動支点）においては、移動可能な方向に対して垂直な反力が生じる

③ ピン支点（回転支点）では移動は拘束されるが、自由に回転する。

④ 固定支点では垂直方向、水平方向、モーメントの全ての反力が生じる。

⑤ 鉛直沈下に抵抗するばねで支えられた弾性支点では、支点の回転角に比例する支点反力が生じる。

【解説】構造物を支える点を支点と呼ぶ。支点の種類には、ローラー支点（移動支点）、ピン支点（回転支点）、固定支点、弾性支点がある。支点に生じる反力は、その方向の動き（変位）が固定されている場合に生じる。

鉛直沈下に抵抗するばねで支えられた弾性支点では、支点の<u>鉛直変位</u>に比例する支点反力が生じる。⑤の文は「鉛直沈下に抵抗するばねで支えられた弾性支点では、支点の<u>回転角</u>に比例する支点反力が生じる。」としているため不適切。

【解答】⑤

【学習にあたってのキーワード】

支点、ローラー支点（移動支点）、ピン支点（回転支点）、固定支点、弾性支点、支点反力

【問題40】

コンクリート構造物の調査方法に関する次の記述のうち、最も不適切なものはどれか。

① 目視による方法は、コンクリートの外観上の変状や変形を確認できるだけでなく、劣化外力の作用状況などを確認する上でもきわめて有効な手段である。

② たたきによる方法により劣化の有無の判定を正しく行うためには、経験を必要とする。

③ 弾性波を利用する方法には、打音法、超音波法、衝撃弾性波法およびアコースティック・エミッション法などがある。

④ 電磁波を利用する方法には、X線法、自然電位法、分極抵抗法および電磁波レーダ法などがある。

⑤ コアを採取して強度試験を行う方法は、実構造物のコンクリートの強度の測定方法として最も基本的かつ重要な試験であるが、構造物を痛めるおそれがあることから、多用することは好ましくない。

【解説】非破壊検査機器を用いたコンクリートの調査のうち、電磁波を利用する方法には、X線法、電磁波レーダ法および赤外線法（サーモグラフィー法）などがある。自然電位法と分極抵抗法は、電気化学的方法である。

④の文は「電磁波を利用する方法には、X線法、自然電位法、分極抵抗法および電磁波レーダ法などがある。」としているため不適切。

【解答】④

【学習にあたってのキーワード】

目視による方法、たたきによる方法、弾性波を利用する方法、電磁波を利用する方法、コアを採取して強度試験を行う方法

5.3 「都市及び地方計画」の問題

【問題1】※令和3年度試験　関連問題
都市計画に関する次の記述のうち、不適切なものはどれか。
① 線引き制度は、都市計画区域について無秩序な市街化を防止し、計画的な市街化を図るために都市計画区域を市街化区域と市街化調整区域とに分けて指定することである。
② 土地区画整理は、都市計画区域内の土地について、宅地の利用増進を図り健全な市街地をつくるために、土地を整理して街区を整える、あるいは公共施設を確保し整備改善を図ることである。
③ 用途地域は原則として市町村が定めるが、必要と認めるときは公聴会を開催し、また決定に際しては知事の同意を必要とする。
④ 立体都市計画は、道路、河川その他の政令で定める都市施設について、当該都市施設の区域の地下又は空間について、当該都市施設を整備する立体的な範囲を都市計画に定めることができるとしたものである。
⑤ 高度利用地区は、用途地域内において市街地の環境を維持し、又は土地利用の増進を図るため、建築物の高さの最高限度又は最低限度を定める地域地区である。

【解説】高度利用地区は、用途地域内の市街地における土地の合理的かつ健全な高度利用と都市機能の更新とを図るため、建築物の容積率の最高限度及び最低限度、建築物の建ぺい率の最高限度、建築物の建築面積の最低限度並びに壁面の位置の制限を定める地区をいう。⑤の説明内容は、高度地区についてのものであるため不適切。
【解答】⑤
【学習にあたってのキーワード】
　線引き（制度）、土地区画整理、用途地域、立体都市計画、高度地区、高度利用地区

【問題2】※令和3年度試験　関連問題
再開発に関する次の記述のうち、最も不適切なものはどれか。
① 市街地再開発事業は、都市再開発法に基づき市街地開発事業の1つとして、建築物および建築敷地の整備とあわせて公共施設の整備を行う事業で

ある。

② 市街地再開発事業には、権利変換方式による第1種市街地再開発事業と用地買収方式による第2種市街地再開発事業がある。

③ 市街地再開発事業の第1種市街地再開発事業は、災害発生の危険などで緊急性の高い事業について認められ、個人施行者や市街地再開発組合ではなく、地方公共団体が実施し、比較的短期間に事業を行う。

④ 権利変換手続を用いることにより、再開発施行区域内の権利関係を一度に処理することができ、建物の建て替えがスムーズに進むというメリットがある。

⑤ 権利床は、市街地再開発事業において、事業前に存在する権利の所有者に対して、その権利に相応して与えられる事業によって建築された建物の敷地・床のことである。

【解説】第1種市街地再開発事業は、土地の高度利用によって生み出される保留床の処分などによって事業費をまかなうもので、従前建物や土地所有者等は、従前資産の評価に見合う権利床を受け取るものである。一方、第2種市街地再開発事業は、災害発生の危険などで緊急性の高い事業について認められるもので、保留床処分により事業費をまかなう点は第1種事業と同じであるが、施行地区内の建物や土地等をいったん施行者が買取又は収用し、買収又は収用された者が希望すれば、その対償に代えて権利床が与えられるというものである。

　③の文は「……の第1種市街地再開発事業は、災害発生の危険などで緊急性の高い事業について認められ、」としているため不適切。

【解答】③

【学習にあたってのキーワード】

市街地再開発事業、都市再開発法、市街地開発事業、権利変換方式、第1種市街地再開発事業、用地買収方式、第2種市街地再開発事業、権利変換手続、権利床

【問題3】※令和3年度試験　関連問題

交通需要調査に関する次の記述のうち、最も不適切なものはどれか。

① 全国道路・街路交通情勢調査（道路交通センサス）は、全国の道路や交通状況、自動車の利用状況を調べるもので、その中の一般交通量調査では、自動車がどこからどこへ移動しているかを把握することができる。

② 全国都市交通特性調査（全国PT調査）は、都市圏規模別に抽出した対象都市において、人々がどのような目的で移動しているのか、どのような

　　交通手段を利用しているかなど、人の動きから見た交通実態を把握するために実施される。

③　大都市交通センサスは、東京圏、中京圏、近畿圏の3大都市圏において、鉄道・バス等の大量公共交通機関の利用状況を調査するもので、昭和35年より平成27年まで5年ごとに実施されている。

④　パーソントリップ調査は、一定の調査対象地域内における人の動きを調べるために、抽出された市民の1日の行動についてアンケートを行い、それを拡大することで都市圏の交通の全体像を把握しようとするもので、交通行動の起終点、目的、利用手段を把握することができる。

⑤　物資流動調査（物流調査）は、主に物の動きとそれに関連する貨物自動車の動きを調べるもので、品目別の地域間流動量を把握することができる。

【解説】全国道路・街路交通情勢調査（道路交通センサス）は、全国の道路と道路利用の実態を把握して、道路計画や管理に活用するとともに将来の道路整備の方向を明らかにすることを目的に、全国の道路状況、交通量、旅行速度、自動車運行の起終点、運行目的等を調査するものである。道路交通センサスは、道路の状況と断面交通量および旅行速度の調査を行う「一般交通量調査」と、自動車の運行状況などを調査する「自動車起終点調査（OD調査）」の2つに大別できる。

　　一般交通量調査の調査事項には、道路状況調査、交通量調査、旅行速度調査があり、道路を走行する自動車の平均速度を把握することができる。一方、<u>自動車起終点調査</u>は、自動車交通の出発地、目的地、移動目的、1日の移動状況等を調査するもので、自動車がどこからどこへ移動しているかを把握することができる。

　　①の文は「……、その中の<u>一般交通量調査</u>では、自動車がどこからどこへ移動しているかを把握することができる。」としているため不適切。

【解答】①

【学習にあたってのキーワード】

　　全国道路・街路交通情勢調査（道路交通センサス）、一般交通量調査、自動車起終点調査（OD調査）、全国都市交通特性調査（全国PT調査）、大都市交通センサス、パーソントリップ調査、物資流動調査（物流調査）

【問題4】※令和3年度試験　関連問題

国土形成計画に関する次の記述のうち、最も不適切なものはどれか。

①　国土形成計画は、これまで5次にわたって策定・推進されてきた全国総

合開発計画（全総）に代わって策定された国土づくりの計画である。

② 最初の国土形成計画の全国計画は、2008年7月に閣議決定された。

③ 国土形成計画は、国土の利用、整備及び保全を推進するために策定された、総合的かつ基本的な国土づくりの計画である。

④ 国土形成計画は、「全国計画」と、都道府県ごとに作成される「地方計画」から構成されている。

⑤ 国土形成計画では、量的拡大「開発」基調を目指す計画から、「成熟社会型の計画」への転換を図っている。

【解説】国土形成計画は、「全国計画」と、2つ以上の都府県にまたがる広域ブロックごとに作成される「広域地方計画」から構成されている。広域地方計画は、北海道と沖縄県を除く全国を、東北圏・首都圏・北陸圏・中部圏・近畿圏・中国圏・四国圏・九州圏の8つの「広域ブロック（広域地方計画区域）」に分け、ブロックごとに策定されている。④の文は『国土形成計画は、「全国計画」と、都道府県ごとに作成される「地方計画」から構成されている。』としているため不適切。

【解答】④

【学習にあたってのキーワード】

全国総合開発計画（全総）、全国計画、広域地方計画、広域ブロック（広域地方計画区域）

【問題5】

市街化区域に関する次の記述のうち、最も不適切なものはどれか。

① 都市計画法では、市街化区域については、少なくとも用途地域を定めるものとし、市街化調整区域については、原則として用途地域を定めないものとしている。

② 市街化区域のうち農業を営む者の居住の用に供する目的で行うものは開発許可制度の適用が除外される。

③ 市街化区域とは、すでに市街地を形成している区域及びおおむね10年以内に優先的かつ計画的に市街化を図るべき区域である。

④ 土地区画整理事業や市街地再開発事業の施行として行う市街化区域内の開発行為は、開発許可制度が適用される。

⑤ 市街地開発事業や土地区画整理事業は、市街化区域の開発や整理を推進するものである。

【解説】市街化区域であっても、都市計画事業、土地区画整理事業、市街地再開発事業、住宅街区整備事業、防災街区整備事業等の施行として行う開発行為は、開発許可制度の適用が除外される。④の文は「開発許可制度が適用される」としているため不適切。

【解答】④

【学習にあたってのキーワード】

　市街化区域、開発許可制度の適用除外物件

【問題6】

日本の都市計画に関する次の記述のうち、最も不適切なものはどれか。

①　都市計画区域内において開発行為をしようとする者は、都道府県知事、政令指定都市の長、中核市の長、特例市の長及び地方自治法の規定に基づく事務処理市町村の長の許可を受けなければならないと定められている。

②　準都市計画区域は、都市計画区域外の区域のうち市町村が指定する区域をいう。

③　都市計画地方審議会には、都道府県都市計画審議会及び市町村都市計画審議会の2つがある。

④　都市計画マスタープランは、人口、人や物の動き、土地の利用、公共施設の整備などについて将来の見通しや目標を明らかにし、まちづくりの方向性を示すものである。

⑤　白地地域とは、都市計画区域及び準都市計画区域において用途地域の指定のない区域のことである。

【解説】準都市計画区域は、都市計画区域外の区域のうち、そのまま放置すれば将来における都市としての整備、開発及び保全に支障が生じるおそれがあるとして、都道府県が指定する区域をいう。平成19年11月に施行された「都市の秩序ある整備を図るための都市計画法等の一部を改正する法律」によって、それまでは「市町村」が指定していたものが「都道府県」が指定するようになっているので注意が必要である

　　②の文は「市町村が指定する」としているため不適切。

【解答】②

【学習にあたってのキーワード】

　開発許可制度、準都市計画区域、都市計画地方審議会、都市計画マスタープラン、白地地域

【問題7】

都市計画の決定に関する次の記述のうち、最も不適切なものはどれか。

① 市町村が定めた都市計画が、都道府県が定めた都市計画と抵触するときは、その限りにおいて、都道府県が定めた都市計画を優先する。

② 市街地開発事業に関する都市計画ならびに市街地開発事業等予定区域に関する都市計画は都道府県が定める。

③ 都市計画案の公告があったときは、関係市町村の住民及び利害関係人は、縦覧期間満了の日までに、縦覧に供された都市計画の案について意見書を提出することができる。

④ 2つ以上の都府県の区域にわたる都市計画区域に係る都市計画は、国土交通大臣及び都道府県が定める。

⑤ 市町村は、都市計画区域又は準都市計画区域について都市計画を決定しようとするときは、あらかじめ、都道府県知事に協議しなければならない。

【解説】都市計画法第22条では、国土交通大臣の定める都市計画として『二以上の都府県の区域にわたる都市計画区域に係る都市計画は、国土交通大臣及び<u>市町村</u>が定めるものとする。』としている。

④の文は「2つ以上の都府県の区域にわたる都市計画区域に係る都市計画は、国土交通大臣及び<u>都道府県</u>が定める。」としているため不適切。

【解答】④

【学習にあたってのキーワード】

都市計画の決定、市街地開発事業、都市計画区域、準都市計画区域

【問題8】

都市計画制度における区域区分に関する次の記述のうち、最も不適切なものはどれか。

① 区域区分は、都市計画区域を市街化区域と市街化調整区域に区分して定める制度のことをいう。

② 大都市に係る都市計画区域として政令で定める都市計画区域については、区域区分を定めるものとする。

③ 区域区分は、当該都市の発展の動向、当該都市計画区域における人口及び産業の将来の見通し等を勘案して定める。

④ 都市計画区域の整備、開発及び保全の方針に関する都市計画は都道府県が定める。

⑤　市街地開発事業や土地区画整理事業は、市街化調整区域の開発や整理を推進するものである。

【解説】市街化区域は、すでに市街地を形成している区域及びおおむね10年以内に優先的かつ計画的に市街化を図るべき区域をいう。一方、市街化調整区域は、市街化を抑制すべき区域をいう。市街地開発事業や土地区画整理事業は、市街化区域の開発や整理を推進するものである。

　　⑤の文は「市街地開発事業や土地区画整理事業は、市街化調整区域の開発や整理を推進するものである。」としているため不適切。

【解答】⑤

【学習にあたってのキーワード】

　　区域区分、市街化区域、市街化調整区域、市街地開発事業、土地区画整理事業

【問題9】

　道路交通需要予測で用いられる利用者均衡配分法に関する次の記述のうち、最も不適切なものはどれか。

①　利用者均衡配分法は、様々な発展モデルへの拡張が比較的容易な道路交通需要予測手法である。

②　Wardropの第一原則（等時間原則）に厳密に従っており、インプット条件などを同一とすれば、誰が行っても同じ答えを得ることができる。

③　分割配分で実務上算出してきた各種アウトプット項目を、利用者均衡配分でも同様に算出することができる。

④　新規整備路線のありなしで配分結果を比較した場合に、新たな道路整備の影響をあまり受けない既存道路の配分交通量が大きく変化してしまうような問題が生じにくい。

⑤　分割回数や分割比率等のパラメータが含まれるため、恣意的な調整が可能である。

【解説】利用者均衡配分法は『分割回数や分割比率等の恣意的なパラメータがなく、理論的に説明ができる。』という特徴を有している。⑤の文は「分割回数や分割比率等のパラメータが含まれるため、恣意的な調整が可能である。」としているため不適切。

【解答】⑤

【学習にあたってのキーワード】

　　利用者均衡配分法

【問題 10】

　都市計画区域について定めることができる都市施設に関する次の施設のうち、最も不適切なものはどれか。

　①　学校、図書館、研究施設その他の教育文化施設

　②　空港、港湾その他の運輸施設

　③　公園、緑地、広場、墓園その他の公共空地

　④　河川、運河その他の水路

　⑤　道路、都市高速鉄道、駐車場、自動車ターミナルその他の交通施設

【解説】都市計画区域について定めることができる都市施設として②の空港、港湾その他の運輸施設は含まれていないため②が不適切。

【解答】②

【学習にあたってのキーワード】

　都市施設

【問題 11】

　都市計画における開発許可制度に関する次の記述のうち、最も不適切なものはどれか。

　①　開発行為とは、建築物の建築や特定工作物の建設のために行う土地の区画や形状・性質を変更することをいう。

　②　第一種特定工作物とは、コンクリートプラントその他周辺の地域の環境の悪化をもたらすおそれがあるものをいう。

　③　第二種特定工作物とは、ゴルフコースその他大規模な工作物で政令で定めるものをいう。

　④　農業、林業若しくは漁業の用に供する政令で定める建築物又はこれらの業務を営む者の居住の用に供する建築物の建築の用に供する目的で行うものは規制対象に含まれない。

　⑤　都市計画事業の施行として行う開発行為であっても市街化調整区域においては、許可が必要になる。

【解説】市街化調整区域であっても都市計画事業の施行として行う開発行為は、許可の必要はない。⑤の文は「都市計画事業の施行として行う開発行為であっても市街化調整区域においては、許可が必要になる」としているため不適切。

【解答】⑤

【学習にあたってのキーワード】

開発許可制度、第一種特定工作物、第二種特定工作物、開発許可制度の適用除外物件、市街化調整区域

【問題12】

地域地区に関する次の記述のうち、最も不適切なものはどれか。

① 第一種住居地域は、住居の環境を保護するため定める地域である。

② 商業地域は、近隣の住宅地の住民に対する日用品の供給を行うことを主たる内容とする商業その他の業務の利便を増進するため定める地域である。

③ 高度利用地区は、用途地域内の市街地における土地の合理的かつ健全な高度利用と都市機能の更新とを図るため、建築物の容積率の最高限度及び最低限度、建築物の建ぺい率の最高限度、建築物の建築面積の最低限度並びに壁面の位置の制限を定める地区である。

④ 特定街区は、市街地の整備改善を図るため街区の整備又は造成が行われる地区について、その街区内における建築物の容積率並びに建築物の高さの最高限度及び壁面の位置の制限を定める街区である。

⑤ 風致地区は、都市の風致を維持するため定める地区である。

【解説】商業地域は、主として商業その他の業務の利便を増進するため定める地域である。一方、近隣商業地域は、近隣の住宅地の住民に対する日用品の供給を行うことを主たる内容とする商業その他の業務の利便を増進するため定める地域である。

②の文は近隣商業地域の内容を「商業地域は、……」としているため不適切。

【解答】②

【学習にあたってのキーワード】

地域地区、第一種住居地域、商業地域、近隣商業地域、高度利用地区、特定街区、風致地区

【問題13】

都市交通に関連した調査に関する次の記述のうち、最も不適切なものはどれか。

① パーソントリップ調査において、代表交通手段の集計上の優先順位は、徒歩→二輪車→自動車→バス→鉄道の順としている。

② 大都市交通センサスは、首都圏、中京圏、近畿圏の三大都市圏における鉄道、バス等の大量輸送交通機関を対象に、その利用の実態等について調べるもので、5年ごとに実施している。

③　物資流動調査は、交通の主体の一つである「物」に着目し、主にその動き
とそれに関連する貨物自動車の動きを把握することを目的とした調査である。

④　道路交通センサスは、日本全国の道路や交通状況、自動車の利用状況を
調べるもので概ね5年に1回の割合で実施されている。

⑤　国勢調査は10年ごとに行わなければならないとしているが、国勢調査を
行った年から5年目に当たる年には、簡易な方法により国勢調査を行うも
のとしている。

【解説】パーソントリップ調査は、一定の調査対象地域内において交通の主体であ
る「人（パーソン）の動き（トリップ）」を把握することを目的としたもので
あり、調査はアンケートによって、どのような人が、どこからどこへ、どのよ
うな目的・交通手段で、どの時間帯に動いたのかについて、調査日1日のすべ
ての動きを調べるものである。パーソントリップ調査では、1つのトリップが
いくつかの交通手段で成り立っているとき、このトリップで利用した主な交通
手段を「代表交通手段」といい、代表交通手段の集計上の優先順位は、鉄道→
バス→自動車→二輪車→徒歩の順である。①の文は「……、代表交通手段の集
計上の優先順位は、徒歩→二輪車→自動車→バス→鉄道の順としている。」と
しているため不適切。

【解答】①

【学習にあたってのキーワード】

パーソントリップ調査、大都市交通センサス、物資流動調査、道路交通センサ
ス、国勢調査

【問題14】

市街地再開発事業に関する次の記述のうち、最も不適切なものはどれか。

①　市街地再開発事業は、都市再開発法に基づき市街地開発事業の一つとし
て建築物及び建築敷地の整備を行う事業で、公共施設の整備は含まない。

②　市街地再開発事業は、施行地区内の権利者の権利の変換方法の違いに
よって第1種市街地再開発事業と第2種市街地再開発事業に区分される。

③　第1種市街地再開発事業は、土地の高度利用によって生み出される保留
床の処分などによって事業費をまかなうもので、従前建物や土地所有者等
は従前資産の評価に見合う権利床を受け取るものである。

④　第2種市街地再開発事業は、施行地区内の建物や土地等をいったん施行
者が買収又は収用し、買収又は収用された者が希望すれば、その対償に代
えて権利床が与えられる。

⑤ 第1種市街地再開発事業の施行者には、個人施行者、市街地再開発組合、再開発会社、地方公共団体、独立行政法人都市再生機構及び地方住宅供給公社などがある。

【解説】市街地再開発事業は、都市再開発法に基づき市街地開発事業の1つとして、建築物及び建築敷地の整備とあわせて公共施設の整備を行う事業をいう。市街地再開発事業は、市街地の土地の合理的かつ健全な高度利用と都市機能の更新とを図るため、密集した低層の木造建築物が多く生活環境の悪化している地区、あるいは有効な土地利用が図られていない地区等で、土地の共同化と高度利用を図り空地を確保しながら不燃化共同建築物を整備するとともに、道路・広場・公園等の公共施設の整備を総合的に行うことにより安全で快適な都市環境をつくりだすものである。

①の文は「市街地再開発事業は、……公共施設の整備は含まない」としているため不適切。

【解答】①

【学習にあたってのキーワード】

市街地再開発事業、市街地開発事業、第1種市街地再開発事業、第2種市街地再開発事業

【問題15】

都市計画区域などに関する次の記述のうち、最も不適切なものはどれか。

① 都市計画区域は、都市計画法等の法令の規制を受ける土地の範囲であり、土地区画整理事業は、この都市計画区域内の土地についてのみ施行することができる。

② 区域区分は、無秩序な市街化を防止し、計画的な市街化を図るために都市計画区域を「市街化区域」と「市街化調整区域」に区分して定める制度のことをいう。

③ 準都市計画区域は、都市計画区域外の区域のうち、そのまま放置すれば将来における一体の都市としての整備、開発及び保全に支障が生じるおそれがあるとして、市町村が指定する区域をいう。

④ 2以上の都府県にまたがる都市計画区域については、あらかじめ、関係都府県の意見を聴いて国土交通大臣が指定する。

⑤ 市街化調整区域であっても都市計画事業の施行として行う開発行為は、開発許可制度の適用が除外されている。

【解説】準都市計画区域は、都市計画区域外の区域のうち、相当数の建築物等の建築もしくは建設またはこれらの敷地の造成が現に行われ、または行われると見込まれる区域を含み、かつ、そのまま放置すれば、将来における一体の都市としての整備、開発及び保全に支障が生じるおそれがあるとして、都道府県が指定する一定の区域をいう。

　　③の文は「準都市計画区域は、……、市町村が指定する区域をいう。」としているため不適切。

【解答】③

【学習にあたってのキーワード】

都市計画区域、土地区画整理事業、区域区分、準都市計画区域、市街化調整区域、開発許可制度の適用除外物件

【問題16】

　幹線交通網評価に用いる4段階推定法に関する次の記述のうち、最も不適切なものはどれか。

① 4段階推定法は、データをゾーンに集計してからモデルを作ることから、集計分析と呼ばれている。

② 4段階推定法では、主として人口、経済規模等の社会経済フレームおよび各交通機関の費用、所要時間等のサービスレベルによって対象交通機関の需要を求めることができる。

③ 発生集中交通量は、各ゾーンから出ていく交通量および各ゾーンに入ってくる交通量をいい、現在パターン法や重力モデルなどを用いて予測する。

④ 交通機関別分担交通量は、全交通手段交通を各種交通機関別の交通量に分割したものをいい、分担率曲線（選択率曲線）法や非集計モデルのロジットモデルを用いて予測する。

⑤ 配分交通量は、起終点ゾーン間の交通手段別交通量を一定の配分原則に従って複数の経過ルートに配分したものをいう。

【解説】発生集中交通量は、各ゾーンから出ていく交通量および各ゾーンに入ってくる交通量をいい、原単位法やクロス分類法、回帰モデル法などを用いて予測する。一方、分布交通量（OD分布交通量）は、各ゾーン間の交通量をいい、現在パターン法の1つであるフレーター法や重力モデル、エントロピーモデルなどを用いて予測し将来OD表を作成する。③の文は「発生集中交通量は、……現在パターン法や重力モデルなどを用いて予測する」としているため不適切。

【解答】③

【学習にあたってのキーワード】

4段階推定法、発生集中交通量、現在パターン法、重力モデル、エントロピーモデル、分布交通量、原単位法、回帰モデル法、交通機関（交通手段）別分担交通量、分担率曲線（選択率曲線）法、非集計モデルのロジットモデル、配分交通量、均衡配分法（厳密解法）、分割配分法

【問題17】

土地区画整理に関する次の記述のうち、最も不適切なものはどれか。

① 土地区画整理は、都市計画区域内の土地について土地を整理して街区を整える、あるいは公共施設を確保し整備改善を図ることをいう。

② 土地区画整理事業の目的は、道路、公園、河川等の公共施設を整備し、土地の区画を整え宅地の利用の増進を図ることによって健全な市街の形成と良好な宅地の供給に資することである。

③ 土地区画整理事業に要する費用は、原則として受益者となる土地の所有者が負担する。

④ 減歩は、土地区画整理事業の換地処分によって公共施設用地や保留地を確保することで、従前の土地が減少することをいう。

⑤ 土地区画整理事業においては、施行後の換地の面積は従前の土地の面積より減少するのが通常である。

【解説】土地区画整理事業は、都市計画区域内の土地について、公共施設の整備改善及び宅地の利用の増進を図るために、土地の区画形質の変更（換地）及び公共施設の新設又は変更に関する事業である。

土地区画整理事業に要する費用は、原則として施行者である組合員が負担する。また保留地を定めたときは、この処分金が財源となる。

③の文は「土地区画整理事業に要する費用は、原則として受益者となる土地の所有者が負担する」としているため不適切。

【解答】③

【学習にあたってのキーワード】

土地区画整理、土地区画整理事業、減歩

【問題18】

パーソントリップ調査に関する次の記述のうち、最も不適切なものはどれか。

① パーソントリップ調査では、性別や年齢、職業などの個人属性に関わることも調べる。

②　パーソントリップ調査は、大都市圏、地方中枢都市圏においては概ね10年サイクルで実施されている。

③　トリップとは、ある目的のために行われる1種類の交通手段のことをいい、例えば3つの交通手段を乗り換えた場合には3トリップとなる。

④　パーソントリップ調査の結果は、交通実態の把握、将来の交通量の予測、今後の都市交通施設の整備・運用方針の検討などの基礎資料として用いられる。

⑤　パーソントリップ調査には、対象都市の境界線を出入りする人や車の交通量を調査するコードンライン調査も含まれる。

【解説】パーソントリップ調査では、1）性別・年齢・職業などの個人属性に関わること、2）調査日の1日のすべての交通行動の概要として、出発地・到着地、出発到着の施設、時刻、移動の目的、移動時の利用手段、駐車・駐輪場所など、の2つの項目について把握する。調査結果は、交通実態の把握、将来の交通量の予測、今後の都市交通施設の整備・運用方針の検討などの基礎資料として用いられる。なお、トリップとは、人がある目的をもってある地点からある地点へ移動することをいい、例えば自宅から勤務先へ行くのに、いくつかの交通手段を乗り換えても、「勤務先へ」という1トリップとして捉えるものである。

　　パーソントリップ調査は、標本調査である交通行動に関するアンケートを行う家庭訪問調査を主として、対象都市の境界線を出入りする人や車の交通量を調査するコードンライン調査のような補完調査、人口関連調査や土地利用調査のような補助調査、対象都市内を横断する河川や鉄道などの切断線（スクリーンライン）を横断する交通の全数調査のようなスクリーンライン調査など一連の調査から構成されている。

　　③の文は「トリップとは、ある目的のために行われる1種類の交通手段のことをいい、例えば3つの交通手段を乗り換えた場合には3トリップとなる」としているため不適切。

【解答】③

【学習にあたってのキーワード】
　　パーソントリップ調査、トリップ、コードンライン調査、スクリーンライン調査

【問題19】
コンパクトシティに関する次の記述のうち、最も不適切なものはどれか。

①　コンパクトシティは、住宅や商業施設、交通機関、公共施設などの都市機能を中心市街地に集約する都市計画の総称をいう。

② 国土交通省は、立地適正化計画制度を創設し、コンパクトなまちづくりと地域交通の再編との連携により、「コンパクトシティ・プラス・ネットワーク」のまちづくりを推進している。

③ コンパクトシティ政策を推進するうえでは、都市の密度だけではなく、居住者の生活スタイルや行動パターンを含めた検討を行うことが重要である。

④ まち・ひと・しごと創生総合戦略に基づき、関係府省庁を挙げて市町村の取組を強力に支援するため、コンパクトシティ形成支援チームを設置している。

⑤ 2012年に施行された都市の低炭素化の促進に関する法律により、市町村は公共交通ターミナルを中心とした都市機能誘導区域や、居住を誘導し人口密度を維持する居住誘導区域を指定することが可能となった。

【解説】2014年の都市再生特別措置法の改正により、市町村は公共交通ターミナルを中心とした都市機能誘導区域や、居住を誘導し人口密度を維持する居住誘導区域を指定することが可能となった。⑤の文は「2012年に施行された都市の低炭素化の促進に関する法律により、……」としているため不適切。

【解答】⑤

【学習にあたってのキーワード】

立地適正化計画制度、コンパクトシティ・プラス・ネットワーク、まち・ひと・しごと創生総合戦略、コンパクトシティ形成支援チーム、都市の低炭素化の促進に関する法律、都市再生特別措置法、都市機能誘導区域、居住誘導区域

【問題20】

地区交通計画に関する次の記述のうち、最も不適切なものはどれか。

① 近隣住区の考え方は、アメリカのセント・ルイスやニューヨークの都市計画に取り入れられるとともに、わが国のニュータウン建設にも大きな影響を与えた。

② ラドバーン方式とは、住宅地内における歩行者と自動車のアクセスを完全に分けた歩車分離型の代表的な考え方で、交通安全対策と緑化スペース確保の2つの面を両立できる方式である。

③ ブキャナンレポートでは、道路網を機能に応じて段階的な構成を図り、通過交通のための空間と良好な居住空間を明確に分けることを主張している。

④ 歩車共存道路は、自動車のトラフィック機能を抑制して歩行者などの安全性や快適性を向上させた道路形態で、従来の歩道による歩車分離が困難な道路における対応策として始められた。

⑤ ランブルストリップスは、車両の通行部分の線形をジグザグにしたり蛇行させたりして、運転者に左右のハンドル操作を強いることにより車の走行速度を低減させるための交通安全施設である。

【解説】ランブルストリップス（Rumble strips）は、道路の中央や路肩の舗装路面を意図的に削り、カマボコ状の凹型を連続して配置することによって、その上を通過する車両に対し不快な振動や音を発生させ、ドライバーに車線を逸脱したことを警告する交通安全施設をいう。

一方、シケイン（屈曲部）は、デバイス（自動車の速度を抑制するための構造）のうち単路部に設けるものの1つであり、車両の通行部分の線形をジグザグにしたり蛇行させたりして、運転者に左右のハンドル操作を強いることにより、車の走行速度を低減させる道路構造のことである。

⑤の文は、「シケイン」の内容を「ランブルストリップス」としているため不適切。

【解答】⑤

【学習にあたってのキーワード】
近隣住区、ラドバーン方式、ブキャナンレポート、歩車共存道路、ランブルストリップス、シケイン、デバイス

【問題21】
公共交通に関する次の記述のうち、最も不適切なものはどれか。

① コミュニティバスは、交通空白地域・不便地域の解消等を図るため、市町村等が主体的に計画し、運行するものである。

② デマンド交通は、電話予約など利用者のニーズに応じて柔軟な運行を行う公共交通の一つの形態である。

③ LRTは、低床式車両の活用や軌道・電停の改良による乗降の容易性、定時性、速達性、快適性などの面で優れた特徴を有する次世代の軌道系交通システムである。

④ BRTは、低床化されている連節バスとバス専用レーン、バスロケーションシステム等を組み合わせて定時性、速達性を確保して大量輸送を実現できるようにしたバスシステムである。

⑤ トランジットモールは、中心市街地やメインストリートなどの商店街を、歩行空間として整備するとともに、人にやさしい低公害車だけを通行させるものである。

【解説】トランジットモールは、中心市街地のメインストリート等で警察と連携して一般車両の利用を制限して、歩行者・自転車とバスや路面電車などの公共交通機関の利便性を高めることによって、まちの賑わいを創出することである。⑤の文は「トランジットモールは、……、人にやさしい低公害車だけを通行させるものである。」としているため不適切である。

【解答】⑤

【学習にあたってのキーワード】

コミュニティバス、デマンド交通、LRT、BRT、トランジットモール

【問題22】

地方計画・地域計画に関する次の記述のうち、最も不適切なものはどれか。

① 北海道総合開発計画は、北海道開発法に基づき、北海道の資源・特性を活かして我が国が直面する課題の解決に貢献するとともに、地域の活力ある発展を図るため、国が策定する計画である。

② 半島振興法に基づき、道府県が作成した半島振興計画の円滑な達成等を図るとともに、地域産業の振興等による雇用機会の創出と地域経済力の強化に資するため、財政、金融、税制等様々な側面からの支援措置が講じられている。

③ 我が国は、数多くの島嶼により構成されており、多くの島が、離島振興法による離島振興対策実施地域となっているが、沖縄、奄美、小笠原は、離島振興対策実施地域に含まれない。

④ 広域地方計画は、国土形成計画（全国計画）を踏まえ、北海道圏・東北圏・首都圏・北陸圏・中部圏・近畿圏・中国圏・四国圏・九州圏・沖縄圏の10ブロックごとに、概ね10年間の国土づくりの戦略を定めている。

⑤ 近畿圏については、近畿圏開発整備法に基づいて近畿圏整備計画が定められているが、その対象区域は福井県、三重県、滋賀県、京都府、大阪府、兵庫県、奈良県及び和歌山県である。

【解説】広域地方計画は、国土形成計画（全国計画）を踏まえ、東北圏・首都圏・北陸圏・中部圏・近畿圏・中国圏・四国圏・九州圏の8ブロックごとに、概ね10年間の国土づくりの戦略を定めている。

④の文は「広域地方計画は、国土形成計画（全国計画）を踏まえ、北海道圏・東北圏・首都圏・北陸圏・中部圏・近畿圏・中国圏・四国圏・九州圏・沖縄圏の10ブロックごとに、概ね10年間の国土づくりの戦略を定めている。」としているため不適切。

【解答】④

【学習にあたってのキーワード】

北海道総合開発計画、半島振興計画、離島振興対策実施地域、広域地方計画、国土形成計画（全国計画）、近畿圏整備計画

【問題23】

都市計画法上の都市施設に関する次の記述のうち、最も不適切なものはどれか。

① 都市施設は、適切な規模で必要な位置に配置することにより、円滑な都市活動を確保し、良好な都市環境を保持するように定める。

② 都市施設は、都市計画区域において必要な施設を定めるものであり、都市計画区域外では定めない。

③ 都市施設には、公園、緑地、広場、墓園その他の公共空地が含まれる。

④ 都市施設には、病院、保育所その他の医療施設又は社会福祉施設が含まれる。

⑤ 道路、河川その他の政令で定める都市施設については、適正かつ合理的な土地利用を図るため必要があるときは、当該都市施設の区域の地下又は空間について、当該都市施設を整備する立体的な範囲を都市計画に定めることができる。

【解説】都市施設は、都市に必要な施設として都市計画法で定めたものをいう。

都市計画区域については、都市計画に、次に掲げる施設で必要なものを定めるものとしている。この場合において、特に必要があるときは、当該都市計画区域外においても、これらの施設を定めることができる。

1. 道路、都市高速鉄道、駐車場、自動車ターミナルその他の交通施設

2. 公園、緑地、広場、墓園その他の公共空地

3. 水道、電気供給施設、ガス供給施設、下水道、汚物処理場、ごみ焼却場その他の供給施設又は処理施設

4. 河川、運河その他の水路

5. 学校、図書館、研究施設その他の教育文化施設

6. 病院、保育所その他の医療施設又は社会福祉施設

7. 市場、と畜場又は火葬場

8. 一団地の住宅施設（一団地における50戸以上の集団住宅及びこれらに附帯する通路その他の施設をいう）

9. 一団地の官公庁施設（一団地の国家機関又は地方公共団体の建築物及びこれらに附帯する通路その他の施設をいう。）

10. 流通業務団地

11.　一団地の津波防災拠点市街地形成施設（津波防災地域づくりに関する法律（平成23年法律第123号）第2条第15項に規定する一団地の津波防災拠点市街地形成施設をいう。）

12.　一団地の復興再生拠点市街地形成施設（福島復興再生特別措置法（平成24年法律第25号）第32条第1項に規定する一団地の復興再生拠点市街地形成施設をいう。）

13.　一団地の復興拠点市街地形成施設（大規模災害からの復興に関する法律（平成25年法律第55号）第2条第8号に規定する一団地の復興拠点市街地形成施設をいう。）

14.　その他政令で定める施設

また道路、河川その他の政令で定める都市施設については、前項に規定するもののほか、適正かつ合理的な土地利用を図るため必要があるときは、当該都市施設の区域の地下又は空間について、当該都市施設を整備する立体的な範囲を都市計画に定めることができる。この場合において、地下に当該立体的な範囲を定めるときは、併せて当該立体的な範囲からの離隔距離の最小限度及び載荷重の最大限度（当該離隔距離に応じて定めるものを含む。）を定めることができる。

②の文は「都市施設は、都市計画区域において必要な施設を定めるものであり、都市計画区域外では定めない」としているため不適切。

【解答】②

【学習にあたってのキーワード】

都市施設、都市計画法、都市計画区域

【問題24】

産業革命以降の理想の都市の諸提案に関する人物名とその提案内容の組合せとして、最も不適切なものはどれか。

	人物名	提案内容
①	エベネザー・ハワード	田園都市
②	ロバート・オウエン	一致と協同の村
③	クラレンス・スタイン	線形都市
④	トニー・ガルニエ	工業都市
⑤	クラレンス・アーサー・ペリー	近隣住区

【解説】クラレンス・スタイン（1882〜1975年）は、アメリカ合衆国の都市計画家・建築家であり、ガーデンシティをヒントに歩行者と自動車のアクセスを完

全に分けてつくられた「都市ラドバーン」の設計者である。

　「線形都市」は、スペインの都市理論家・都市計画家・発明家であるアルトゥーロ・ソリア・イ・マータ（1844～1920年）の提案によるもの。ソリア・イ・マータは、交通の発達により都市が線的に形成されていく線状都市理論を提唱した。

　これより、③の組合せが不適切。

【解答】③

【学習にあたってのキーワード】

　理想の都市、田園都市、一致と協同の村、線形都市、工業都市、近隣住区、都市ラドバーン、エベネザー・ハワード、ロバート・オウエン、クラレンス・スタイン、トニー・ガルニエ、クラレンス・アーサー・ペリー、アルトゥーロ・ソリア・イ・マータ

【問題25】

　都市交通計画における交通需要予測手法に関する次の記述のうち、最も不適切なものはどれか。

① 　発生集中交通量は、各ゾーンから出ていく交通量および各ゾーンに入ってくる交通量をいい、原単位法やクロス分類法、回帰モデル法などを用いて予測する。

② 　分布交通量は、現在パターン法の1つであるフレーター法や重力モデル、エントロピーモデルなどを用いて予測し将来OD表を作成する。

③ 　交通手段別分担交通量は、全交通手段交通を各種交通機関別の交通量に分割したものをいい、Wardropの第1原則に基づいた均衡配分法や分割配分法を用いて予測する。

④ 　配分交通量は、起終点ゾーン間の交通手段別交通量を一定の配分原則に従って複数の経過ルートに配分したものをいう。

⑤ 　4段階推定法は、データをゾーンに集計してからモデルを作ることから、集計分析と呼ばれている。

【解説】交通機関（交通手段）別分担交通量は、全交通手段交通を各種交通機関別の交通量に分割したものをいい、分担率曲線（選択率曲線）法や非集計モデルのロジットモデルを用いて予測する。③の文は「交通手段別分担交通量は、……、Wardropの第1原則に基づいた均衡配分法や分割配分法を用いて予測する。」としているため不適切。

【解答】③

【学習にあたってのキーワード】

4段階推定（推計）法、発生集中交通量、分布交通量、交通機関（交通手段）別分担交通量、配分交通量

【問題26】

換地に関する次の記述のうち、最も不適切なものはどれか。

① 換地の評価額と従前の土地の評価額に差がある場合、また他の換地と比較して不均衡がある場合には、評価額の差に相当する別の代替土地によって調整する。

② 換地計画により定められる換地予定地を仮換地という。

③ 換地は、従前の土地との位置、地積、土質、水利、利用状況、環境等が照応するよう定めなければならない。

④ 換地処分により仮換地がそのまま換地となる。

⑤ 換地計画では換地設計図、各筆換地明細、各筆各権利別清算金明細、保留地その他の特別の定めをする土地の明細を定めなければならない。

【解説】一般に換地の評価額と従前の土地の評価額に差がある場合、また他の換地と比較して不均衡がある場合には金銭によって清算される。①の文は「評価額の差に相当する別の代替土地によって調整する」としているため不適切。

【解答】①

【学習にあたってのキーワード】

換地

【問題27】

道路区間500 mの両端で交通量を観測し、20台の車両を観測したところ空間平均速度は40 km/hという結果が得られた。このとき時間平均速度は次のうちどれになるか。なお、観測結果から得られた空間平均速度の標準偏差は10 km/hであった。

① 37.5 km/h　② 39.75 km/h　③ 40.0 km/h

④ 40.25 km/h　⑤ 42.5 km/h

【解説】時間平均速度と空間平均速度の間には、次のような関係がある。

$$\overline{V_t} = \overline{V_s} + \frac{\sigma_s^{\,2}}{V_s}$$

（$\overline{V_t}$：時間平均速度、$\overline{V_s}$：空間平均速度、σ_s：空間平均速度の標準偏差）

この式に空間平均速度の 40 km/h、ならびに空間平均速度の標準偏差の 10 km/h を入れると、時間平均速度 $\overline{V_t} = 40 + \dfrac{10^2}{40} = 42.5$ km/h

これより⑤の 42.5 km/h が正解となる。

【解答】⑤

【学習にあたってのキーワード】

時間平均速度、空間平均速度

【問題28】

都市計画の用途地域に関する次の記述のうち、最も不適切なものはどれか。

① 用途地域の目的は、良好な市街地環境の形成や都市における住居、商業、工業などの適正な配置による機能的な都市活動の確保にある。

② 用途地域は、都市計画区域および準都市計画区域における市街化区域内において、建築物の用途を規制するために定めた地域であるが、建物の建ぺい率や容積率については定めていない。

③ 白地地域とは、都市計画区域及び準都市計画区域において用途地域の指定のない区域のことである。

④ 用途地域が第一種低層住居専用地域である場合、神社、寺院、教会その他これらに類するものは建てることができる。

⑤ 特別用途地区の区域内では、区市町村の条例により建築物の制限内容を強化したり、国土交通大臣の承認を得ることにより、用途を緩和することができる。

【解説】用途地域は、良好な市街地環境の形成や、都市における住居、商業、工業などの適正な配置による機能的な都市活動の確保を目的として、都市計画区域および準都市計画区域における市街化区域内において、建築物の用途（容積率、建ぺい率、敷地の最低面積、外壁の後退の限度、高さの限度など）を規制するために定めた地域をいう。用途地域は原則として市町村が定めるが、必要と認めるときは公聴会を開催し、また決定に際しては知事の同意を必要とする。

②の文は「用途地域は、……建物の建ぺい率や容積率については定めていない。」としているため不適切。

【解答】②

【学習にあたってのキーワード】

用途地域、都市計画区域、準都市計画区域、市街化区域、建ぺい率、容積率、白地地域、第一種低層住居専用地域、特別用途地区

5.4 「河川、砂防及び海岸・海洋」の問題

【問題1】※令和3年度試験 関連問題

非圧縮性完全流体の定常流れでは、流線上で次式のベルヌーイの定理が成立する。

$$\frac{v^2}{2g} + z + \frac{p}{\rho \cdot g} = 一定$$

ここで、g は重力加速度（9.8 m/s^2）、ρ は水の密度（1.0 g/cm^3）、v は高さ z の点における流速、p は高さ z の点における水圧である。

下図のように、狭窄部を有する水平な管路がある。点Aにおける断面積 $A_A =$ 1 m^2、流速 $v_A = 1.0$ m/s、圧力水頭 $\frac{p_A}{\rho \cdot g} = 20$ m、点Bにおける断面積 $A_B =$ 0.2 m^2 となるとき、点Bにおける圧力水頭 $\frac{p_B}{\rho \cdot g}$ として最も適切なものはどれか。ただし点A、点Bを通る流線は水平で損失水頭はないものとし、重力加速度は9.8 m/s^2、水の密度は1.0 g/cm^3 とする。

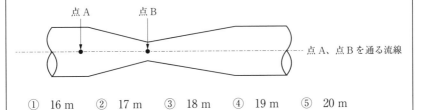

① 16 m   ② 17 m   ③ 18 m   ④ 19 m   ⑤ 20 m

【解説】連続性の定理より、 $Q = A_A \cdot v_A = A_B \cdot v_B$

$$v_B = \frac{A_A \cdot v_A}{A_B} = \frac{1 \times 1.0}{0.2} = 5.0 \text{ m/s}$$

ベルヌーイの定理より、

$$\frac{v_A^2}{2g} + z_A + \frac{p_A}{\rho \cdot g} = \frac{v_B^2}{2g} + z_B + \frac{p_B}{\rho \cdot g}$$

点A、点Bを通る流線は水平なので $z_A = z_B$、$\rho = 1000$ kg/m^3、$g = 9.8$ m/s^2

$$\frac{1.0^2}{2 \times 9.8} + 20 = \frac{5.0^2}{2 \times 9.8} + \frac{p_B}{\rho \cdot g}$$

$$\frac{p_B}{\rho \cdot g} = \frac{1.0^2}{2 \times 9.8} + 20 - \frac{5.0^2}{2 \times 9.8} = 18.78 \text{ m}$$

これより適切なものは④になる。

【解答】④

【学習にあたってのキーワード】

　ベルヌーイの定理、圧力水頭、損失水頭、連続性の定理

【問題2】※令和3年度試験　関連問題

単一管路の定常流に関する次の記述のうち、最も不適切なものはどれか。

① 管内の水流は、管壁による摩擦損失のほか、管路の変化や曲がり、弁などのある点では流れが乱されてエネルギーの損失が生じる。

② 速度水頭は、運動エネルギーを水柱の高さに置き換えたもので、流速を v、水の密度を ρ、重力加速度を g とすると $(v^2 / \rho g)$ で表される。

③ ダルシーの法則とは、ある時間に土中を浸透する水の量は、動水勾配に比例するという関係をいう。

④ 圧力水頭と位置水頭の和は、ピエゾ水頭と呼ばれている。

⑤ 水の流れはエネルギー線の高低によるので、管水路の流れの方向は管の高低に関係なく両端における水頭差によって決まる。

【解説】速度水頭は、運動エネルギーを水柱の高さに置き換えたもので、流速を v とすると $(v^2 / 2g)$ で表される。②の文は「速度水頭は、……$(v^2 / \rho g)$ で表される。」としているため不適切。

【解答】②

【学習にあたってのキーワード】

　摩擦損失、エネルギーの損失、速度水頭、ダルシーの法則、動水勾配、圧力水頭、位置水頭、ピエゾ水頭、エネルギー線、水頭差

【問題3】※令和3年度試験　関連問題

一様勾配・一様断面の開水路の水理解析に関する次の記述のうち、最も不適切なものはどれか。

① フルード数は、流体の自由表面近くの運動を特性づける無次元数で、フルード数が1より大きい場合は流速が波の進行速度より大きい常流となる。

② 水深が限界水深より大きい場合は常流となり、小さい場合は射流となる。

③ 等流は、流速が時間と関係なく一定である定常流のうち、流れの状態が場所によって変化しない流れをいう。

④ マニングの平均流速公式によると、水路の平均流速は水路勾配の1/2乗に比例する。

⑤ 射流の漸変流計算の境界条件は、上流側で与えられる。

【解説】 フルード数 F_r は、流速と波の進行速度の比を表しており、$F_r > 1$ の場合は流速が波の進行速度より大きい<u>射流</u>となり、$F_r < 1$ の場合は流速が波の進行速度より小さい常流となる。①の文は「フルード数は、……、フルード数が1より大きい場合は流速が波の進行速度より大きい<u>常流</u>となる。」としているため不適切。

【解答】 ①

【学習にあたってのキーワード】

フルード数、常流、射流、等流、マニングの平均流速公式

【問題4】 ※令和3年度試験　関連問題

水中の土砂移動に関する次の記述のうち、最も不適切なものはどれか。

① 河川の流砂のうち、ウォッシュロードは何日も水中に沈まずに漂うため川の濁りの原因になる。

② 浮遊砂量や掃流砂量は、掃流力の大きさによって、空間的に見ると急流部では掃流砂、緩流部ではウォッシュロードや浮遊砂が相対的に卓越している。

③ 掃流力は、土砂や礫などの移動物質を押し流す力のことをいい、水深が大きくなるほど小さくなる。

④ ダム貯水池に形成される堆砂のデルタでは、上流に粒径の粗い掃流砂が堆積し、下流には粒径の細かい浮遊砂が堆積する。

⑤ 限界掃流力の強さは、河床砂礫の大きさや比重などによって決まる。

【解説】 掃流力は、土砂や礫などの移動物質を押し流す力のことをいう。掃流力は次の式によって表される。

$$\tau_0 = \rho \cdot g \cdot R \cdot i$$

　　（τ_0：掃流力、ρ：水の密度、g：重力加速度、R：径深、i：河床勾配またはエネルギー勾配）

したがって、掃流力は河床勾配や水深が大きくなるほど大きくなる。

③の文は「掃流力は、……水深が大きくなるほど<u>小さくなる</u>」としているため不適切。

【解答】 ③

【学習にあたってのキーワード】

ウォッシュロード、浮遊砂、掃流砂、掃流力、限界掃流力

【問題5】※令和3年度試験　関連問題

河川護岸に関する次の記述のうち、最も不適切なものはどれか。

① 護岸は、流水による河岸の決壊や崩壊を防止するためのものと、流水の方向を規制してなめらかな流向にすることを目的としたものがある。

② 護岸ののり覆工の設計に際しては、生態系や景観について十分に考慮するものとする。

③ 低水護岸は、洪水時の侵食作用に対して堤防を保護することを主たる目的として設置される。

④ 護岸の根固工は、その地点で流勢を減じ、さらに河床を直接覆うことで急激な洗掘を緩和する目的で設置される。

⑤ 護岸の天端工は、低水護岸の天端部分を洪水による侵食から保護する必要がある場合に設置するものであり、洪水時の流体力に対して安全な構造とする。

【解説】護岸は施工する位置により、低水路の河岸を守るものを低水護岸、洪水時の侵食作用に対して堤防を保護することを主たる目的として高水敷の堤防のり面を保護するものを高水護岸、低水路と堤防のり面が1枚でつながったのり面を保護するものを堤防護岸にそれぞれ分けられる。

　　③の文は、高水護岸の内容を「低水護岸は、……」としているため不適切。

【解答】③

【学習にあたってのキーワード】

　　護岸、のり覆工、低水護岸、高水護岸、堤防護岸、天端工

【問題6】※令和3年度試験　関連問題

河川における河床変動に関する次の記述のうち、最も不適切なものはどれか。

① 河床変動の要因としては、洪水時における河川の流速、ならびに河床の土砂の比重、粒径の大きさ、その混合状態等が挙げられる。

② 河床変動に考慮すべき流砂量は、通常は浮遊砂と掃流砂であるが、貯水池の中の変動など、流速の変化が大きい場合には、ウォッシュロードについての検討も行う必要がある。

③ 掃流砂とは、粒径が0.15〜250 mmの河床面上を、転がったり、滑ったり、跳ねたりしながら移動する土砂で、流速が遅い場合に沈降するものである。

④ 河床変動計算は、一般に等流計算と流砂量計算を組み合わせた数値計算

により行う。

⑤　河床変動は、河川の流れによって川底の土砂が侵食（洗掘）や堆積を受けることによって、河床の様相が変化することである。

【解説】河床変動計算は、河床変動の生じた原因の推定や河川構造物を新設したことの影響の把握、将来における河道安定性の予測などのために一般に不等流計算と流砂量計算を組み合わせた数値計算により行う。④の文は「等流計算」としているため不適切。

【解答】④

【学習にあたってのキーワード】

河床変動、等流／不等流

【問題7】※令和3年度試験　関連問題

海岸工学に関する次の記述のうち、最も適切なものはどれか。

①　有義波は、連続した波列の中で、波高の大きい方から数えて1/5の数の波を選び出し、その平均値として定義される。

②　養浜は、海岸に砂を足したり突堤を築いて砂をためたりすることであり、人工的に漂砂の移動を確保する工法は養浜工とはいわない。

③　津波の速さは、水深の1/3乗に比例する。

④　離岸流は、波浪で生じる海浜流の1つで、海岸汀線から局地的に沖に向かって流れる潮流のことである。

⑤　沿岸漂砂による土砂移動は、汀線へののり線方向に対して波向が斜めになると移動量が減少する性質を持っている。

【解説】有義波は、ゼロアップクロス法で定義した各波の波高を、大きい方から数えて1/3の数の波を選び出した仮想上の波をいい、その平均値の波高と周期をそれぞれ「有義波高」（$H_{1/3}$）、「有義波周期」（$T_{1/3}$）と呼んでいる。①の文は「波高の大きい方から数えて1/5の数の波を選び出し」としているため不適切。

防波堤や導流堤によって沿岸漂砂が阻止され、その下手側の海岸に侵食が生ずる場合に、上手側に堆積した土砂を人工的手段で下手側に移す工法をサンドバイパス工法というが、このような人工的に漂砂の移動を確保する工法も養浜工の1つである。②の文は「人工的に漂砂の移動を確保する工法は養浜工とはいわない」としているため不適切。

津波の速さは、$\sqrt{g \times h} = \sqrt{9.8\,\text{m}／秒^2 \times 水深（m）}$　の式で表される。③の文は「津波の速さは、水深の1/3乗に比例する」としているため不適切。

　　沿岸漂砂による土砂移動は、汀線へののり線方向に対して波向が斜めになる
と移動量を増加し、汀線を絶えず波向に対して直角方向に向け安定しようとす
る性質を持っている。⑤の文は「波向が斜めになると移動量が減少する性質を
持っている」としているため不適切。

　　④の文が最も適切。

【解答】④

【学習にあたってのキーワード】

　有義波、養浜、津波、離岸流、漂砂

【問題8】※令和3年度試験　関連問題

海岸保全施設の設計に関する次の記述のうち、最も不適切なものはどれか。

① 高潮対策等に用いる計画波浪は、原則として有義波とする。

② 直立堤は、基礎地盤が比較的堅固な場合や、堤防・護岸用地が容易に得
　られない場合などに用いられる。

③ 直立壁に作用する波は、重複波と砕波の2つの形が考えられ、合田式は
　この2つの形を区別することなく適用することができる。

④ 突堤は、透過型と不透過型に大別できるが、突堤の透過性は沿岸漂砂の
　制御効果に大きく影響するため、その特徴を踏まえたうえで選定を行う必
　要がある。

⑤ 離岸堤は、堤長に比して1/2程度の開口部を持ち、経済的に優れた不透
　過型の不連続堤が多く用いられている。

【解説】離岸堤は、堤体による消波と開口部からの回折波、ならびにそれによって
　　　形成されるトンボロが一体となって侵食の阻止と消波効果を持つようになるた
　　　め、堤長に比して1/2程度の開口部を持ち、施工性の容易な透過型の連続堤が
　　　多く用いられている。⑤の文は「経済的に優れた不透過型の不連続堤が多く用
　　　いられている」としているため不適切。

【解答】⑤

【学習にあたってのキーワード】

　有義波、直立堤、波圧（波力）算定式、突堤、離岸堤

【問題9】※令和3年度試験　関連問題

土砂災害防止対策に関する次の記述のうち、最も不適切なものはどれか。

① 土砂災害警戒区域等における土砂災害防止対策の推進に関する法律（以
　下、土砂災害防止法）では、急傾斜地の崩壊について、傾斜度が30度以上

である土地が崩壊する自然現象と定義している。

②　土砂災害防止法における土砂災害特別警戒区域は、土砂災害による被害を防止・軽減するため、危険の周知、警戒避難体制の整備を行う区域のことである。

③　土砂災害防止法では、土砂災害警戒区域ならびに土砂災害特別警戒区域のいずれの区域も都道府県知事が指定する。

④　土砂災害防止法では、都道府県が急傾斜地の崩壊等のおそれがある土地に関する地形、地質、降水等の状況及び土砂災害の発生のおそれがある土地の利用の状況等の基礎調査を、おおむね5年ごとに行うこととしている。

⑤　土砂災害防止法では、土砂災害警戒区域内の要配慮者利用施設の所有者又は管理者に対し、避難確保計画の作成及び避難訓練の実施を義務付け、施設利用者の円滑かつ迅速な避難の確保を図ることとしている。

【解説】　土砂災害警戒区域は、土砂災害による被害を防止・軽減するため、危険の周知、警戒避難体制の整備を行う区域のことである。一方、土砂災害特別警戒区域は、避難に配慮を要する方々が利用する要配慮者利用施設等が新たに土砂災害の危険性の高い区域に立地することを未然に防止するため、開発段階から規制していく必要性が特に高いものに対象を限定し、特定の開発行為を許可制とするなどの制限や建築物の構造規制等を行う区域のことである。

②の文は、土砂災害警戒区域の内容を「……土砂災害特別警戒区域は、……」としているため不適切。

【解答】　②

【学習にあたってのキーワード】

土砂災害警戒区域等における土砂災害防止対策の推進に関する法律（土砂災害防止法）、土砂災害特別警戒区域、土砂災害警戒区域

【問題10】

貯水位の異なる2つの貯水池を結ぶ管水路がある。このとき、損失を考慮したベルヌーイの式に関する次の記述のうち、最も不適切なものはどれか。ただし z は位置水頭（基準面からの管中心部の高さ）[m]、p は管中心部の圧力 [Pa]、v は断面平均流速 [m/s]、ρ は流体の密度 [kg/m^3]、g は重力加速度 [m/s^2] である。

①　位置水頭と圧力水頭を足したものを流下方向に連ねた線を動水勾配線という。

②　位置水頭、圧力水頭、速度水頭、損失水頭を足すと常に一定値になる。

③　$p \div (\rho g)$ を圧力水頭という。

④　$v^2 \div (2g)$ を速度水頭という。

⑤　速度水頭と位置水頭を足したものをピエゾ水頭という。

【解説】ピエゾ水頭は、圧力水頭と位置水頭を加えた水頭のことである。⑤の文は「速度水頭と位置水頭を足したものをピエゾ水頭という。」としているため不適切。

【解答】⑤

【学習にあたってのキーワード】

ベルヌーイの式、位置水頭、圧力水頭、動水勾配線、水頭、速度水頭、損失水頭、ピエゾ水頭

【問題11】

河川の土砂の移動に関する次の記述のうち、最も不適切なものはどれか。

①　限界掃流力の強さは、河床砂礫の大きさや比重などによって決まる。

②　ベーン工は、河道湾曲部の外岸側における深掘れを防止するために、河床部に鋼矢板等を羽根状に設置した構造物である。

③　水深に比べて流路幅が十分に広いときには、河床に働くせん断力は水深に比例する

④　アーマリングは、河床から砂や細かい礫が流出して大粒径の礫だけが残り、その礫が固まってしまう現象である。

⑤　河川の流砂のうち掃流砂は、水の濁りに大きく関係すると同時に、ひとたび流水中に取り込まれれば長い距離を流下しやすい。

【解説】河川や海岸における底質移動、すなわち流水による土砂の移動は流砂と総称され、その移動形式から掃流砂および浮遊砂の2つに大別される。掃流砂は、河川の流水によって流路床上を回転したり飛び跳ねたりして河床付近を移動する粒径が大きく比較的重量のある砂礫のことである。一方、浮遊砂は、河川の流れがもつ拡散作用によって浮遊状態で移動し、河床材料と交換しつつ輸送される土砂のことである。浮遊砂は、水の濁りに大きく関係すると同時に、ひとたび流水中に取り込まれれば長い距離を流下しやすい。

⑤の文は、浮遊砂の内容を「掃流砂」としているため不適切。

【解答】⑤

【学習にあたってのキーワード】

限界掃流力、ベーン工、アーマリング、掃流砂、浮遊砂

【問題12】

海岸の波動に関する次の記述のうち、最も不適切なものはどれか。

① 有義波とは、ゼロアップクロス法で定義した各波の波高を、大きい方から数えて1/3の数の波を選び出した仮想上の波をいう。

② 深海波は水深が波長の1/2より大きい場合に、海底の影響をほとんど受けないときの水面を伝わる重力波のことで、表面波ともいう。

③ 屈折や回折、反射、減衰などを伴わないで水深変化のみにより波高や波長などが変化する現象を浅水変形と呼んでいる。

④ スネルの法則は、光や波動の屈折に関する法則のことである。

⑤ 津波は、海底の変動によって発生する一連の波を指し、津波の速さは水深が深いほど遅い。

【解説】津波は、海底の変動によって発生する一連の波を指し、海底の断層の変動（地震）や海底火山の噴火、大規模な土砂崩壊などが原因で起こる。津波の速さは次の式のとおりであり、水深が深いほど速い。

$$津波の速さ（m/s）= \sqrt{g \times h} = \sqrt{9.8 \ m/s^2 \times 水深（m）}$$

⑤の文は、「……、津波の速さは水深が深いほど<u>遅い</u>。」としているため不適切。

【解答】⑤

【学習にあたってのキーワード】

有義波、深海波、浅水変形、スネルの法則、津波

【問題13】

海岸の波動に関する次の記述のうち、最も適切なものはどれか。

① 防波堤のような障害物の背後に、波が回り込んで進行する現象を屈折と呼ぶ。

② 深海波は、水深が波長の1/2より大きい場合に、海底の影響をほとんど受けないときの重力波である。

③ 波が浅い水域に入ってくると、次第に変形を受け、波高、周期、波速が変化する。これを浅水変形と呼ぶ。

④ 津波の速度は、海底までの水深や海岸線の地形に影響を受け、水深が浅いほど津波の速度は速い。

⑤ 有義波は、不規則波の代表波として最もよく用いられるもので、ゼロアップクロス法で定義した各波の波高の平均値をいう。

【解説】防波堤のような障害物の背後に、波が回り込んで進行する現象を回折と呼ぶ。①の文は「防波堤のような障害物の背後に、波が回り込んで進行する現象を屈折と呼ぶ。」としているため不適切。

　浅水変形は、波が浅い水域に入ってくると、次第に変形を受け、波高、波長、波速が変化する現象をいう。③の文は「波が浅い水域に入ってくると、次第に変形を受け、波高、周期、波速が変化する。これを浅水変形と呼ぶ。」としているため不適切。

　津波の速度は、海底までの水深や海岸線の地形に影響を受け、水深が深いほど津波の速度は速い。④の文は「津波の速度は、……、水深が浅いほど津波の速度は速い。」としているため不適切。

　不規則波の代表波として、最もよく用いられるものは有義波である。有義波は、ゼロアップクロス法で定義した各波の波高を、大きい方から数えて1/3の数の波を選び出した仮想上の波をいう。⑤の文は「有義波は、……、ゼロアップクロス法で定義した各波の波高の平均値をいう。」としているため不適切。

　②の文は適切である。

【解答】②

【学習にあたってのキーワード】

　回折、深海波、浅水変形、津波、有義波、ゼロアップクロス法

【問題14】

水理模型実験における相似則に関する次の記述のうち、最も適切なものはどれか。

①　管路の流れでは、一般にフルード数の相似則が用いられる。

②　開水路の流れでは、実物と模型のオイラー数を一致させる必要がある。

③　フルード数の相似によると、実物の流速と模型流速の比は、実物と模型の長さの比に比例する。

④　実物と模型のレイノルズ数とフルード数といった、複数の無次元数を一致させることは困難である。

⑤　慣性力と重力とが卓越する流れの現象では、実物と模型のウェーバ数を一致させる必要がある。

【解説】管路の流れでは、一般にレイノルズの相似則が用いられる。①の文は「管路の流れでは、一般にフルード数の相似則が用いられる。」としているため不適切。

　開水路の流れでは、実物と模型のフルード数を一致させる必要がある。②の文は「開水路の流れでは、実物と模型のオイラー数を一致させる必要がある。」としているため不適切。

フルード数の相似によると、実物の流速と模型流速の比は、実物と模型の長さの比の平方根に比例する。③の文は「フルード数の相似によると、実物の流速と模型流速の比は、実物と模型の長さの比に比例する。」としているため不適切。

慣性力と重力とが卓越する流れの現象では、実物と模型のフルード数を一致させる必要がある。⑤の文は「慣性力と重力とが卓越する流れの現象では、実物と模型のウェーバ数を一致させる必要がある。」としているため不適切。

④の文は適切である。

【解答】 ④

【学習にあたってのキーワード】

相似則、フルード数、オイラー数、レイノルズ数、ウェーバ数

【問題15】

河川計画に関する次の記述のうち、最も不適切なものはどれか。

① 河川整備基本方針は、長期的な具体の整備内容を定めるもので、地域住民の安全や河川環境に直接関わるため、関係住民、関係自治体、学識経験者からの意見聴取を実施することとしている。

② 河川管理者は、河川整備計画を定める場合、降雨量、地形、地質その他の事情によりしばしば洪水による災害が発生している区域につき、災害の発生を防止し、または災害を軽減するために必要な措置を講ずるように特に配慮しなければならない。

③ 基本高水は、計画降雨量をもとに、各洪水の実績降雨を使い適当な洪水流出モデルを用いて洪水のハイドログラフを求め、これをもとに既往洪水、計画対象施設の性質等を総合的に考慮して決定する。

④ 高規格堤防設置区間の選定にあたっては、過去の主要な洪水、高潮等およびこれによる災害の発生の状況ならびに流域および災害の発生を防止すべき地域の気象、地形、地質、開発の状況等を総合的に考慮する。

⑤ 正常流量は、利水機能や環境面など様々な機能について年間を通して維持していくために必要な流量で、河川環境等に関する維持流量と河川水の利用に関する水利流量とを同時に満たす流量のことである。

【解説】 河川整備計画は、河川整備基本方針に沿って長期的な具体の整備内容を定めるものであり、地域住民の安全や河川環境に直接関わるものであるため、関係住民、関係自治体、学識経験者からの意見聴取を実施することとしている。

一方、河川整備基本方針は、国民が等しく安全を享受できるよう国の安全につ

いての保障水準を定めるようなものであり、個別地域の住民の意見を聴くことはしていない。

①の文は「河川整備基本方針は、……、関係住民、関係自治体、学識経験者からの意見聴取を実施することとしている。」としているため不適切。

【解答】①

【学習にあたってのキーワード】

河川整備基本方針、河川整備計画、河川管理者、基本高水、洪水のハイドログラフ、高規格堤防、正常流量、維持流量、水利流量

【問題16】

河川の水理解析に関する次の記述のうち、最も不適切なものはどれか。

① 準二次元不等流解析では、断面データ、流量、粗度係数等の基礎データをもとに、断面毎の水位や流速、河積などを求める。

② 一次元不等流解析では、時間的に一定の流量が流れる場合の水位や流速の縦断変化を求めるため横断面内の流速変化はないものとして計算する。

③ 河床勾配の小さな河川では、水面勾配の変化の影響が無視できないほど大きくなり、水位と流量の関係が水位の上昇期と下降期でループを描くことがある。

④ 洪水流出計算は、降雨による流出ハイドログラフのうち、短期流出成分を対象とした計算をいう。

⑤ マニングの平均流速公式によると、水路の平均流速は勾配の2乗に比例する。

【解説】マニングの平均流速公式は、流水の平均流速を求める最も標準的な経験式で、次の式で表される。

$$Q = A \cdot V$$

$$V = \frac{1}{n} \cdot R^{\frac{2}{3}} \cdot I^{\frac{1}{2}}$$

ここで、Q：流量（m^3/s）、A：流水の断面積（m^2）、V：流速（m/s）、n：粗度係数、R：径深（m）、I：勾配

したがって、水路の平均流速は勾配の1/2乗に比例する。

⑤の文は「水路の平均流速は勾配の2乗に比例する」としているため不適切。

【解答】⑤

【学習にあたってのキーワード】

準二次元不等流解析、一次元不等流解析、有効雨量、洪水流出の計算、流出ハイドログラフ、マニングの平均流速公式

【問題17】

河川堤防に関する次の記述のうち、最も不適切なものはどれか。

① 河川堤防の浸透に対する安全性照査のうち、非定常浸透流計算は、非定常の外力を与えて経時的に浸潤面の位置や水頭の変化を追跡するものである。

② 河川堤防の高さは、計画高水位に所要の余裕高を加算した高さとしている。

③ 河川堤防の浸透対策であるドレーン工は、堤防断面を拡幅し浸透経路長を長くする効果がある。

④ 高規格堤防の堤防上は、公園や道路、住宅等が整備され、親水空間や防災空間としての機能を発揮する。

⑤ 盛土による河川堤防ののり勾配は、堤防の高さと堤内地盤高との差が0.6メートル未満である区間を除き、50パーセント以下とする。

【解説】ドレーン工は、堤防の内部に浸透した水を速やかに排水するために、ドレーン部、フィルター部、堤脚水路で構成される、河川堤防の浸透対策の1つである。

　河川堤防における浸透対策の基本は、1）降雨あるいは河川水を堤防に浸透させないこと、2）浸透水は速やかに排水すること、3）堤防、特に裏のり尻部の強度を増加させること、4）堤防断面を拡幅し、浸透経路長を長くすること、の4つあるが、このうちドレーン工は、2）および3）を主眼とした強化工法である。

　③の文は「河川堤防の浸透対策であるドレーン工は、堤防断面を拡幅し浸透経路長を長くする効果がある」としているため不適切。

【解答】③

【学習にあたってのキーワード】

　河川堤防の浸透に対する安全性照査、非定常浸透流計算、水頭、河川堤防高さ、計画高水流量、計画高水位、ドレーン工、高規格堤防、河川堤防ののり勾配

【問題18】

防波堤に関する次の記述のうち、最も不適切なものはどれか。

① 直立堤は、基礎地盤が比較的堅固な場合に用いられる。

② 防波堤は、一般に構造上から直立堤、傾斜堤、混成堤、特殊形式の防波堤などに大別され、これらのうち混成堤が最も多く用いられている。

③ 混成堤は、捨石マウンド等の傾斜型構造物の上にケーソンやブロック等の直立型構造物が載せられたもの、あるいは直立壁に傾斜堤が載せられた堤防である。

④　越波をほとんど防ぎたい場合の防波堤の天端高は、朔望平均満潮面上の堤体前面の有義波高を0.6倍した高さとする。

⑤　消波工ののり面に使用される消波ブロックや捨石の安定重量は、ハドソン公式で与えられる。

【解説】防波堤の天端高は、港内の静穏度および背後港湾施設の保全を考慮して決定するが、通常は次の2つの方法によっている。

　　　a.　多少の越波を許せる場合には、朔望平均満潮面上の$0.6H_{1/3}$とする。

　　（$H_{1/3}$：堤体前面の有義波高）

　　　b.　越波をほとんど防ぎたい場合には、aの値を$1.25H_{1/3}$とする。

　　したがって、越波をほとんど防ぎたい場合の防波堤の天端高は、朔望平均満潮面上の堤体前面の有義波高を1.25倍した高さとしなければならないが、④の文は「越波をほとんど防ぎたい場合の防波堤の天端高は、朔望平均満潮面上の堤体前面の有義波高を0.6倍した高さとする。」としているため不適切。

【解答】④

【学習にあたってのキーワード】

　防波堤、直立堤、傾斜堤、混成堤、消波工、設計高潮位、消波ブロック、ハドソン公式

【問題19】

　河川の流出解析に関する次の記述のうち、最も不適切なものはどれか。

①　有効降雨の降雨全体に占める比率、すなわち有効雨量を総雨量で除した値は、流出率と呼ばれている。

②　河川流域の形状のうち羽状流域は、全体が細長い羽状をなすものであり、各支川の出水はほぼ同時に集中し、合流後のピーク流量が大きく洪水の継続時間は短い。

③　長期流出モデルには、タンクモデル、線形応答モデル、非線形応答モデル、補給能モデルなどのモデルがある。

④　一般に流域面積が大きくなると貯留効果が大きくなるため、合理式の線形仮定が成立しなくなる。

⑤　貯留関数法は、非線形モデルではあるが降雨流出現象の非線形特性を比較的単純な構造式で表現するために、貯留量と流出量との間に関数を仮定して、貯流量を媒介関数として降雨量から流出量を求めようとする方法である。

【解説】河川流域の形状は、羽状流域、放射状流域、平行状流域、複合流域などが

ある。羽状流域は、全体が細長い羽状をなすものであり、各支川の出水にずれがあるため、本川の洪水は比較的小さく洪水の継続時間は長い。一方、放射状流域は、流域が円形または扇形をなしており、支川が本川に向かって放射状に流入する。そのため各支川の出水はほぼ同時に集中し、合流後のピーク流量が大きく洪水の継続時間は短い。②の文は「……羽状流域は、……、各支川の出水はほぼ同時に集中し、合流後のピーク流量が大きく洪水の継続時間は短い。」としているため不適切。

【解答】②

【学習にあたってのキーワード】

有効降雨、有効雨量、流出率、河川流域の形状、羽状流域、流出モデル、タンクモデル、線形応答モデル、非線形応答モデル、補給能モデル、合理式、貯留関数法、貯留量

【問題20】

下図に示すように、壁面に小穴をあけて水を放流するオリフィスにおける流量Qのうち、最も近い値はどれか。ただし、小穴の中心から水槽水面までの高さ$z_A = 1.2$ m、水槽底面から小穴の中心までの高さ$z_B = 0.8$ m、基準面から小穴の中心までの高さ$z_C = 1.2$ m、小穴の断面積$a = 10$ cm^2、流量係数$C = 0.63$とする。

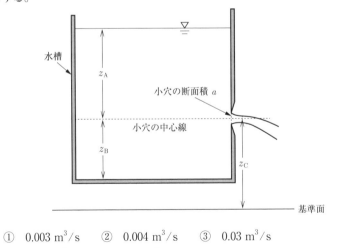

① 0.003 m^3/s ② 0.004 m^3/s ③ 0.03 m^3/s

④ 0.035 m^3/s ⑤ 0.04 m^3/s

【解説】オリフィスの面積をa、小穴の中心から水槽水面までの高さをh、流量係数をCとすると、オリフィスの流量Qは次式により求められる。

$$Q = C \times a \times \sqrt{2 \cdot g \cdot h}$$

ここで、$C = 0.63$、$a = 0.001$、$h = z_A = 1.2$ を代入すると

$$Q = 0.63 \times 0.001 \times \sqrt{2 \times 9.8 \times 1.2} = 0.0031 \text{ m}^3/\text{s}$$

したがって流量 Q のうち、最も近い値は①になる。

【解答】①

【学習にあたってのキーワード】

　オリフィス、ベルヌーイの定理、トリチェリーの定理、流量係数

【問題21】

　垂直に立てられた長方形の壁（平板）に水深 $h = 2$ m の静水圧が作用すると
き、奥行方向の単位幅あたり（奥行方向の幅 $b = 1$）の全水圧 P と、全水圧の
作用点の水面からの距離 H_C の組合せとして、最も適切なものはどれか。ただし、
水の密度を $\rho = 1,000$ kg/m^3、重力加速度を g $= 9.8$ m/s^2 とする。

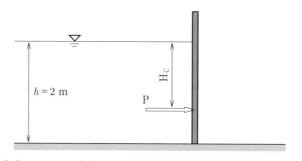

	全水圧 P	全水圧の作用点（水面からの距離 H_C）
①	P = 19.6 kN	$H_C = 1.33$ m
②	P = 19.6 kN	$H_C = 0.67$ m
③	P = 39.2 kN	$H_C = 1.33$ m
④	P = 39.2 kN	$H_C = 0.67$ m
⑤	P = 9.8 kN	$H_C = 1.33$ m

【解説】垂直に立てられた長方形の壁（平板）に作用する水圧Pは、三角形分布が
　幅方向に一様に分布するので、水の密度を ρ、重力加速度を g、水深 h、幅 b と
　すると、底面の圧力 P_0 は $P_0 = \rho \cdot g \cdot h$ なので、

$$P = \frac{1}{2} \cdot P_0 \cdot h \cdot b = \frac{1}{2} \cdot \rho \cdot g \cdot h^2 \cdot b = \frac{1}{2} \times 1000 \times 9.8 \times 2^2 \times 1$$

$$= 19600 \text{ N} = 19.6 \text{ kN}$$

　全水圧の作用点は、三角形部分の図心なので、水面からの距離は $H_C = \dfrac{2}{3} h$ と

なる。

$$H_C = \frac{2}{3} \cdot h = \frac{2}{3} \times 2 = 1.33 \text{ m}$$

以上より、全水圧Pと、全水圧の作用点の水面からの距離H_Cの組合せとして、最も適切なものは①になる。

【解答】①

【学習にあたってのキーワード】

静水圧、全水圧

【問題22】

海岸事業における養浜工に関する次の記述のうち、最も適切なものはどれか。

① 動的養浜は、漂砂の流出防止、波浪制御を目的とした付帯施設を伴うのが一般的である。

② 静的養浜は、漂砂環境を人工的に復元、創造するものであり、沿岸漂砂量の低減のために漂砂制御施設を設置する場合はあるが、基本的には付帯施設は伴わない。

③ 波浪制御施設（人工リーフ、潜堤、離岸堤等）の設置や、漂砂制御施設（ヘッドランド、離岸堤、突堤等）の設置は、動的養浜工に含まれる。

④ 沿岸漂砂の連続性を人工的に確保するサンドバイパスや、流出した土砂を回収してリサイクルするサンドリサイクルは、静的養浜工に含まれる。

⑤ 動的養浜は、連続した砂浜海岸の保全対策として用いるものであり、一連の漂砂系全体を対象とすることを基本とする。

【解説】静的養浜は、漂砂の流出防止、波浪制御を目的とした付帯施設を伴うのが一般的であり、付帯施設は、養浜の安定性、養浜の維持管理、周辺海岸への影響、付帯施設の工事費等を総合的に判断して決定する。一方、動的養浜は、漂砂環境を人工的に復元、創造するものであり、沿岸漂砂量の低減のために漂砂制御施設を設置する場合はあるが、基本的には付帯施設は伴わない。①と②の文は、それぞれ「静的養浜」と「動的養浜」が入れ替わっているため不適切。

波浪制御施設（人工リーフ、潜堤、離岸堤等）の設置や、漂砂制御施設（ヘッドランド、離岸堤、突堤等）の設置は、静的養浜工である。一方、沿岸漂砂の連続性を人工的に確保するサンドバイパスや、流出した土砂を回収してリサイクルするサンドリサイクルは、動的養浜工である。③と④の文は、それぞれ「静的養浜」と「動的養浜」が入れ替わっているため不適切。

⑤の内容は適切。

【解答】⑤

【学習にあたってのキーワード】

　動的養浜、静的養浜、漂砂、人工リーフ、潜堤、離岸堤、ヘッドランド、突堤、サンドバイパス、サンドリサイクル

【問題23】

　海の波に関する次の記述のうち、最も不適切なものはどれか。

①　不規則な波浪の時間記録から、個々の波を定義する方法のうち、水位が下降しながら平均水面を切る時刻から、次に同じように水面を切る時刻の間を1波とする方法をゼロアップクロス法という。

②　ゼロアップクロス法で定義した各波の波高を大きいものから並べて、上から全体の1/3に当たる個数を抽出して平均した値を有義波高という。

③　不規則波の場合には、ゼロアップクロス点の間隔が波長となる。

④　屈折や回折、反射、減衰などを伴わないで水深変化のみにより波高や波長などが変化する現象を浅水変形と呼んでいる。

⑤　離岸流は、波浪で生じる海浜流の一つで、海岸汀線から局地的に沖に向かって流れる潮流のことである。

【解説】不規則な波浪の時間記録から、個々の波を定義する方法のうち、水位が上昇しながら平均水面を切る時刻から、次に同じように水面を切る時刻の間を1波とする方法をゼロアップクロス法といい、逆に水位が下降しながら平均水面を切る時刻から、次に同じように水面を切る時刻の間を1波とする方法をゼロダウンクロス法という。

　①の文は「……、水位が下降しながら平均水面を切る時刻から、次に同じように水面を切る時刻の間を1波とする方法をゼロアップクロス法という」としているため不適切。

【解答】①

【学習にあたってのキーワード】

　ゼロアップクロス法、有義波高、波長、浅水変形、離岸流

【問題24】

　離岸堤に関する次の記述のうち、最も不適切なものはどれか。

①　離岸堤は、平面形状から連続堤と不連続堤に分類され、それぞれに不透過堤と透過堤がある。

②　離岸堤は、汀線から離れた沖側に汀線にほぼ平行に設置される防波堤形式の構造物である。

③ 離岸堤の基礎工は、捨石式を基本としている。

④ 離岸堤は、堤体による消波と開口部からの回折波、ならびにそれによって形成されるトンボロが一体となって侵食の阻止と消波効果を持つようになるため、堤長に比して1/2程度の開口部を持ち、施工性の容易な透過型の連続堤が多く用いられている。

⑤ 離岸堤は、消波または波高減衰を目的として設置されるものであり、沿岸漂砂量の減少を目的とするものではない。

【解説】 離岸堤の機能としては、1) 入射波のエネルギー減勢機能、2) 波高の減衰効果によって、波を侵食型から堆積型に変える機能、3) 波高の減衰効果による沿岸漂砂量の減少機能、そして2) と3) の効果によって、トンボロ（陸繋砂州）を形成し前浜の前進を図る機能がある。したがって⑤の「沿岸漂砂量の減少を目的とするものではない」というのは不適切。

【解答】 ⑤

【学習にあたってのキーワード】

離岸堤

【問題25】

河川の調査・計画に関する次の記述のうち、最も不適切なものはどれか。

① 河川の維持流量は、河川が本来持っている機能のうち、舟運、漁業、景観、河川管理施設の保護、地下水位の維持などを総合的に考慮し、渇水時において維持すべきであるとして定められた流量のことである。

② 正常流量は、利水基準点における維持流量と水利流量を加えた流量であって、適正な河川管理のために定めるものである。

③ 河状係数の値が大きいほど、流量が安定し利用価値が高く、小さいほど利用価値が低いことを示す。

④ 計画降雨は、計画基準点ごとに定め、降雨量、降雨量の時間分布、および降雨量の地域分布の3つの要素で表す。

⑤ 洪水流出の計算法には、合理式法などのような流出量の最大値を推定する経験公式によるものと、降雨による流出ハイドログラフを推定するものとがある。

【解説】 河状係数は、河川の年間最大流量と最小流量の比をいう。河状係数の値が小さいほど、流量が安定し利用価値が高く、大きいほど利用価値が低いことを示す。③の文は「値が大きいほど、流量が安定し利用価値が高く、小さいほど

利用価値が低い」としているため不適切。

【解答】③

【学習にあたってのキーワード】

維持流量、正常流量、河状係数、計画降雨、洪水流出の計算法

【問題26】

砂防に関する次の記述のうち、最も不適切なものはどれか。

① 河床堆積物流出防止ダムは、河床に堆積した崩壊土砂や土石流堆積物などの不安定な土砂の流出を防止することを目的とする砂防ダムである。

② 急傾斜地は、傾斜度が30度以上である土地をいう。

③ 杭工は、地すべり防止工の分類で抑制工に含まれる工法の1つであり、鋼管杭やH鋼杭などを地すべり地帯に打設するものをいう。

④ 地盤伸縮計は、計測器と測定したい場所の間にインバー線を張り、この引張量を計測して斜面の安定性を確認する。

⑤ 計画超過土砂量は、計画基準点ごとに計画流出土砂量から計画許容流砂量を差し引いた土砂量をいう。

【解説】地すべり防止工は、地すべり地の地形、地下水の状態などの自然条件を変化させることにより、地すべり運動を停止または緩和させる抑制工と、構造物を設けることによって構造物の抵抗力を利用し、地すべり運動の一部または全部を停止させる抑止工とに大別できる。杭工は、地すべり防止工の分類で抑止工に含まれる工法の1つである。③の文は「抑制工に含まれる工法」としているため不適切。

【解答】③

【学習にあたってのキーワード】

河床堆積物流出防止ダム、急傾斜地、杭工、地盤伸縮計、計画超過土砂量

【問題27】

河川の水理・水文解析に関する次の記述のうち、最も不適切なものはどれか。

① 降雨流出解析の一手法である合理式法は、流域面積が大きくなると線形仮定が成立しなくなるので注意をする必要がある。

② 流出係数は、河川流域や下水道排水区域に降った雨のピーク流出量を合理式により算定する際に用いられる。

③ 流出解析において有効降雨が的確に得られるような算定方法の選択は、流出モデルの選択と同様に慎重に行う必要がある。

④ マニング式においては、代表長さとして径深が、摩擦損失係数として粗度係数がそれぞれ用いられている。

⑤ 一般に河川の鉛直方向の流速分布は、河床から少し離れると急に増し、水面に近づくにつれて大きくなって、表面で最大となる。

【解説】河川などの開水路の流速分布は、水の粘性や渦粘性と周辺の状況によって生じる。河川の鉛直方向の流速分布を示す曲線を、縦流速曲線あるいは垂直流速曲線といい、次の図のようになる。

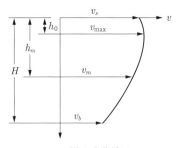

縦流速曲線図

H：水深、v_s：表面流速、v_{max}：最大流速、v_m：平均流速、
h_0：最大流速を生じる水深、h_m：平均流速を生じる水深

これらの間にはだいたい、次のような関係があるとされている。

$$h_m / H \fallingdotseq 0.6 \qquad h_0 / H = 0 \sim 0.25 \qquad v_m / v_s = 0.75 \sim 0.90$$

実務的には表面を最大流速として扱っているが、実際の水面は、空気抵抗によって流速が最大にはならず、水面のやや下が最大流速となる。⑤の文は「一般に河川の鉛直方向の流速分布は、……、表面で最大となる」としているため不適切。

【解答】⑤

【学習にあたってのキーワード】

合理式法、流出係数、有効降雨、マニング式、径深、粗度係数、流速分布

【問題28】

河川堤防に関する次の記述のうち、最も不適切なものはどれか。

① バック堤方式は、合流点付近に逆流防止施設を設けて本川の背水が支川に及ぶのを遮断できる機能を有した支川処理の方式である。

② 霞堤は、上流側を堤外地に下流側を堤内地に向けて、それぞれの側を地形に応じ少し延長して、重複して造る不連続な堤防である。

③　導流堤は、水位の異なる河川や海または湖に注ぐ場合、流れを整えて水流を導く目的で設けられる堤防である。

④　越流堤は一般に、水の流れによって破損しないように、溢れる部分の表面をアスファルトやコンクリートで補強する。

⑤　ドレーン工の効果が確実に期待できる堤体土質は、大部分が透水係数の大きい砂質土で構成される場合である。

【解説】支川処理方式には、1）バック堤方式、2）セミバック堤方式、3）自己流堤方式がある。バック堤方式は、本川のバックウォーターの影響範囲区間を本川の堤防と同じ高さに築堤して、支川から洪水があふれないようにする支川処理の方式である。セミバック堤方式は、合流点付近に逆流防止施設を設けて本川の背水が支川に及ぶのを遮断できる機能を有した支川処理の方式である。また、自己流堤方式は、合流点に逆流防止水門と排水施設を設け、本川水位が支川へ及ぶのを遮断できる場合で、かつ支川の計画堤防高を本川の背水位とは無関係に支川の計画高水位に対応する高さとする支川処理の方式である。

①の文は、セミバック堤方式の内容を「バック堤方式は、……」としているため不適切。

【解答】①

【学習にあたってのキーワード】

バック堤方式、支川処理の方式、堤防の種類、霞堤、導流堤、越流堤、ドレーン工

【問題29】

海岸に関する次の記述のうち、最も不適切なものはどれか。

①　離岸堤は、平面形状から連続堤と不連続堤に分類され、それぞれに不透過堤と透過堤がある。

②　養浜は、海岸に砂を足したり突堤を築いて砂をためたりするなど、人工的な手段によって海浜に土砂を供給して海浜の維持や造成を図ることである。

③　リーフ工法は、越波の軽減や沿岸漂砂量の減少、堆砂による汀線の前進ならびに海浜の安定化等を図る目的で設置する消波構造物で、天端幅が広い潜堤をいう。

④　海岸堤防の天端高は、設計高潮位に来襲波に対する必要高と余裕高を加えた高さとしている。

⑤　高潮発生の主な要因は、台風や低気圧の中心付近の空気が海水を吸い上げて海面が上昇する「吸い上げ効果」と、港内などにおける海面の「副振動現象効果」の2つがある。

【解説】高潮は、台風や発達した低気圧が通過するときに、海面（潮位）が異常に高くなる現象をいう。高潮発生の主な要因は「吸い上げ効果」と「吹き寄せ効果」の2つが挙げられるが、これら以外にも高潮を発達させる要因として、1）波浪による海面上昇、2）台風に伴う高波の発生、3）港内などにおける海面の副振動現象、4）天文潮における満潮、などがある。⑤の文は『高潮発生の主な要因は、……「吸い上げ効果」と、……「副振動現象効果」の2つがある。』としているため不適切。

【解答】⑤

【学習にあたってのキーワード】

離岸堤、養浜、突堤、リーフ工法、沿岸漂砂量、潜堤、海岸堤防、設計高潮位、高潮

【問題30】

水の流れに関する次の記述のうち、最も不適切なものはどれか。

① フルード数が1より大きい場合は、流速が波の進行速度より小さい常流となり、1より小さい場合は、流速が波の進行速度より大きい射流となる。

② 流速が時間と関係なく一定である定常流のうち、流れの状態が場所によって変化しない流れを等流という。

③ 洪水流や感潮河川の流れなどのように、流量が時間的に変化する流れを不定流という。

④ 流体が規則正しく流線上を運動している流れを層流という。

⑤ 層流と乱流を分けるレイノルズ数を、臨界レイノルズ数という。

【解説】フルード数は、流体の自由表面近くの運動を特性づける無次元数で、その運動に伴う速度 v を $\sqrt{gh}$ （gは重力加速度、hは水深）で割った値である。

　フルード数は、流速と波の進行速度の比を表しており、1より大きい場合は流速が波の進行速度より大きい射流となり、1より小さい場合は流速が波の進行速度より小さい常流となる。

　①の文は「フルード数が1より大きい場合は、流速が波の進行速度より小さい常流となり、1より小さい場合は、流速が波の進行速度より大きい射流となる。」としているため不適切。

【解答】①

【学習にあたってのキーワード】

フルード数、波速、射流、常流、限界流、等流、不等流、定流、不定流、層流、乱流、レイノルズ、臨界レイノルズ数

【問題31】

ピトー管に関する次の記述のうち、最も不適切なものはどれか。なお、ρ は水の密度である。

① ピトー管は、二重になった管を基本構造として、内側の管は先端部分に、外側の管は側面にそれぞれ穴が空いている。

② 先端にある内側の管は、よどみ点であり静圧がかかり、側面にある外側の管は流れの影響を受けないため総圧がかかる。

③ 総圧から静圧を引いた動圧を測定し、ベルヌーイの式を適用することで流体の速度を求めることができる。

④ 静圧を P_s とすると、総圧は $\dfrac{1}{2}\rho V^2 + P_s$ になる。

⑤ 動圧を P_d とすると、流体の速度は $\sqrt{\dfrac{2 \cdot P_d}{\rho}}$ になる。

【解説】ピトー管の先端にある内側の管は、よどみ点であり<u>総圧</u>がかかり、側面にある外側の管は流れの影響を受けないため<u>静圧</u>がかかる。

　　②の文は「先端にある内側の管は、よどみ点であり<u>静圧</u>がかかり、側面にある外側の管は流れの影響を受けないため<u>総圧</u>がかかる。」としているため不適切。

【解答】②

【学習にあたってのキーワード】

ピトー管、静圧、総圧、動圧、ベルヌーイの式

【問題32】

砂防施設に関する次の記述のうち、最も不適切なものはどれか。

① 土石流を捕捉し減勢させることを目的とした砂防えん堤の越流部における下流ののり勾配は、一般に1：0.2とする。

② 導流工の計画に当たっては、流出土砂の粒径などを十分に検討し、導流工内で堆積が生じて越流やはん濫が起こらないようにしなければならない。

③ 床固工には上下流に落差を生じさせるものと、生じさせないものがあり、落差のあるものを帯工という。

④ 地すべり防止工は、地すべり運動を停止または緩和させる抑制工と、構造物を設けることによって構造物の抵抗力を利用し、地すべり運動の一部または全部を停止させる抑止工とに大別できる。

⑤ 地すべり防止施設としての抑止工には、杭工やシャフト工、アンカー工等がある。

【解説】床固工（床止め）は、縦浸食を防止して河床の安定を図り、河床堆積物の流出を防止し、山脚を固定するとともに、護岸等の構造物の基礎を保護することを目的に、河川を横断して設けられる工作物をいう。床固工には上下流に落差を生じさせるものと、生じさせないものがあり、前者を落差工、後者を帯工という。帯工は、単独床固工の下流あるいは流路工や連続した床固工の設置間隔が大きいところで、局所的な洗掘や護岸の吸い出しによる縦浸食の発生、あるいはそのおそれがあるところに計画する。

　③の文は「落差のあるものを帯工という」としているため不適切。

【解答】③

【学習にあたってのキーワード】

砂防ダム（砂防えん堤）、導流工、床固工、帯工、落差工、地すべり防止工、抑制工、抑止工、杭工、シャフト工、アンカー工

【問題33】

円形断面の管路流れの損失水頭に関する次の記述のうち、最も不適切なものはどれか。

① 摩擦による損失水頭は、断面平均流速に比例して大きくなる。

② 摩擦による損失水頭は、管路の長さに比例して大きくなる。

③ 摩擦による損失水頭は、管径に比例して小さくなる。

④ 管路の変化や曲がり、弁などのある点では流れが乱されてエネルギーの損失が生じる。

⑤ 損失水頭の変化率を（損失水頭／管延長）で表し、これを導水勾配という。

【解説】円管内定常流の管壁による摩擦損失は、次のダルシー・ワイスバッハの式で与えられる。

$$H_f = f \frac{L}{D} \cdot \frac{V^2}{2g}$$

ここに、

H_f：摩擦による損失水頭（国際単位系：m）

L：管路の長さ（m）

D：管径（m）

V：断面平均流速（配管断面の湿潤面積当たりの体積流量に一致する）（m/s）

g：重力加速度（m/s²）

f：無次元の摩擦損失係数

この式より、摩擦による損失水頭は、断面平均流速の2乗に比例して大きくなることがわかる。①の文は「摩擦による損失水頭は、断面平均流速に比例して大きくなる。」としているため不適切。

【解答】①

【学習にあたってのキーワード】

　損失水頭、摩擦による損失水頭、摩擦以外の損失水頭、導水勾配

【問題34】

　単一管路の定常流に関する次の記述のうち、最も不適切なものはどれか。

①　水頭には、圧力水頭、速度水頭、位置水頭などの他に、各種の損失水頭がある。

②　管水路の流れの方向は、管両端の高低差によって決まる。

③　管路のエネルギーの損失は、ほとんどが速度水頭に比例する。

④　有効応力がゼロになるときの動水勾配を、限界動水勾配という。

⑤　管水路の流速・流量は、途中における各損失の和が両端における水頭差に等しくなるような値になる。

【解説】水の流れはエネルギー線の高低によるので、管水路の流れの方向は、管の高低に関係なく両端の水頭差によって決まる。

　　②の文は「管水路の流れ方向は、管両端の高低差によって決まる」としているため不適切。

【解答】②

【学習にあたってのキーワード】

　水頭、圧力水頭、速度水頭、位置水頭、損失水頭、動水勾配、限界動水勾配

【問題35】

　河川堤防に関する次の記述のうち、最も不適切なものはどれか。

①　河川堤防への浸透に対する対策工法であるドレーン工の効果が確実に期待できる堤体土質は、大部分が透水係数の大きい砂質土で構成される場合である。

②　河川堤防の浸透対策である表のり面被覆工法は、高水位時の河川水の表のりから堤体への浸透を抑制する効果がある。

③　河川堤防の余裕高は、堤体の高さに応じて定められた値以上の高さとする。

④　盛土による堤防ののり勾配は、堤防の高さと堤内地盤高との差が0.6メートル未満である区間を除き、50パーセント以下とするものとする。

⑤　高潮の影響を受ける区間の堤防ののり面、小段、天端は、必要に応じてコンクリートその他これに類するもので被覆する。

【解説】河川堤防の高さは、計画高水流量に応じて定められた余裕高を計画高水位に加算した高さとしている。③の文は「河川堤防の余裕高は、堤体の高さに応じて定められた値以上の高さとする」としているため不適切。

【解答】③

【学習にあたってのキーワード】
　ドレーン工、表のり面被覆工法、河川堤防の余裕高、堤防ののり勾配、のり面被覆工

【問題36】

　ベルヌーイの定理ならびに水頭に関する次の記述のうち、最も不適切なものはどれか。ただし、zは位置水頭（m）、pは管中心部の圧力（Pa）、vは断面平均流速（m/s）、ρは流体の密度（kg/m³）、gは重力加速度（m/s²）である。

① ベルヌーイの定理は、完全流体の定常流においてのみ成り立つエネルギー保存則の1つである。

② ベルヌーイの定理を式で表すと、$\dfrac{p}{\rho g} + z + \dfrac{v^2}{2g} = $ 一定　となる。

③ 圧力水頭と速度水頭を足したものをピエゾ水頭という。

④ $v^2 \div (2g)$ を速度水頭という。

⑤ 動水勾配線は、ピエゾ水頭を連ねた等ポテンシャル線と言い換えることができる。

【解説】全水頭から速度水頭を除いた、位置水頭と圧力水頭の和のことをピエゾ水頭という。③の文は「圧力水頭と速度水頭を足したものをピエゾ水頭」としているため不適切。

【解答】③

【学習にあたってのキーワード】
　ベルヌーイの定理、水頭、速度水頭、位置水頭、圧力水頭、動水勾配

【問題37】

砂防に関する次の記述のうち、最も不適切なものはどれか。

① 排土工は最も確実な効果が期待できる工法であり、上方斜面の地すべりの規模が大きい場合や、上方斜面の潜在的な地すべりを誘発する可能性がある場合でも適用できる。

② 土石流対策ダムは、土石流を抑止あるいは抑制することを目的とする砂防ダムをいう。

③　地表水排除工は、地すべり防止工における抑制工の1つで、降雨の浸透や湧水、沼、水路等からの再浸透によって地すべりが誘発されるのを防止するための工法をいう。

④　地下水排除工は、地すべり防止工における抑制工の1つで、地すべり地域内に流入する地下水および地域内にある地下水を排除することによって、地すべり土塊内部の間隙水圧を低下させるための工法である。

⑤　シャフト工は、地すべり防止工における抑止工の1つで、径2.5～6.5 mの縦杭を不動土塊まで掘り、これに鉄筋コンクリートを充填したシャフトをもって杭に代える工法である。

【解説】排土工は最も確実な効果が期待できる工法であり、一般に中小規模の地すべり防止工として用いられるが、上方斜面の地すべりの規模が大きい場合や、上方斜面の潜在的な地すべりを誘発する可能性がある場合は適用できない。

①の文は「上方斜面の地すべりの規模が大きい場合や、上方斜面の潜在的な地すべりを誘発する可能性がある場合でも適用できる」としているため不適切。

【解答】①

【学習にあたってのキーワード】

　排土工、土石流対策ダム、地表水排除工、地下水排除工、シャフト工

【問題38】

　陸水と海水の境界領域である河口域における河口密度流に関する次の記述のうち、最も不適切なものはどれか。

①　緩混合型の河口密度流は、潮汐の影響がある程度大きくなると、海水と河水の混合が比較的よく行われ、流下方向にも水深方向にも密度勾配を生じる。

②　弱混合型の河口密度流は、潮汐が弱く河川流量が相対的に大きい場合に、海水は上層の河水との間に明瞭な境界面を形成して、くさび状に河道内に入り込む塩水くさびといわれるものが生じる。

③　強混合型の河口密度流は、河川流量が小さく潮汐の影響がきわめて大きい場合に、海水と河水はよく混合して鉛直方向の密度差がほとんどなくなり、塩分濃度は水平方向のみの変化となる。

④　弱混合型の河口密度流は、日本海側の河川に多く、河口二層流ともいわれる。

⑤　太平洋側の河口密度流は一般に強混合型の形式である。

【解説】太平洋側の河口密度流は一般に緩混合型の形式である。⑤の文は「強混合型」としているため不適切。

【解答】⑤

【学習にあたってのキーワード】

河口密度流の形式

【問題39】

河川の水理解析に関する次の記述のうち、最も不適切なものはどれか。

① フルード数は、流体の自由表面近くの運動を特性づける無次元数で、流速と波の進行速度の比を表しており、フルード数が1より小さい場合は流速が波の進行速度より小さい常流となる。

② 洪水流や感潮河川の流れなどのように、流量が時間的に変化する流れは不定流であり、このような流れの解析には不定流計算が使用される。

③ 勾配と断面が一様な水路において、流下距離が十分長くなると、水深が一定な状態になる。このような状態を等流状態と呼んでいる。

④ 水深が限界水深より大きい場合は射流となり、小さい場合は常流となる。

⑤ マニングの平均流速公式によると、開水路の平均流速は径深の2/3乗に比例する。

【解説】限界水深は、流量が一定のときに比エネルギーを最小にする水深のことである。すなわち限界水深は、最も効率的に流れる水深と言い換えることができる。水深が限界水深より大きい場合は常流となり、小さい場合は射流となる。④の文は「水深が限界水深より大きい場合は射流となり、小さい場合は常流となる。」として、「常流」と「射流」が逆になっているため不適切。

【解答】④

【学習にあたってのキーワード】

フルード数、洪水流、感潮河川、不定流計算、等流状態、限界水深、射流、常流、マニングの平均流速公式、径深

【問題40】

海岸付近の波・流れ現象に関連する次の記述のうち、最も不適切なものはどれか。

① 波の屈折現象を支配する方程式は、光の場合と同じくスネルの法則である。

② 海岸構造物に働く抗力は、波の速度（接近流速）の2乗に比例する。

③ 離岸流は、波浪で生じる海浜流の一つで、海岸汀線から局地的に沖に向かって流れる潮流のことである。

④　浅水変形は、水深が浅くなることの影響によって沖から進入した波の波高、波速、波長が変化していく現象である。

⑤　有義波周期は、観測で得られた波の周期の長いほうから10分の1の平均値として定義される。

【解説】有義波周期は、ゼロアップクロス法で定義した各波の波高を、大きいほうから数えて1/3の数の波を選び出して、その平均値の周期をいう。⑤の文は、「周期の長いほうから10分の1の平均値として定義される」としているため不適切。

【解答】⑤

【学習にあたってのキーワード】

スネルの法則、海岸構造物に働く抗力、離岸流、浅水変形、有義波周期

【問題41】

砂防計画に関する次の記述のうち、最も不適切なものはどれか。

①　砂防基本計画は、流域における土砂の生産及びその流出や、土砂とともに流出する流木等による土砂災害を防止することによって、望ましい環境の確保と河川の治水上、利水上の機能の保全を図るために策定する。

②　土石流・流木対策計画は、豪雨、地震等の誘因によって生産された土砂及び流木が、洪水によって流木とともに下流に流され、河川の治水利水機能が失われることを防止するための計画である。

③　計画流出調節土砂量には、一般に砂防えん堤等の施設に固定的に貯留された土砂の安定勾配と洪水時に想定される土砂の堆砂勾配との間の容量を見込む必要がある。

④　計画流出抑制土砂量には、砂防えん堤等の施設に固定的に貯留できる土砂量のうち未堆砂の容量を見込む。

⑤　土砂生産抑制計画は、土砂の一次生産源である山地及び二次生産源である河道を対象に策定する。

【解説】土石流・流木対策計画とは、土石流及び土砂とともに流出する流木等による民家・公共施設等への直接的な被害の防止を目的として策定する計画である。一方、流砂調整・流木対策計画とは、豪雨、地震等の誘因によって生産された土砂及び流木が、洪水によって流木とともに下流に流され、河川の治水利水機能が失われることを防止するための計画である。

②の文は、「流砂調整・流木対策計画」の内容を「土石流・流木対策計画

は、」としているため不適切である。

【解答】②

【学習にあたってのキーワード】

　　砂防基本計画、土石流・流木対策計画、計画流出調節土砂量、砂防えん堤、
　　計画流出抑制土砂量、土砂生産抑制計画

5.5 「港湾及び空港」の問題

【問題1】※令和3年度試験　関連問題

港湾施設の防波堤に関する次の記述のうち、最も不適切なものはどれか。

① 直立堤は、基礎地盤が比較的堅固な場合や、堤防・護岸用地が容易に得られない場合などに用いられる。

② 混成堤は捨石部の上に直立壁を設けたもので、港内を静穏に保つための防波メカニズムは、波高に比べ、捨石天端水深が浅いときは傾斜堤に近く、深いときは直立堤に近くなる。

③ 消波ブロックは、波の打ち上げ高さや越波量を少なくし、波のエネルギーを軽減する目的で、海岸堤防や防波堤の前面に設けられる。

④ 傾斜堤は、基礎地盤が比較的軟弱な場合や、堤防用地や堤体土砂が容易に得られる場合などに用いられる。

⑤ 混成堤直立部などの直立壁に作用する最大波力及びそのときの揚圧力は、一般的にハドソン式で算定する。

【解説】　防波堤などの海岸保全施設の直立壁に作用する波は、重複波と砕波の2つの形が考えられ、合田式はこの2つの形を区別することなく適用できるもので、重複波と砕波の領域の波圧が連続的に求められる。混成堤直立部などの直立壁に作用する最大波力及びそのときの揚圧力は、一般的に合田式で算定する。

　　一方、ハドソン公式は、捨石構造の防波堤の表斜面（のり面）に作用する波力について、ハドソンが求めた波圧公式をいう。のり面における表面捨石等の所要重量は、原則としてハドソン公式により算定する。

　　⑤の文は「混成堤直立部などの直立壁に作用する最大波力及びそのときの揚圧力は、一般的にハドソン式で算定する。」としているため不適切。

【解答】　⑤

【学習にあたってのキーワード】

　　直立堤、混成堤、消波ブロック、傾斜堤、ハドソン式、合田式

【問題2】

港湾計画に関する次の記述のうち、最も不適切なものはどれか。

① 基本水準面は略最低低潮面に相当するもので、海底水深はこの基本水準面からの深さをメートルで表している。

---

② 既往最高潮位面は、ある地点で過去に生じた水位のうち、最高の水位面である。

③ 外郭施設の計画にあたっては、水域施設及び係留施設との関係や、築造後の周囲の地形、施設、水質などに与える影響並びに港湾の将来の発展方向などを考慮する必要がある。

④ 朔望平均干潮面は、朔望（満月、新月）の日から前2日、後4日以内に現れる各月の最低干潮面を平均した水面である。

⑤ 通常、バースの水深は満載喫水に余裕水深として、満載喫水の0.3倍を加算して定められる。

【解説】通常、バースの水深は、満載喫水に余裕水深として船型に応じ0.5〜1.5 mを加算して定められる。⑤の文は「余裕水深として、満載喫水の0.3倍を加算して定められる」としているため不適切。

【解答】⑤

【学習にあたってのキーワード】

基本水準面、既往最高潮位面（H.H.W.L.）／既往最低潮位面（L.L.W.L.）、外郭施設、朔望（さくぼう）平均満潮面（H.W.L.）／朔望（さくぼう）平均干潮面（L.W.L.）、バース

【問題3】

空港の滑走路に関する次の記述のうち、最も不適切なものはどれか。

① 滑走路長は、標高が300 m上昇するごとに7%長くする。

② 滑走路長は、滑走路の勾配が離陸方向が上り勾配の場合に補正する。

③ 離陸距離は着陸距離より短く、一般に離陸距離から滑走路長が決定されることは少ない。

④ 離陸距離を決定する臨界速度とは、離陸滑走中にエンジンの停止が起こった際に、離陸を続行するか停止するかを選択する速度のことである。

⑤ 加速停止距離は、航空機が離陸滑走中において速度が臨界速度に達する前に、エンジンが1基停止した場合に、直ちに離陸を中断し減速して停止するまでの、離陸開始点から停止点までの水平距離をいう。

【解説】着陸距離は離陸距離より短く、一般に着陸距離から滑走路長が決定されることは少ない。③の文は「離陸距離は着陸距離より短く、一般に離陸距離から滑走路長が決定されることは少ない」としているため不適切。

【解答】③

【学習にあたってのキーワード】

　滑走路長

【問題4】

港湾に関する次の記述のうち、最も不適切なものはどれか。

① 基本水準面（C.D.L.）は、海図に示されている水深の基準面をいい、港湾工事用基準面はこの基本水準面と一致させるように定められている。

② ケーソン式混成堤は、ケーソンと呼ばれる鉄筋コンクリート製の箱を直立部に使用し、中に砂やコンクリートなどを詰め、上部にコンクリートを打設したものである。

③ 係船浮標は、海底にコンクリートブロックや錨をアンカーとし、海面に浮かべた浮標を係船施設としたものをいい、はしけ荷役などに用いられることもある。

④ 傾斜堤ののり勾配は、堤体及び捨石、ブロックの安定により決めるが、捨石の場合は港外側1：2程度、港内側1：1.5程度の事例が多い。

⑤ 桟橋式係船岸は、構造が他の係船岸の形式に比べて軽量であるため、軟弱地盤に建設するのは困難である。

【解説】桟橋式係船岸は、構造が他の係船岸の形式に比べて軽量であり、かつ脚柱によって堅固な地盤に荷重を伝えることができるため、軟弱地盤にも建設が可能である。⑤の文は「軟弱地盤に建設するのは困難である」としているため不適切。

【解答】⑤

【学習にあたってのキーワード】

　基本水準面、ケーソン式混成堤、係船浮標、傾斜堤の設計、桟橋式係船岸

【問題5】

港湾計画に関する次の記述のうち、最も不適切なものはどれか。

① 突堤式埠頭は、限られた陸岸の延長に比較して、多くの水際線利用が可能となる長所を持つが、埠頭用地を十分確保することができない。

② 港湾における荷役機械の荷役能力は、一般に船舶側が岸壁側より大きい。

③ 平行式埠頭の埠頭用地については、少なくとも岸壁背後に150～200 m程度の幅をもった用地を計画しているところが多い。

④ 泊地は、安全な停泊、円滑な操船および荷役を図るため、静穏かつ十分な広さを有していなければならない。

⑤　東京湾平均海面（T.P.）は絶対的な基準であるが、基本水準面は各地点
　　ごとに定められるもので、付近海域の潮汐の特性に応じて場所ごとに異なる。

【解説】港湾における荷役機械の荷役能力は、一般に岸壁側が船舶側より大きい。
　②の文は「一般に船舶側が岸壁側より大きい」としているため不適切。

【解答】②

【学習にあたってのキーワード】

突堤式埠頭、荷役機械、平行式埠頭、泊地、基本水準面

【問題6】

空港のコンクリート舗装に関する次の記述のうち、最も適切なものはどれか。

①　飛行場の無筋コンクリート舗装におけるコンクリート版の最小厚は25 cm
　　としている。

②　飛行場のプレストレストコンクリート舗装の路盤の設計支持力係数は、
　　K_{75}値で49.1 N/cm^{3}以上とすることが望ましいとされている。

③　飛行場の無筋コンクリート舗装の路盤の設計支持力係数は、K_{75}値で68.7
　　N/cm^{3}を標準とし、コンクリート版厚は設計荷重と設計反復作用回数の
　　各区分に対して決められる。

④　飛行場の連続鉄筋コンクリート舗装のコンクリート版の最小厚は、30 cm
　　としている。

⑤　飛行場のコンクリート舗装は、一般にはジェット機の就航する空港の滑
　　走路など、大きな衝撃荷重が加わる箇所の舗装に用いられている。

【解説】飛行場の無筋コンクリート舗装におけるコンクリート版の最小厚は15 cm
としている。①の文は「最小厚は25 cmとしている」としているため不適切。

　飛行場のプレストレストコンクリート舗装の路盤の設計支持力係数は、K_{75}
値で68.7 N/cm^{3}以上とすることが望ましいとされている。②の文は「K_{75}値で
49.1 N/cm^{3}以上」としているため不適切。

　飛行場の連続鉄筋コンクリート舗装のコンクリート版の最小厚は、20 cmと
している。④の文は「最小厚は、30 cmとしている」としているため不適切。

　飛行場のコンクリート舗装は、一般にはジェット機の就航する空港のエプロ
ンなど、大きな輪荷重が長時間停止あるいは緩速走行する区域の舗装に用いら
れている。⑤の文は「空港の滑走路など、大きな衝撃荷重が加わる箇所の舗装
に用いられている」としているため不適切。

　③の文が最も適切。

【解答】③

【学習にあたってのキーワード】

飛行場のコンクリート舗装

【問題7】

港湾施設に関する次の記述のうち、最も不適切なものはどれか。

① 防波堤は、構造上から直立堤、傾斜堤、混成堤、ならびに空気防波堤や浮防波堤、鋼製防波堤などの特殊形式の防波堤に大別されるが、これらのうち傾斜堤が最も多く用いられている。

② 平行式埠頭は、陸岸に平行に船舶を係留させる埠頭をいい、埠頭用地を十分確保でき陸上交通と円滑な連絡を図りやすいという長所がある。

③ 突堤式埠頭は、限られた陸岸の延長に比較して、多くの水際線利用が可能となる長所を持つが、埠頭用地を十分確保することができない。

④ 離岸堤は、消波または波高減衰を目的とし、汀線から離れた沖側に、汀線にほぼ平行に設置される防波堤形式の構造物をいう。

⑤ 傾斜堤は比較的水深の浅い場所に造られることが多いので、堤内を透過する漂砂あるいは天端を越える砂によって港内が埋没することのないよう注意する。

【解説】防波堤は、一般に構造上から、1) 直立壁を海底に設置した直立堤、2) 割石やコンクリートブロックを台形に積んだ傾斜堤、3) 捨石マウンド上に直立部を設けた混成堤、4) 空気防波堤や浮防波堤、鋼製防波堤などの特殊形式の防波堤、に大別され、これらのうち混成堤が最も多く用いられている。①の文は「傾斜堤が最も多く用いられている」としているため不適切。

【解答】①

【学習にあたってのキーワード】

防波堤、平行式埠頭、突堤式埠頭、離岸堤、傾斜堤

【問題8】

港湾に関する次の記述のうち、最も不適切なものはどれか。

① 重力式係船岸は、壁体自体が比較的強固で、耐久性があり、ブロック式などのプレキャストコンクリート部材を使用する場合に施工が容易であるため、水深の深い場合によく用いられる。

② セル式係船岸のうち、鋼矢板セル式係船岸と鋼板セル式係船岸の大きく異なる点は、根入れ長と継手の有無である。

③　突堤式埠頭の埠頭用地は、少なくとも突堤の幅員として200〜350m程度、突堤基部に100〜200m程度の幅をもった用地を計画しているところが多い。

④　バースの長さや水深は、対象船舶の諸元に応じて決められる。

⑤　矢板式係船岸は、矢板背面の土圧を、タイロッドによる控え工と根入部前面の受働土圧によって支える構造であり、施工設備が比較的簡単で施工も容易、地震に対して有利であるなどの反面、裏込め及び控え工のない状態では波浪に弱い、腐食しやすいなどの欠点がある。

【解説】重力式係船岸は、壁体自体は比較的強固で、耐久性があり、ブロック式などのプレキャストコンクリート部材を使用する場合に施工が容易である反面、水深が深くなると経済的に不利になることもあるため、水深の浅い場合によく用いられる。①の文は「水深の深い場合によく用いられる」としているため不適切。

【解答】①

【学習にあたってのキーワード】

　重力式係船岸（重力式岸壁）、セル式係船岸、突堤式埠頭、バース、矢板式係船岸

【問題9】

空港に関する次の記述のうち、最も不適切なものはどれか。

①　取付誘導路は、平行誘導路と滑走路の最末端、平行誘導路とエプロン、滑走路とエプロンなどを結ぶ誘導路であり、通常滑走路に対して直角に取り付けられる。

②　滑走路の向きは、できるだけその場所での卓越風向に沿った方位にする。

③　滑走路面のグルービングは、排水をよくすることにより雨天時の航空機離着陸の際に発生しやすいハイドロプレーニング現象を抑制する効果がある。

④　気温が高いときの離陸距離は、その他の条件が同じ場合、気温が低いときの離陸距離に比べて短くなる。

⑤　着陸帯は、特定の方向に向かって行う航空機の離陸又は着陸の用に供するため設けられる空港その他の飛行場内の矩形部分のことである。

【解説】滑走路長は、必要となる離陸距離あるいは加速停止距離に、標高（300m上昇するごとに7%長くする）、気温（標準大気温度から1℃高くなるごとに1%長くする）、滑走路勾配（離陸方向が上り勾配の場合に補正する）等による補正を行って決定する。すなわち、気温が高いときの離陸距離は、その他の条件が同じ場合、気温が低いときの離陸距離に比べて長くなる。④の文は「気温が

高いときの離陸距離は、その他の条件が同じ場合、気温が低いときの離陸距離に比べて短くなる。」としているため不適切。

【解答】④

【学習にあたってのキーワード】

取付誘導路、平行誘導路、滑走路、エプロン、滑走路の向き、グルービング、離陸距離、着陸帯、滑走路長

【問題10】

海岸工学に関する次の記述のうち、最も適切なものはどれか。

① 直立堤に作用する砕波の波圧強度の算定公式としてサンフルーの式が提案されている。

② 混成堤における捨石の安定重量の算定公式として合田式が提案されている。

③ スネルの法則は、湾内の津波の波高の変化を求める近似式として用いられる。

④ ウェーブ・セットアップ（wave setup）は、波などの波動が障害物の後方の部分に回り込むことをいう。

⑤ 堤防あるいは防潮堤にうち上げる波の高さを算定する方法としてサヴィールの仮想（のり面）勾配法が提案されている。

【解説】防波堤などの海岸保全施設の直立壁に作用する波力の計算式には、いくつかの種類があり、適切な算定式により算定することとしている。

波力算定式の分類

領　域			算定式	
重複波領域 $h \geq 2H_{1/3}$			サンフルーの簡略式 黒田・石綿の部分砕波の波圧式	合田式
砕波領域 $h < 2H_{1/3}$	砕波帯内		広井式	
	汀線付近	汀線の海側	本間・堀川・長谷の式 富永・九津見の式	
		汀線の陸側	富永・九津見の式	

※$2H_{1/3}$：直立壁前面における水深 h での進行波の有義波高

波力算定式の分類に示されているように、砕波の波圧強度の算定公式としては広井公式や合田式が提案されている。①の文は「直立堤に作用する砕波の波圧強度の算定公式としてサンフルーの式が提案されている。」としているため不適切。

捨石の安定重量の算定公式としてハドソン公式が提案されている。②の文は

「混成堤における捨石の安定重量の算定公式として合田式が提案されている。」としているため不適切。

スネルの法則は、光や波動の屈折に関する法則のことである。湾内の津波の波高の変化を求める近似式として用いられるのは、グリーンの法則である。③の文は「スネルの法則は、湾内の津波の波高の変化を求める近似式として用いられる。」としているため不適切。

波などの波動が、障害物の後方の部分に回り込む現象は回折である。ウェーブ・セットアップ（wave setup）は、高波高の風波が沿岸で砕波したときに、波によって砕波帯内で平均海面が上昇する現象をいう。④の文は「ウェーブ・セットアップ（wave setup）は、波などの波動が障害物の後方の部分に回り込むことをいう。」としているため不適切。

⑤の文は適切である。

【解答】⑤

【学習にあたってのキーワード】

直立堤、波圧強度、サンフルーの式、広井公式、混成堤、安定重量の算定公式、合田式、ハドソン公式、スネルの法則、グリーンの法則、ウェーブ・セットアップ、回折、サヴィールの仮想（のり面）勾配法

【問題11】

混成堤に関する次の記述のうち、最も不適切なものはどれか。

① 混成堤は、捨石マウンド等の傾斜型構造物の上にケーソンやブロック等の直立型構造物が載せられたもの、あるいは直立壁に傾斜堤が載せられたものをいう。

② 混成堤は、傾斜型および直立型の特性を生かした型式が望ましいときに用いられる。

③ 捨石部の厚さは1.5 m以上とし、捨石部の肩幅は波による洗掘が直立部に影響を及ぼさないように決めるが、波の荒いところでは5 m以上とする。

④ 直立部の滑動ならびに転倒の検討では、安全率は2.0以上とする。

⑤ 軟弱地盤における安定は、円形すべりに対する検討と沈下に対する検討を行い、必要に応じて軟弱地盤対策を実施する。

【解説】混成堤の設計上の留意点は、次のとおりである。

1）天端高さは、越波を許せる場合と越波をほとんど防ぎたい場合のそれぞれに応じて朔望平均満潮面に、有義波高に0.6あるいは1.25を乗じた値を加えたものとする。

2）天端幅は、安定計算上決まるのが普通である。原則として3m以上とする。

3）上部コンクリート厚さは波高2m以上の場合1m以上、2m以下の場合 50cm以上とする。

4）捨石部の厚さは1.5m以上とし、捨石部の肩幅は波による洗掘が直立部 に影響を及ぼさないように決めるが、波の荒いところでは5m以上とする。

5）直立部の滑動ならびに転倒の検討では、安全率は1.2以上とする。

6）軟弱地盤における安定は、円形すべりに対する検討と沈下に対する検討 を行い、必要に応じて軟弱地盤対策を実施する。

　④の文は「直立部の滑動ならびに転倒の検討では、安全率は2.0以上とする」 としているため不適切。

【解答】④

【学習にあたってのキーワード】

　混成堤（混成型堤防）、混成堤の設計

【問題12】

防波堤に関する次の記述のうち、最も不適切なものはどれか。

①　傾斜堤は比較的水深の浅い場所に造られることが多いので、堤内を透過 する漂砂あるいは天端を越える砂によって港内が埋没することのないよう 注意する。

②　浮防波堤は、浮体を並べて波浪を防ぐ形式のもので、比較的波の小さな ところに用いられることが多い。

③　混成堤の設計において、捨石部の被覆材の所要質量は、ハドソン公式に よって算定する。

④　消波ブロック被覆堤は、混成堤あるいは直立堤の前面に消波ブロックを 設置したもので、反射波を低減させるため波の収れんなどによる波高増大 を防ぐことができる。

⑤　直立堤の設計において、軟弱地盤における安定は、円形すべりに対する 検討と沈下に対する検討を行い、必要に応じて軟弱地盤対策を実施する。

【解説】直立堤を設置する場合は、堅固な基礎地盤を必要とする。そのため、軟弱 地盤上に防波堤を設置する場合は、傾斜堤あるいは混成堤などが用いられる。 　⑤の文は「直立堤の設計において、軟弱地盤における安定は、円形すべりに対 する検討と沈下に対する検討を行い、必要に応じて軟弱地盤対策を実施する」 としているため不適切。

【解答】⑤

【学習にあたってのキーワード】

　傾斜堤、浮防波堤、混成堤、ハドソン公式、消波ブロック被覆堤、直立堤

【問題13】

　空港のエプロンに関する次の記述のうち、最も不適切なものはどれか。

① 　駐機エプロンは、航空機の非稼働時に停留するためのエプロンである。

② 　エプロンでの航空機の配置や走行経路の設定に当たっては機種ごとの地上走行性や航空機相互間および航空機と固定障害物間の安全間隔に配慮し、航空機の走行や駐機位置への出入りが安全、円滑に行われるようなものとする必要がある。

③ 　エプロンは、空港において航空機に対する貨客の積卸し、燃料、オイル、食糧等の補給、機体やエンジンの点検整備、運行時以外における駐機などのために航空機を一時停留しておくスペースである。

④ 　ローディングエプロンは、離陸しようとする航空機が、離陸許可を受けるまで滑走路の末端付近で一時待機するためのエプロンである。

⑤ 　整備エプロンは、日常点検を行うとともに、駐機エプロンとしても使用される航空機の整備施設に付帯して設けられるエプロンである。

【解説】ローディングエプロンは、貨客、手荷物、貨物の積卸し、燃料、食糧等の補給を行うためにターミナルビルと結びついて配置されるエプロンである。離陸しようとする航空機が、離陸許可を受けるまで滑走路の末端付近で一時待機するためのエプロンは、待機エプロンである。したがって④の文は不適切。

【解答】④

【学習にあたってのキーワード】

　エプロン

【問題14】

　港湾に関する次の記述のうち、最も不適切なものはどれか。

① 　消波工は、反射波や越波を減らす目的あるいは波力を弱めることを目的とした構造物、もしくはこれらの構造物を用いた工法のことであり、一般には、護岸や堤防などの前面に異形コンクリートブロックや捨石を投入して設ける。

② 　一般の往復航路の幅員は、船舶が行き会う可能性のある航路にあっては対象船舶の長さ以上の適切な幅とする。

③ 　港湾計画は、港湾並びに港湾に隣接する一定の水域と陸域からなる空間について、港湾管理者が港湾法に基づいて定める基本的な計画のことである。

④　一般の航路の水深は、うねり等の波浪の影響が想定されない港内の航路
　　の場合、最大喫水の1.50倍の値を用いる。

⑤　港湾計画は、港湾管理者が実施する港湾施設整備のほか、港湾で活動する
　　民間事業者などの行為に対し、管理運営を行う上での指針となるものである。

【解説】『港湾の施設の技術上の基準・同解説』（2007年版）では、対象船舶及び
　　航行環境を特定できない場合における航路の水深の供用性について、次のよう
　　に述べている。

　　　　対象船舶及び航行環境を特定できない場合の航路の性能照査に当たっては、
　　対象船舶の最大喫水以上の適切な深さとして、以下の値を用いることができる。
　　　・うねり等の波浪の影響が想定されない港内の航路では、最大喫水の1.10倍
　　　・うねり等の波浪の影響が想定される港外等の航路では、最大喫水の1.15倍
　　　・強いうねり等の波浪が想定される外洋等の航路では、最大喫水の1.20倍
　　　④の文は「一般の航路の水深は、うねり等の波浪の影響が想定されない港内
　　の航路の場合、最大喫水の1.50倍の値を用いる。」としているため不適切。

【解答】④

【学習にあたってのキーワード】
　消波工、航路の幅員、港湾計画、港湾管理者、航路の水深

【問題15】
港湾計画に関する次の記述のうち、最も不適切なものはどれか。

①　港湾計画に係る環境影響評価は、埋立て・掘込み面積が300 ha 以上の
　　ものはすべて第一種事業としている。

②　計画に使用する潮位は、原則として1) 既往の最高潮位、2) 朔望平均
　　満潮面＋計画規模の最大潮位偏差、のいずれかとしている。

③　基本水準面は、その地の平均水面から主要4分潮の半潮差の和を差し引
　　いた高さで、ほぼ最低低潮面に相当し、これ以下の潮位を生ずることは一
　　般に少ない。

④　朔望平均満潮面は、朔望の日から前後3日間のうちに現れる各月の最高
　　満潮面を平均した水面である。

⑤　耐震強化岸壁の配置は、通常、背後圏の人口から緊急物資輸送量を試算
　　し、それに基づいて必要な耐震強化岸壁数を求め、次に、緊急輸送経路が
　　確保されているか、岸壁の背後に緊急物資を保管できる緑地等が確保され
　　ているか、危険物取扱施設等から離れているか、などを考慮し決定する。

【解説】朔望平均満潮面は、朔望（満月、新月）の日から前2日、後4日以内に現れる各月の最高満潮面を平均した水面である。④の文は「朔望の日から前後3日間のうちに現れる各月の最高満潮面」としているため不適切。

【解答】④

【学習にあたってのキーワード】

　環境影響評価法、既往最高潮位面（H.H.W.L.）／既往最低潮位面（L.L.W.L.）、基本水準面、朔望（さくぼう）平均満潮面（H.W.L.）／朔望（さくぼう）平均干潮面（L.W.L.）、耐震強化岸壁（耐震バース）

【問題16】

港湾に関する次の記述のうち、最も不適切なものはどれか。

①　閘門は、水位差が特に大きく、かつ内水位を一定に保つ必要がある港への船舶の出入り、あるいは防潮堤などで囲まれた区域の内外の、船舶通行のために設けられた水位調節用の施設である。

②　混成堤は主に、ケーソン式、コンクリート式、ブロック式の3つの形式に分類されるが、わが国の防波堤はブロック式混成堤が最も多く用いられている。

③　シーバースの法線は、船舶の接岸時の操船を容易にし、かつ係留中にシーバースに作用する外力を小さくするために、1）潮流方向にできるだけ平行とする、2）卓越風向が真横ないし後方になるのをできるだけ避ける、3）波向はできるだけ真横に受けるのを避ける、などに考慮する必要がある。

④　デタッチドピヤは、石炭や鉱石を専門に取扱う係船施設に多く見られ、通常は走行式橋型クレーンなどの荷役機械がデタッチドピヤと陸岸にかけて架設されている。

⑤　ドルフィンの構造形式としては、杭式、鋼矢板式、ケーソン式があり、設計に用いる外力は、柱状体としてそれぞれの構造形式に応じた船舶の衝撃力および牽引力、地震力、波力を用いる。

【解説】混成堤は主に、ケーソン式、コンクリート式、ブロック式の3つの形式に分類されるが、わが国の防波堤はケーソン式混成堤が最も多く用いられている。②の文は「ブロック式混成堤が最も多く用いられている」としているため不適切。

【解答】②

【学習にあたってのキーワード】

　閘門（ロック）、ケーソン式混成堤、シーバース、デタッチドピヤ、ドルフィン

【問題17】

直立堤の設計に関する次の記述のうち、最も不適切なものはどれか。

① 直立堤の滑動ならびに転倒の検討では、安全率は1.2以上とする。

② 直立堤の天端高さは、越波を許せる場合と越波をほとんど防ぎたい場合のそれぞれに応じて朔望平均満潮面に、有義波高に0.6あるいは1.25を乗じた値を加えたものとする。

③ 直立堤の上部コンクリート厚さは、波高2m以上の場合1m以上、2m以下の場合50cm以上とする。

④ 直立堤は軟弱な基礎地盤でも設置できる。

⑤ 直立堤の天端幅は、安定計算上決まるのが普通である。原則として3m以上とするが直立型の重力式の場合1m以上とする。

【解説】直立堤を設置する場合は、堅固な基礎地盤を必要とする。④の文は「直立堤は軟弱な基礎地盤でも設置できる」としているため不適切。

【解答】④

【学習にあたってのキーワード】

直立堤の設計

【問題18】

港湾施設に関する次の記述のうち、最も不適切なものはどれか。

① 港内の静穏度を保つために、自然海浜を残したり、消波工を設置したりする。

② 船舶の安全入出港ならびに港内静穏度を高めるため、防波堤で構成される港口は広くとる。

③ 突堤の先端は、沿岸漂砂を捕捉して海浜に必要な堆積を生じる位置まで設ける。

④ 直立堤は、主として波のエネルギーを沖側に反射させることによって港内の静穏性を保つものである。

⑤ 傾斜堤は、石やコンクリートブロックを台形状に捨てこんだもので、勾配が1:1以上のものをいう。

【解説】港口は船舶の出入に支障をきたさない範囲で幅を狭くし、最多最強の波浪方向からそらして効果的に港内を遮蔽して静穏度を確保する必要がある。②の文は「船舶の安全入出港ならびに港内静穏度を高めるため、防波堤で構成される港口は広くとる。」としているため不適切。

【解答】②

【学習にあたってのキーワード】

自然海浜、消波工、港内静穏度、港口、突堤、沿岸漂砂、直立堤、傾斜堤

【問題19】

混成堤の設計に関する次の記述のうち、最も不適切なものはどれか。

① 混成堤の上部コンクリート厚さは、波高2 m以上の場合1 m以上、2 m以下の場合50 cm以上とする。

② 混成堤の天端高さは、越波を許せる場合と越波をほとんど防ぎたい場合のそれぞれに応じて朔望平均満潮面に、有義波高に0.3あるいは0.6を乗じた値を加えたものとする。

③ 混成堤の捨石部の厚さは1.5 m以上とし、捨石部の肩幅は波による洗掘が直立部に影響を及ぼさないように決めるが、波の荒いところでは5 m以上とする。

④ 混成堤の軟弱地盤における安定は、円形すべりに対する検討と沈下に対する検討を行い、必要に応じて軟弱地盤対策を実施する。

⑤ 混成堤の天端幅は、安定計算上決まるのが普通である。原則として3 m以上とする。

【解説】混成堤の天端高さは、越波を許せる場合と越波をほとんど防ぎたい場合のそれぞれに応じて朔望平均満潮面に、有義波高に0.6あるいは1.25を乗じた値を加えたものとする。②の文は「朔望平均満潮面に、有義波高に0.3あるいは0.6を乗じた値を加えたものとする」としているため不適切。

【解答】②

【学習にあたってのキーワード】

混成堤の設計

【問題20】

空港に関する次の記述のうち、最も不適切なものはどれか。

① 取付誘導路は、平行誘導路と滑走路の最末端、平行誘導路とエプロン、滑走路とエプロンを結ぶ誘導路であり、通常滑走路に対して直角に取り付けられる。

② 過走帯は、ブレーキ系統の故障などによって着陸した航空機が滑走路内で停止できなかった場合等に備えて、滑走路の両端末に設けられる路面のことである。

③　制限表面は、航空機が安全に運航するために設けられた障害物を制限する表面であり、同一の点において2つ以上の表面が重なるときには、最も高い表面が適用される。

④　ローディングエプロンは、貨客、手荷物、貨物の積卸し、燃料、食糧等の補給を行うためにターミナルビルと結びついて配置されるエプロンである。

⑤　航空機が着陸帯内で停止できなかった場合等に備えて、過走帯からさらに外側の着陸帯の両端には、滑走路端安全区域という整地および植生された区域を設けている。

【解説】制限表面は、航空機の安全な航行を目的として空港及びその周辺に障害物のない空域を確保するために設けられた障害物を制限する表面である。制限表面には、進入区域、進入表面、水平表面、転移表面、延長進入表面、円錐表面、外側水平表面、内側進入表面、内側転移表面などの種類がある。

　航空法第49条によって、制限表面より上に出る高さの建造物、植物その他の物件を設置し、植栽しまたは留置することが禁じられている。なお、同一の点において2つ以上の表面が重なるときには、最も低い表面が適用される。

　③の文は「……同一の点において2つ以上の表面が重なるときには、最も高い表面が適用される。」としているため不適切。

【解答】③

【学習にあたってのキーワード】
　誘導路、取付誘導路、平行誘導路、滑走路、エプロン、過走帯、制限表面、ローディングエプロン、滑走路端安全区域

【問題21】

空港に関する次の記述のうち、最も不適切なものはどれか。

①　滑走路の配置は空港全体の配置に最も影響を与えるものであり、これは障害物の有無やウインドカバレージ、騒音問題などを総合的に検討した上で決定する。

②　小規模な飛行場では平行誘導路を設けずに、ターミナルやエプロンその他の設備と滑走路を直接、取付誘導路で接続していることが多い。

③　滑走路の長さは、対象となる航空機について、離陸距離、加速停止距離、着陸距離の3つについて検討し、そのいずれについても満足するものとして算出する。

④　航空機の安全な運行のために、滑走路面には横断方向のグルービング工を施工する。

⑤　過走帯は、滑走路の周辺に整地、芝の植栽を行うもので、航空機が滑走路から逸脱した場合でも人命の安全を図り、航空機の損傷を軽微にする役割がある。

【解説】過走帯は、航空機が接地点を誤って滑走路の手前で着陸した場合や、ブレーキ系統の故障などによって着陸した航空機が滑走路内で停止できなかった場合等に備えて、滑走路の両端末に設けられる路面のことである。過走帯は、航空機重量に耐え得る強度を持っており、オーバーランエリアとも呼ばれている。

　　一方、着陸帯は、滑走路の周辺に整地、芝の植栽を行うもので、航空機が滑走路から逸脱した場合でも人命の安全を図り、航空機の損傷を軽微にする役割がある。

　　⑤の文は「過走帯は、滑走路の周辺に整地、芝の植栽を行うもので、航空機が滑走路から逸脱した場合でも人命の安全を図り、航空機の損傷を軽微にする役割がある」として「着陸帯」の内容を「過走帯は、」としているため不適切。

【解答】⑤

【学習にあたってのキーワード】
　　滑走路の配置、ウインドカバレージ、平行誘導路、取付誘導路、滑走路の長さ、グルービング、過走帯

【問題22】
空港に関する次の記述のうち、最も不適切なものはどれか。
①　航空機の離着陸は、風上に向かってこれを行うほど安全かつ有利となる。
②　滑走路長は、必要となる離陸距離あるいは加速停止距離に、標高、気温、滑走路勾配等による補正を行って決定する。
③　取付誘導路は、発着回数の多い空港において、航空管制上の理由などから後続の航空機が先行の航空機を追い越す場合のために、滑走路末端に設けられる誘導路である。
④　グルービングは、路面の排水を促しすべり抵抗性を高めるために、舗装表面に幅の狭い溝切りを施工することをいう。
⑤　ローディングエプロンは、貨客、手荷物、貨物の積卸し、燃料、食糧等の補給を行うためにターミナルビルと結びついて配置されるエプロンのことである。

【解説】誘導路は、航空機の地上走行のために設けられる、飛行場内の通路をいう。誘導路は、次のように分類されている。

1）平行誘導路：エプロンと滑走路を結ぶ誘導路のうち、滑走路と平行に設けられた誘導路で、主として離着陸回数が多い空港に設置される誘導路である。特に交通量の多い空港では、必要に応じて二重平行誘導路を設ける。

2）取付誘導路：平行誘導路と滑走路の最末端、平行誘導路とエプロン、滑走路とエプロンを結ぶ誘導路であり、通常滑走路に対して直角に取り付けられる。小規模な飛行場では平行誘導路を設けずに、ターミナルやエプロンその他の設備と滑走路を直接、取付誘導路で接続していることが多い。

3）高速脱出誘導路：着陸した航空機が滑走路を占有する時間をより短縮するために、高速で滑走路から脱出できるように滑走路の中間部の適宜な位置に取り付けられた誘導路。

4）バイパス誘導路：発着回数の多い空港において、航空管制上の理由などから後続の航空機が先行の航空機を追い越す場合のために、滑走路末端に設けられる誘導路。

　③の文は「取付誘導路は、発着回数の多い空港において、航空管制上の理由などから後続の航空機が先行の航空機を追い越す場合のために、滑走路末端に設けられる誘導路である」としており、バイパス誘導路の内容を取付誘導路としているため不適切。

【解答】③

【学習にあたってのキーワード】

　滑走路、滑走路長、誘導路、グルービング、ローディングエプロン、エプロン

【問題23】

空港に関する次の記述のうち、最も不適切なものはどれか。

① バイパス誘導路は、発着回数の多い空港において、航空管制上の理由などから後続の航空機が先行の航空機を追い越す場合のために、滑走路末端に設けられる誘導路である。

② 着陸帯は、滑走路を中心として、一定の幅と長さをもった長方形の平面である。

③ 進入表面は、航空機が滑走路中心線から外れて進入したり、進入復行を行う場合などに、空港上空の低高度における脱出の安全を確保するために設けるものである。

④ 標高が高いときの離陸距離は、その他の条件が同じ場合、標高が低いときの離陸距離に比べて長くなる。

⑤ 東京国際空港（羽田）の再拡張事業において整備された4本目の滑走路によって、国際線定期便の就航が図られた。

【解説】 進入表面は、航空機の進入及び出発の際に航空機の安全を確保するために設けるもので、着陸帯末端に接続し外側上方に広がる台形の面をいう。また、航空法では『進入表面は着陸帯の短辺に接続し、かつ、水平面に対し上方へ50分の1の勾配を有する平面であって、その投影面が進入区域と一致するもの』と定義している。

　一方、転移表面は、航空機が滑走路中心線から外れて進入したり、進入復行を行う場合などに、空港上空の低高度における脱出の安全を確保するために設けるもので、着陸帯の長辺と進入表面の斜辺から外側上方に、水平表面に交会するまで広がる面をいう。また、航空法では『転移表面は進入表面の斜辺を含む平面及び着陸帯の長辺を含む平面であって、水平面に対する勾配が進入表面又は着陸帯の外側上方へ7分の1の平面で、その末端が水平表面との接線になる部分』と定義している。

　③の文は転移表面の内容を、「進入表面は、」としているため不適切。

【解答】 ③

【学習にあたってのキーワード】

　バイパス誘導路、着陸帯、進入表面、転移表面、離陸距離、東京国際空港（羽田）の再拡張事業

【問題24】

空港に関する次の記述のうち、最も不適切なものはどれか。

① 転移表面は進入表面の斜辺を含む平面及び着陸帯の長辺を含む平面であって、水平面に対する勾配が進入表面または着陸帯の外側上方へ7分の1の平面で、その末端が水平表面との接線になる部分である。

② 水平表面は、航空機が最終進入を行う前に、空港上空での旋回の安全を確保するために設けるもので、空港の標点の上方150 mの円形の水平面をいう。

③ 飛行場の連続鉄筋コンクリート舗装の路盤は、下層路盤と上層路盤の2層構成とし、下層路盤の設計支持力係数は、K_{75}値で49.1 N/cm^{3}を標準としている。

④ 雨天時等で滑走路が湿潤状態にある場合に通常の排水機能では、滑走路表面に生じる水膜によるハイドロプレーニング現象の発生や、摩擦抵抗の低下に伴う制動距離の増加など離着陸する航空機への危険が生じる可能性があるために、滑走路面には横断方向のグルービング工を施工する。

⑤ 基準舗装厚は、空港のアスファルト舗装構造を設計する場合に、設計荷重、設計反復作用回数および路床の設計CBRから決定される、通常の

> 粒状材を路盤に用いた舗装の厚さをいう。

【解説】水平表面は、航空機が最終進入を行う前に、空港上空での旋回の安全を確
　　保するために設けるもので、空港の標点の上方45 mの円形の水平面をいう。
　　②の文は「上方150 mの円形の水平面」としているため不適切。

【解答】②

【学習にあたってのキーワード】
　　転移表面、水平表面、飛行場のコンクリート舗装、グルービング、基準舗装厚

5.6 「電力土木」の問題

【問題1】 ※令和3年度試験 関連問題
 国内の再生可能エネルギーに関する次の記述のうち、最も不適切なものはどれか。
 ① 未活用の廃棄物を燃料とするバイオマス発電は、熱利用を組み合わせることで高いエネルギー効率を実現できるが、資源が広い地域に分散しているためにコストがかかる小規模分散型の設備になりがちである。
 ② 太陽光発電は、エネルギー源が太陽光であるため基本的には設置する地域に制限がなく、導入しやすいシステムであり、災害時などには、貴重な非常用電源として使うことができる。
 ③ 風力発電は、大規模に発電できれば発電コストが火力並みであることから、経済性も確保できる可能性のあるエネルギー源である。
 ④ 地熱発電は、地下1,000～3,000 mに掘削した井戸から昼夜を問わず天然の蒸気を噴出させるため、連続して発電が行われることができる。
 ⑤ 小水力発電は、一般河川、農業用水、砂防ダム、上下水道などの水力エネルギーを有効利用するもので、発電時に二酸化炭素を排出しないクリーンエネルギーであるが、出力変動が大きく、系統安定、電力品質に影響がある。

【解説】 小水力発電は、一般河川、農業用水、砂防ダム、上下水道などの水力エネルギーを有効利用するもので、新エネルギー法では1,000 kW以下の水力発電を「新エネルギー」として認定している。小水力発電は、昼夜、年間を通じて安定した発電が可能であり、出力変動が少なく、系統安定、電力品質に影響を与えない。
 ⑤の文は「……、出力変動が大きく、系統安定、電力品質に影響がある。」としているため不適切。
【解答】 ⑤
【学習にあたってのキーワード】
 再生可能エネルギー、バイオマス発電、太陽光発電、風力発電、地熱発電、小水力発電

【問題2】※令和3年度試験　関連問題

中小水力発電に関する次の記述のうち、誤っているものはどれか。

① 中小水力発電は、中小河川や農業用水路など比較的高低差が小さい場所でも利用可能である。

② 河川水等の利用に当たっては、水利権の調整や自然環境に対する影響などを考慮する必要がある。

③ 中小水力発電は、スケールメリットが働かないため、大規模な水力発電と比べて相対的にコスト高になる。

④ 令和元年度再生可能エネルギーに関するゾーニング基礎情報等の整備・公開等に関する委託業務報告書によると、導入ポテンシャルとして、既開発発電所分を控除した中小水力発電の設備容量は890万kW、発電量は1,006億kWh／年と推計されている。

⑤ フランシス水車は、水流の衝撃を利用して回転する水車で、高い水圧を利用した水力発電所に適しているため、高落差で落差変動の少ない流込み式発電所に適している。

【解説】水力発電の水車には、水の速度水頭を利用して回転力にするものや、水の圧力水頭を利用して回転力にする構造のものがあり、その種類は1）フランシス水車、2）プロペラ水車、3）斜流（デリア）水車、4）ペルトン水車、5）ターゴインパルス水車、6）クロスフロー水車、など、さまざまなものがある。

　これらのうち、プロペラ水車は主に3〜70mの低落差で大容量の発電所で使われるものである。フランシス水車は水の圧力と速度を羽根車に作用させる構造の水車で、高落差から低落差までの広い範囲（10〜300m程度）の落差で使用できることから、日本の水力発電所の約7割はこの水車が使われている。またフランシス水車は、発電用水車としての利用に加えて揚水発電所ではポンプとしても利用される。ペルトン水車は水流の衝撃を利用して回転する水車で、高い水圧を利用した水力発電所に適しているため、高落差で落差変動の少ない流込み式発電所に適している。

　⑤の文はペルトン水車の内容を、「フランシス水車は、……」としているため誤り。

【解答】⑤

【学習にあたってのキーワード】

　中小水力発電、導入ポテンシャル、設備容量、フランシス水車、流込み式発電所、水車、ペルトン水車

【問題3】

　ダム建設によって貯水池が出現した場合に生じる貯水池の水質変化に関する次の記述のうち、最も不適切なものはどれか。

　①　ダム湖などの水は表層、中層、下層ではそれぞれ温度や濁度などが異なる。

　②　洪水時にダムや貯水池に濁水が貯留され、洪水後徐々に放水されることによって、下流河川の濁りが長期化する濁水長期化現象が生じることがある。

　③　選択取水によって農業用水などの冷水対策に対しては、水面付近の温水を取水し、濁水対策に対しては、清水の層から放流を行うなどで対処することができる。

　④　富栄養化は、かび臭発生の原因でもあると同時に、このような水を水道水源とすると浄水処理工程でトリハロメタンの発生量が増加する。

　⑤　富栄養化は、閉鎖性水域で植物が生育するうえで必要とする栄養塩類の濃度が増加する現象であるため、選択取水によって対応することはできない。

【解説】選択取水によって農業用水などの冷水対策に対しては、水面付近の温水を取水し、濁水対策に対しては、清水の層から放流を行うなどで対処することができる。また富栄養化などの水質問題への対応にも利用することがある。

　　⑤の文は「富栄養化は、……選択取水によって対応することはできない」としているため不適切。

【解答】⑤

【学習にあたってのキーワード】

　選択取水設備、濁水長期化現象、富栄養化、トリハロメタン

【問題4】

　水力発電所の水路に関する次の記述のうち、最も不適切なものはどれか。

　①　水路トンネルのルート選定において、断層あるいは破砕帯は可能な限り避けるとともに、湧水に対し配慮する。

　②　水路への流入量が構造物の設計水量以上となる場合は、制水門または制水弁を設けなければならない。

　③　水路式発電所の導水路に設置する沈砂池の長さは、沈砂池内の平均流速に反比例し沈殿させる最も細かい砂粒子の限界沈降速度に比例するように設計する。

　④　水路トンネルが支川を横断するとき、長大な水路橋や高圧の逆サイホンが必要な箇所は避ける。

⑤　無圧トンネルの断面寸法は、一定流量に対して勾配を急にすれば水路の断面は小さくてすみ工費を減ずることはできるが、損失落差が大きくなり発電力を減じて必ずしも経済的とはならない。

【解説】沈砂池は、取水口から流入した土砂を沈殿させるために、取水口の近傍に設ける池をいう。沈砂池の必要長さを定める理論式は次のとおりである。

$$L = h\frac{v_1}{v_2}$$

（L：最小必要長、h：水深、v_1：沈砂池内の流速、v_2：土砂粒子の沈降速度）

この式から導水路に設置する沈砂池の長さは、沈砂池内の平均流速に比例し沈殿させる最も細かい砂粒子の限界沈降速度に反比例するように設計するといえる。③の文は「水路式発電所の導水路に設置する沈砂池の長さは、沈砂池内の平均流速に反比例し沈殿させる最も細かい砂粒子の限界沈降速度に比例するように設計する。」としているため不適切。

【解答】③

【学習にあたってのキーワード】

水路トンネル、制水門、制水弁、水路式発電所、沈砂池、無圧トンネルの断面寸法

【問題5】

火力発電所の冷却水取水に関する次の記述のうち、最も不適切なものはどれか。

①　深層取水方式を採用した場合、深層水は低温で季節的に大きな変化がないため発電効率が向上する。

②　深層取水方式における取水流速は、表層から取水する方式よりも高流速を採用することが多い。

③　取水路の構造形式は、開きょ形式、函形暗きょ形式およびパイプ形式に分けられる。

④　取水路には貝類などの生物が付着して通水を阻害し、さらにポンプの性能低下、あるいは復水器パイプの閉塞および腐食の原因となる。

⑤　取水口にクラゲが大量発生する事象によって、火力発電所の発電出力が抑制されることがある。

【解説】深層取水方式を採用した発電所では、水温が高い表層水の取水を避けるため、表層から取水する方式よりも低流速を採用することが多い。②の文は「深層取水方式における取水流速は、表層から取水する方式よりも高流速を採用することが多い。」としているため不適切。

【解答】②

【学習にあたってのキーワード】

　深層取水方式、取水路、復水器

【問題6】

発電施設周辺の諸現象に関する次の記述のうち、最も不適切なものはどれか。

① バックウォーター（背水）は、河川における本川と支川、あるいは貯水池や調整池の流入部において、本線から支川に逆流して水位が上昇する現象のことである。

② 湖沼や貯水池などにおいて、表面より下に向かって水温が減少していく状況を正列成層と呼び、それとは反対に表面に向かうほど水温が下がる現象を逆列成層と呼んでいる。

③ 選択取水によって農業用水などの冷水対策に対しては、水面付近の温水を取水し、濁水対策に対しては、清水の層から放流を行うなどで対処することができる。

④ 発電所の放水口から放出される温水は、復水器を通過することにより6〜8℃程度高くなる。

⑤ 跳水現象は、流れが常流から射流に変わる際に、流れの状態がその境界面で渦を伴いながら突然に不連続な変化をするという現象である。

【解説】跳水現象は、流れが射流から常流に変わる際に、流れの状態がその境界面で渦を伴いながら突然に不連続な変化をするという現象をいう。⑤の文は「流れが常流から射流に変わる際に」としているため不適切。

【解答】⑤

【学習にあたってのキーワード】

　バックウォーター（背水）、逆列成層、選択取水設備、温排水対策、跳水現象

【問題7】

火力発電所の構内配置計画に関する次の記述のうち、最も不適切なものはどれか。

① 取水口の位置は、温度の低い清浄な水が取水できる場所に選定し、水路のルートはなるべく最短距離とする。

② 開閉所は、送電線の引出し及び塩害防止を十分考慮して位置を選定する。

③ 発電所本館は、なるべく基礎地盤の良好な位置を選び、不同沈下による機器及び配管への悪影響を極力避けるよう留意する。

④ 煙突は、最多風向及び地形や周辺環境条件を十分に考慮するとともに、

> 燃焼設備に対する有効な通風効果のために、煙をできるだけ集合させるようにする。
>
> ⑤　燃料タンクは、燃料の受け入れ及びボイラへの送油に便利で、かつなるべく不同沈下のおそれのない均一な地盤が望ましい。

【解説】火力発電所の煙突は本来、燃焼設備に対して通風効果を与えるための設備であったが、環境に対する対策のために煙突の機能は、通風効果から拡散効果へと移り変わってきた。有効な拡散のためには、次のような点に考慮が必要である。

(1)　煙をできるだけ集合させること。

(2)　煙突の高さは少なくとも付近の建物の2.5倍以上とすること。

(3)　煙の放出速度を煙突頂部の平均風速の2倍以上にすること。

(4)　上空に逆転層を生じやすい場合には、排煙がこの層を突破できる有効高さになるように考慮すること。

④の文は「煙突は、……、燃焼設備に対する有効な通風効果のために、煙をできるだけ集合させるようにする。」としているため不適切。

【解答】④

【学習にあたってのキーワード】

火力発電所、取水口、開閉所、発電所本館、煙突、通風効果、拡散効果、燃料タンク

【問題8】

発電所の立地条件や立地方式に関する次の記述のうち、最も不適切なものはどれか。

①　風力発電は、設置する場所の平均風速が大きいことが必要であり、わが国では安定した風力の得られる、北海道・青森・秋田などの海岸部や沖縄の島々などで稼動している。

②　原子力発電設備特有の立地条件として、地盤が強固なことが挙げられる。

③　火力発電所の立地方式には、内陸立地、沿岸立地、地下立地のほかに沖合立地がある。

④　原子力発電設備は、安全確保の面から火力発電所に比べて特に厳しい耐震設計が要求される。

⑤　貯水池式発電所は、できるだけ標高の高いところに大きな貯水容量をもち、貯水効率がよく地質も良好で、ダム建設費が少なくて済むような地点選定をするのが有利である。

【解説】原子力発電所の立地方式は、火力発電所の場合と同様に、内陸立地、沿岸立地、地下立地のほか、原子力特有のものとして沖合立地（海上立地）がある。沖合立地は、海上に人工島を築造してそこに原子力発電所を設置する方式であり、その構造形式により底着型と浮上型に分けられる。

　③の文は、「火力発電所の立地方式には、……のほかに沖合立地がある」としているため不適切。

【解答】③

【学習にあたってのキーワード】
　風力発電、原子力発電設備、火力発電所、貯水池式発電所

【問題9】

水力発電に関する次の記述のうち、最も不適切なものはどれか。

① 流込み式発電所は、河川勾配の比較的急な上流部、または中流部に取水ダムを設け、取水口で取水した水を無圧水路で水槽に導き、河川との落差を利用して発電する発電所である。

② 揚水式発電所は、余剰電力を位置エネルギーの形で蓄えることで電力の質の転換を図ることができるという機能的特色をもっている。

③ 有効落差は、運転中の水車に実際に作用する全水頭のことなので、総落差が同一であれば有効落差は同じ値になる。

④ 相当大容量の調整能力をもった貯水池を備えるダム式、またはダム水路式発電所は貯水池式発電所に属する。

⑤ 調整池式発電所は、河川または導水路の途中の凹地や渓谷などを利用して、渇水期の流量の1日分程度を調整できる容量の調整池を設け、負荷の変動に対して発電する水力発電所である。

【解説】有効落差は、運転中の水車に実際に作用する全水頭をいい、流れが水車入口において保有する全水頭と水車出口において残存する全水頭との差である。すなわち、有効落差は取水口から水車入口までおよび水車出口から放水口までの間を流れが流下する際に、勾配や摩擦などで失う損失水頭を、総落差より差し引いた残りの落差（水頭）で示される。

　有効落差は、同じ発電所でも、そのときの取水口や放水口の流量あるいは使用水量の大小により異なる。

　③の文は「有効落差は、……総落差が同一であれば有効落差は同じ値になる」としているため不適切。

【解答】③

【学習にあたってのキーワード】

　流込み式発電所、揚水式発電所、有効落差、貯水池式発電所、調整池式発電所

【問題10】

　水力発電に関する次の記述のうち、最も不適切なものはどれか。

①　上部貯水池に流入する河川流量が多いものを純揚水式発電所、河川流量が少なく発電に利用することがほとんどできないものを混合揚水式発電所という。

②　理論水力は、ある流量の水を、ある落差で落下させたときの水力をkWの単位で表したものである。

③　有効落差は、同じ発電所でも、そのときの取水口や放水口の流量あるいは使用水量の大小により異なる。

④　流込み式発電所は、河川の自然流量を調整せずに使用するため、河川流量の変動に従って発電力も変動する。

⑤　調整池式発電所は、渇水期の流量の一日分程度を調整できる容量の調整池を設け、負荷の変動に対して発電する水力発電所をいう。

【解説】揚水式発電所は、深夜などの軽負荷時に、火力あるいは原子力発電所の電力を揚水資源として利用し、下部貯水池の貯留水を上部貯水池に揚水しておき、日中の重負荷時に発電する形式の発電所をいう。揚水式発電所を分類して、上部貯水池に流入する河川流量が多いものを混合揚水式発電所、河川流量が少なく発電に利用することがほとんどできないものを純揚水式発電所といっている。

　①の文は混合揚水式発電所と純揚水式発電所が逆になっているので不適切。

【解答】①

【学習にあたってのキーワード】

　揚水式発電所、理論水力、水力発電の有効落差、流込み式発電所、調整池式発電所

【問題11】

　冷却水の取・放水口設備に関する次の記述のうち、最も不適切なものはどれか。

①　冷却水はなるべく季節変化や日変化の少ないことが望ましいので、なるべく深部から取水する。

②　取水口より復水器を経て放水口に至るまでの水路の構成は、自然流下式とポンプ圧送式に大別される。

③　放水口の設計に当たっては、放流流速、放水口よりの進入波、温排水の周辺水域に与える影響に留意する必要がある。

④　冷却水の放水形式のうち、表層放水はまわりの海水との混合希釈を促進
し、温排水の拡散範囲の低減を図ることができるため、最近では表層放水
を採用する例が多くなりつつある。

⑤　放水流速は、一般には前面海域に航路ならびに泊地のない場合1.0～2.0
m/sec、前面海域に航路や泊地のある場合に湾内では0.3～0.5 m/sec、
湾外では0.3～1.0 m/secを採用している。

【解説】冷却水の放水形式は表層放水と水中放水に大別されるが、水中放水の場合
は、まわりの海水との混合希釈を促進し、温排水の拡散範囲の低減を図ること
ができるため、最近では水中放水を採用する例が多くなりつつある。④の文は
「表層放水はまわりの海水との混合希釈を促進し、温排水の拡散範囲の低減を
図ることができるため、最近では表層放水を採用する例が多くなりつつある」
としているため不適切。

【解答】④

【学習にあたってのキーワード】
　冷却水の取水口設備、冷却水の放水口設備

【問題12】

火力発電に関する次の記述のうち、最も不適切なものはどれか。

①　高効率のコンバインドサイクル発電は、他の化石燃料を利用した発電より
二酸化炭素の発生が少ないことから、地球温暖化対策として注目されている。

②　ガスタービン発電は、火力発電のうち、燃料を燃焼させた燃焼ガスで直
接ガスタービンを回転し、タービンに連結した発電機により発電する方式
である。

③　火力発電は、大きな出力で発電でき、電力需要に合わせた出力調整も可
能であるため発電の中心的役割を担っている。

④　汽力発電は、熱エネルギーをいったん蒸気に変え、蒸気を媒体として動
力に変換することにあり、大きな火力発電所はほとんど汽力発電であり、
火力発電の中では、発電能力・発電量ともに、圧倒的に高い比率を占めて
いる。

⑤　コンバインドサイクル発電は、熱効率に優れているが、運転・停止が容
易にできない。

【解説】コンバインドサイクル発電は、熱効率に優れており、運転・停止が短時間
で容易にでき、需要の変化に即応した運転が可能である。⑤の文は「運転・停

止が容易にできない」としているため不適切。

【解答】⑤

【学習にあたってのキーワード】

LNG火力発電、ガスタービン発電、火力発電、汽力発電、コンバインドサイクル発電

【問題13】

水力発電に関する次の記述のうち、最も不適切なものはどれか。

① サージタンクは、水圧管路に発生する水撃圧が圧力トンネルへ波及することを防ぐとともに、圧力トンネル内流水の運動量を吸収、減少させる。

② プロペラ水車は、主に3〜70mの低落差で大容量の発電所で採用されている。

③ 発電所の最大発電力の計算に用いられる合成効率（総合効率）は、水車効率と発電機効率の積によって求められる。

④ 年間の設備利用率が与えられれば、発電所の設備容量から実際に年間に発生した電力量を算出することができる。

⑤ 流込み式発電所は、河川または導水路の途中の凹地、渓谷などを利用して、渇水期の流量の1日分程度を調整できる容量の調整池を設け、負荷の変動に対して発電する水力発電所である。

【解説】流込み式発電所は、河川勾配の比較的急な上流部、または中流部に取水ダムを設け、取水口で取水した水を無圧水路で水槽（ヘッドタンク）に導き、河川との落差を利用して発電する発電所をいう。流込み式発電所は、河川の自然流量を調整せずに使用するため、河川流量の変動に従って発電力も変動する。

一方、調整池式発電所は、河川または導水路の途中の凹地、渓谷などを利用して、渇水期の流量の1日分程度を調整できる容量の調整池を設け、負荷の変動に対して発電する水力発電所をいう。調整池をもったダム式またはダム水路式、および天然の地形や湖沼を利用して導水路の途中に調整池を備えた水路式発電所がこれに属する。

⑤の文は調整池式発電所の内容を、「流込み式発電所は、」としているため不適切。

【解答】⑤

【学習にあたってのキーワード】

サージタンク、プロペラ水車、合成効率（総合効率）、設備利用率、流込み式発電所、調整池式発電所

【問題14】

発電・エネルギーに関連する次の記述のうち、最も不適切なものはどれか。

① 電力化率は、一次エネルギー総需要のうち、電気エネルギー（電力）に転換された割合である。

② 原子力発電所の熱効率は30％程度であり、40％を超える火力発電所の平均熱効率と比べると低いが、原子力発電はウランの核分裂エネルギーを利用するため、発電過程においては二酸化炭素を排出しない。

③ 自然エネルギーは、化石燃料や核エネルギーとは異なり、廃棄物による環境汚染の心配のないクリーンエネルギーとされており、環境対策の一環として、自然エネルギー利用技術の開発が注目されている。

④ 温度差熱利用や雪氷熱利用などの自然エネルギーは、新エネルギーとして指定されていない。

⑤ わが国の発電は、かつては水力発電が中心であったが、豊富で安い石油の出現などによって、1955年頃から火力発電が水力発電を上回るようになった。

【解説】新エネ法（新エネルギー利用等の促進に関する特別措置法）の政令では、新エネルギーとして、（1）バイオマス燃料製造、（2）バイオマス熱利用、（3）太陽熱利用、（4）温度差熱利用、（5）雪氷熱利用、（6）バイオマス発電、（7）地熱発電（バイナリ方式）、（8）風力発電、（9）中小水力発電（1,000 kW以下）、（10）太陽光発電、などを取り上げている。④の文は「温度差熱利用や雪氷熱利用などの自然エネルギーは、新エネルギーとして指定されていない。」としているため不適切。

【解答】④

【学習にあたってのキーワード】

一次エネルギーに占める電力化率、原子力発電、自然エネルギー、新エネルギー、電源別発電電力量

【問題15】

新エネルギーに関する次の記述のうち、最も不適切なものはどれか。

① 「新エネルギー利用等の促進に関する特別措置法」で指定している新エネルギーには、風力発電、太陽光発電、バイオマス発電、廃棄物発電、波力発電などが含まれる。

② 再生可能エネルギーには大きな可能性があるものの、現在はコストが高い等の理由により普及が十分に進んでいない。

209

③　風力発電は、新エネルギーのなかでは最も普及している発電方法であるが、四季があり台風が通過するわが国では適した場所が少ない。

④　エネルギーになるバイオマスの種類としては、木材、海草、生ゴミ、紙、動物の死骸・糞尿、プランクトンなどの有機物がある。

⑤　太陽電池は、光を電気信号に変換する光電素子を利用し、太陽光が当たったとき発生する電力をエネルギー源として使用できるようにした電池である。

【解説】新エネ法（新エネルギー利用等の促進に関する特別措置法）の政令では、新エネルギーとして、1）バイオマス燃料製造：動植物に由来する有機物であってエネルギー源として利用することができるもの（バイオマス）を原材料とする燃料を製造すること、2）バイオマス熱利用：バイオマス又はバイオマスを原材料とする燃料を熱を得ることに利用すること、3）太陽熱利用：太陽熱を給湯、暖房、冷房その他の用途に利用すること、4）温度差熱利用：冷凍設備を用いて海水、河川水その他の水を熱源とする熱を利用すること、5）雪氷熱利用：雪又は氷を熱源とする熱を冷蔵、冷房その他の用途に利用すること、6）バイオマス発電：バイオマス又はバイオマスを原材料とする燃料を発電に利用すること、7）地熱発電（バイナリ方式）：地熱を発電に利用すること、8）風力発電：風力を発電に利用すること、9）中小水力発電（1,000 kW以下）：水力を発電（かんがい、利水、砂防その他の発電以外の用途に供される工作物に設置される出力が1,000 kW以下である発電設備を利用する発電）に利用すること、10）太陽光発電：太陽電池を利用して電気を発生させること、などが取り上げられている。①の文は『「新エネルギー利用等の促進に関する特別措置法」で指定している新エネルギーには、……、廃棄物発電、波力発電などが含まれる。』としているため不適切。

【解答】①

【学習にあたってのキーワード】
新エネルギー利用等の促進に関する特別措置法、新エネルギー、再生可能エネルギー、風力発電、バイオマス、太陽電池

【問題16】
ダム計画・設計に関する次の記述のうち、最も適切なものはどれか。

①　ダム貯水池の総貯水容量は、死水容量、利水容量、洪水調節容量の3つを合計した容量のことである。

②　利水専用ダムでは、総貯水池容量に対応する最高の水位がサーチャージ水位になる。

③　アーチダムは、谷幅が狭いU字形の地形に適し、谷幅とダムの高さの比
率が3程度までは、重力式ダムより経済的に有利となる。

④　有効落差は、流れが水車入口において保有する全水頭と水車出口におい
て残存する全水頭との差であるため、それぞれの発電所での有効落差は一
定の値になる。

⑤　発電用水路の通水量の算定によく用いられるManningの公式において、
通水量は径深の1/2乗に比例する。

【解説】　ダム貯水池の総貯水容量は、堆砂容量、死水容量、利水容量、洪水調節容
量を全部合計したものをいう。①の文は「死水容量、利水容量、洪水調節容量
の3つを合計した容量」としているため不適切。

洪水調節を目的に含むダムでは、総貯水池容量に対応する最高の水位がサー
チャージ水位であるが、利水専用ダムにおけるサーチャージ水位は、貯水池運
用上定まる洪水時の初期水位、対象洪水及び洪水吐きの構造を検討して定める。
②の文は「利水専用ダムでは、総貯水池容量に対応する最高の水位がサーチャー
ジ水位」としているため不適切。

有効落差は、流れが水車入口において保有する全水頭と水車出口において残
存する全水頭との差であるため、同じ発電所でも、そのときの取水口や放水口
の流量あるいは使用水量の大小により異なる。④の文は「それぞれの発電所で
の有効落差は一定の値になる」としているため不適切。

Manningの公式において、通水量は径深の2/3乗に、動水勾配の1/2乗に比
例する。⑤の文は「通水量は径深の1/2乗に比例する」としているため不適切。
③の文が最も適切。

【解答】　③

【学習にあたってのキーワード】

貯水ダム、サーチャージ水位、アーチダム、有効落差、Manningの公式

【問題17】

我が国の発電や電源別発電電力量構成比に関する次の記述のうち、最も不適
切なものはどれか。

①　我が国の発電は、かつては水力発電が中心であったが、豊富で安い石油
の出現などによって、1955年頃から火力発電が水力発電を上回るように
なった。

②　オイルショック以降は、高価で供給の不安定な石油に代わって、原子力、
石炭、LNGなどの代替エネルギーを使った電源の開発が進んだ。

③　2018年度における電源別発電設備構成比（10電力会社の合計値）を見ると、LNGによる火力発電が38.3％と最も多く、石炭火力発電が31.6％と続いている。

④　原子力については、東日本大震災の影響により、2013年9月以降原子力発電所の停止が続いていたが、2015年8月に九州電力川内原子力発電所1号機が運転を再開し、順次原子力発電所の再稼動が始まり、2018年度の発電量は649億kWh（電源別発電電力量構成比6.2％）まで増加した。

⑤　水力は、1960年代には大規模水力発電所に適した地点での開発はほぼ完了し、発電電力量は横ばいの状態が続き、2018年度の揚水発電を含む水力の発電電力量は963億kWh（電源別発電電力量構成比9.2％）となっている。

【解説】2018年度における電源別発電電力量は、LNG火力38.3％（4,029億kWh）、石炭火力31.6％（3,324億kWh）、石油等火力7.0％（737億kWh）、新エネ等9.2％（963億kWh）、水力7.7％（810億kWh）、原子力6.2％（649億kWh）となっている（データ出典：エネルギー白書2020）。

　⑤の文は「……、2018年度の揚水発電を含む水力の発電電力量は963億kWh（電源別発電電力量構成比9.2％）となっている」として、新エネ等の発電電力量の数値と入れ替えているため不適切。

【解答】⑤

【学習にあたってのキーワード】

電源別発電電力量構成比、LNG火力発電、石炭火力発電、石油等火力発電、新エネ等発電、水力発電、原子力発電

【問題18】

火力発電に関する次の記述のうち、最も不適切なものはどれか。

①　内燃力発電は、汽力発電などと異なりボイラを必要としないので建設費が安く、大容量で熱効率も高いが、燃料費が高く、騒音や振動を伴うという欠点がある。

②　コンバインドサイクル発電は、火力発電のうち、ガスタービンエンジンを回した排気ガスの熱を回収して蒸気タービンを回し、高い発電効率を得るという、ガスタービンと蒸気タービンを組み合わせた発電方式をいう。

③　火力発電の熱効率は、火力発電所で燃やした燃料のうち、どれくらいの量が電気に変わったかという割合を示すもので、得られる電気出力を、使用した燃料の発熱量で割ることによって求められる値である。

④　ガスタービン発電の燃料としては、重油、原油、軽油、LNGなどが用いられる。

⑤　汽力発電は、火力発電のうち、石油や石炭、LNGなどの燃料をボイラで燃焼し、その熱で水を蒸気に換え、その蒸気の力で蒸気タービンを回転させることにより発電する方式である。

【解説】内燃力発電は、汽力発電などと異なりボイラを必要としないので建設費が安く、小型軽量で熱効率も高いが、燃料費が高く、騒音や振動を伴い技術的に大容量のものは望めないという欠点がある。①の文は「大容量で熱効率も高い」としているため不適切。

【解答】①

【学習にあたってのキーワード】

内燃力発電、コンバインドサイクル発電、火力発電の熱効率、ガスタービン発電、汽力発電

【問題19】

発電・エネルギーに関連する次の記述のうち、最も不適切なものはどれか。

①　将来的には、プルトニウムを高速増殖炉で利用することにより、ウラン資源の利用効率を飛躍的に高めることができるが、実用化にはまだ時間がかかるため、プルトニウムとウランを混合した酸化物燃料の形で利用するプルサーマル計画が進められている。

②　負荷率が少ないほど電力設備の利用率がよく、電力系統の経済的な運用が可能となる。

③　発電コストの中で、燃料費の占める割合の低い石炭火力発電やLNG火力発電は、燃料価格の変動に対して発電コストにあまり影響がないため、安定的なコストを維持しやすい発電方法といえる。

④　風力発電で得られる発電量は、風速の3乗に比例するため、設置する場所の平均風速が大きいことが必要である。

⑤　年間の設備利用率が与えられれば、発電所の設備容量から実際に年間に発生した電力量を算出することができる。

【解説】負荷率が高ければ高いほど電力設備の利用率がよく、電力系統の経済的な運用が可能となる。②の文は「負荷率が少ないほど電力設備の利用率がよく」としているため不適切。

【解答】②

【学習にあたってのキーワード】

　プルサーマル、負荷率、発電方式別の発電コスト、風力発電、発電設備の利用率

【問題20】

　ダムを計画する際に考慮する河川の流量に関する次の記述のうち、最も不適切なものはどれか。

① 　豊水流量とは、1年を通じて95日間はこれより低下しない流量の値のことである。

② 　平水流量とは、1年を通じて185日間はこれより下回らない流量の値のことである。

③ 　最大流量とは、期間中の最大流入量の値のことである。

④ 　低水流量とは、1年を通じて275日間はこれより低下しない流量の値のことである。

⑤ 　渇水流量とは、1年を通じて335日間はこれを下回らない流量の値のである。

【解説】渇水流量は、1年を通じて355日はこれを下回らない（1年間のうちの10日間はこの流量が確保されない）流量の値で、渇水時の流況を示す指標のことである。⑤の文は「渇水流量とは、1年を通じて335日間はこれを下回らない流量の値」としているため不適切。

【解答】⑤

【学習にあたってのキーワード】

　河川の流量

【問題21】

　原子力発電所に関する次の記述のうち、最も不適切なものはどれか。

① 　原子力発電設備特有の立地条件の1つに、地震活動の低い地帯であることが挙げられる。

② 　原子力発電所の基礎地盤としては、第三紀以前に形成された堅牢な岩盤、洪積層またはこれに相当する支持力を持つことが条件となる。

③ 　基準地震動は、「敷地ごとに震源を特定して策定する地震動」及び「震源を特定せず策定する地震動」について策定する。

④ 　原子力発電設備は、安全確保の面から火力発電所と同等の耐震設計が要求される。

⑤ 　原子力発電所の温排水対策として、必要に応じて放水口の位置を漁場な

> どから離れたところに設ける、取水口は温排水が再循環しないような位置
> に設ける、深層取水設備を施すなどがある。

【解説】原子力発電設備は、安全確保の面から火力発電所に比べて特に厳しい耐震
設計が要求される。

　④の文は「原子力発電設備は、安全確保の面から火力発電所と同等の耐震設
計が要求される。」としているため不適切。

【解答】④

【学習にあたってのキーワード】

　原子力発電設備、第三紀、洪積層、基準地震動、温排水対策、放水口、取水口、
深層取水設備

【問題22】

電力土木設備に関連する次の記述のうち、最も不適切なものはどれか。

① 流込み式発電所は、調整池式発電所に比べて最大使用水量を大きくとる
ことができ、また、河川をより有効に利用できる。

② 貯水ダムは、洪水調節、灌漑、発電、上下水道などに利用され、1つの
用途にのみ供せられるものを専用ダム、2つ以上の用途に共用されるもの
を多目的ダムという。

③ 鉄塔の荷重は、径間電線と鉄塔自体への風荷重や電線の自重、張力なら
びに電線に付着する氷結荷重が主なもので、高温季と低温季に分けて各々
の想定荷重を外力とするトラス構造として設計する。

④ 復水器は、火力発電所ならびに原子力発電所において、タービンを回し
終えた蒸気を冷却して水に戻す設備である。

⑤ ヘッドタンクは、水力発電施設において負荷の変動に伴う水圧管流量と
導水管流量との差を調整して、負荷急増時には速やかに水量を補給し、負
荷減少時には余水を排除するとともに流水中の土砂を沈殿除去するために、
無圧導水路の最終部に水圧管との接続部として設けられる水槽である。

【解説】調整池式発電所は、流込み式発電所に比べて最大使用水量を大きくとるこ
とができ、また、河川をより有効に利用できる。①の文は、流込み式発電所と
調整池式発電所が逆さまであるため不適切。

【解答】①

【学習にあたってのキーワード】

　調整池式発電所、貯水ダム、鉄塔、復水器、ヘッドタンク

【問題23】

地下発電所に関する次の記述のうち、最も不適切なものはどれか。

① 換気や排水、照明などに特別な配慮が必要である。

② 地下に大空洞を掘削するため、地質状態により経済性が支配される。

③ 寒冷地で雪害や氷害のおそれがなく、岩石の崩落などに対しても安全である。

④ 地下にあるため、断層や洪水等の影響が少ない。

⑤ 火災や地震、テロに対して比較的安全である。

【解説】 地下式発電所は主としてヨーロッパから発展したものであり、我が国では山岳地帯でのダム式発電所の地形条件や降雪時期の工期の確保から地下発電所が建設されはじめ、その後、揚水式発電所の建設に伴って地下式発電所が増えた。地下発電所を設置する場合は、断層や洪水等、水に対する特段の留意が必要である。

　　④の文は「地下にあるため、断層や洪水等の影響が少ない。」としているため不適切。

【解答】 ④

【学習にあたってのキーワード】

　地下発電所、ダム式発電所、揚水式発電所

【問題24】

火力発電所放水口における温排水の放水方式に関する次の記述のうち、最も不適切なものはどれか。

① 表層放水は、従来から一般に採用されている方式で海水の表層に1m/秒以下の低速で放水する。

② 表層放水方式では、放水された温排水の大部分は密度流となって表層部を流れ、水平拡散によって希釈される。

③ 表層放水方式では、周辺海水との混合や大気との熱交換によって水温が低下し周辺の海水温に戻るため、温排水の拡散範囲を縮小することができる。

④ 水中放水は、水中に設置した放水口から2～5m/秒程度の比較的高流速で放水する。

⑤ 放水方式の選定に当たっては、発電所立地場所の地形、港湾や漁港等の利用状況などとともに、船舶に対する流動変化の影響や漁業に対する影響等も考慮する。

【解説】 表層放水方式では、周囲の海水より密度が小さい温排水は表層を薄く広がり、

周辺海水との混合や大気との熱交換によって水温が低下し、周辺の海水温に戻る。一方、水中放水方式は、温排水が表層に浮上する間に周囲の海水を多量に巻き込み、水温を急速に低下させることで拡散範囲の縮小を図ることができる。

③の文は「表層放水方式では、……、温排水の拡散範囲を縮小することができる。」としているため不適切。

【解答】③

【学習にあたってのキーワード】

温排水の放水方式、表層放水方式、水中放水方式、冷却水の取水設備方式

【問題25】

水力発電所に関する次の記述のうち、最も不適切なものはどれか。

① 導水路は、水理学的には無圧水路と圧力水路に分けられるが、無圧水路は水路式発電所に、圧力水路はダム水路式発電所に用いられる。

② 有効落差は、同じ発電所でも、そのときの取水口や放水口の流量あるいは使用水量の大小により異なる。

③ ヘッドタンクの容量は地形、工費の許す範囲で大きくすることが望ましく、一般には導水路からの補給がないとして、最大使用水量の1～2分程度安全に運転できる有効容量が必要になる。

④ 制水口サージタンクは、水槽内に断面積の小さい円筒形の立て坑を立てて水路と直結させ、水槽はその底部の小孔で水路と連絡させたものである。

⑤ 水圧管路は地上に設置される例が多いが、トンネルなどにより地下に設置されることもある。

【解説】サージタンクは、水力発電施設において水車が急停止した場合に、水撃作用によって生じる圧力トンネル内の異常な圧力上昇を防ぐとともに、発電所の負荷の増減に応じて水量の補給や収容を行うために、圧力導水路と水圧管との接合部に設ける自由水面をもった水槽をいう。

サージタンクの形式のうち、差動サージタンクは水槽内に断面積の小さい円筒形の立て坑を立てて水路と直結させ、水槽はその底部の小孔で水路と連絡させたものである。また、制水口サージタンクは、水槽と水路とを制水口で連絡したものである。④の文は、差動サージタンクの内容を「制水口サージタンクは、……」としているため不適切。

【解答】④

【学習にあたってのキーワード】

導水路、水路式発電所、ダム水路式発電所、有効落差、ヘッドタンク、制水口サージタンク、差動サージタンク、水圧管路

5.7 「道路」の問題

【問題1】※令和3年度試験　関連問題

次の「舗装の性能指標」と「性能指標の値の確認方法」との組合せのうち、最も適切なものはどれか。ただし、「性能指標の値の確認方法」に示す方法は、その「性能指標」の値を確認する唯一の方法とは限らない。

	舗装の性能指標	性能指標の値の確認方法
①	疲労破壊輪数	ベンケルマンビームによるたわみ測定方法
②	塑性変形輪数	ラベリング試験による変形量測定方法
③	平たん性	水糸による段差測定方法
④	浸透水量	定水位透水試験器による透水係数測定方法
⑤	すべり抵抗値	すべり抵抗測定車による測定方法

【解説】「舗装性能評価法―必須および主要な性能指標の評価法編―」（日本道路協会）では、「疲労破壊輪数」、「塑性変形輪数」、「平たん性」、「浸透水量」、「騒音値」、「すべり抵抗値」のそれぞれの性能指標に対する測定方法として、次に示す方法を取り上げている。

舗装の性能指標	測定方法
疲労破壊輪数	・疲労破壊輪数を求めるための FWD によるたわみ測定方法
塑性変形輪数	・塑性変形輪数を求めるためのホイールトラッキング試験機による動的安定度測定法
平たん性	・平たん性を求めるための 3 メートルプロフィルメータによる測定方法 ・平たん性を求めるための路面性状測定車による測定方法
浸透水量	・浸透水量を求めるための現場透水試験器による透水量測定方法
騒音値	・騒音値を求めるための舗装路面騒音測定車によるタイヤ／路面騒音測定方法
すべり抵抗値	・すべり抵抗値を求めるためのすべり抵抗測定車によるすべり摩擦係数測定方法 ・すべり抵抗値を求めるための DF テスタによる動的摩擦係数測定方法

したがって⑤の組合せが最も適切。

【解答】⑤

【学習にあたってのキーワード】

舗装の性能指標、疲労破壊輪数、塑性変形輪数、平たん性、浸透水量、騒音値、すべり抵抗値

【問題2】

道路構造に関する次の記述のうち、最も不適切なものはどれか。

① 高速自動車国道および自動車専用道路以外の道路の区分は、地方部に存する場合には第3種、都市部に存する場合には第4種となる。

② 設計速度は、道路の設計の基礎とする自動車の速度であるため、幾何構造の面から設計速度を超える速度で安全に走行することはできない。

③ 第2種第1級の道路の車線幅員は、3.5 mと規定されているが、やむを得ない場合においては、3.25 mに縮小することができるとしている。

④ 自転車歩行者道の幅員は、歩行者の交通量が多い道路にあっては4 m以上、その他の道路にあっては3 m以上とするものとしている。

⑤ 車道部の建築限界の高さは、設計車両の高さ3.8 mに余裕高を加えて4.5 mとしている。

【解説】設計速度は、天候が良好でかつ交通密度が低く、車両の走行条件が道路の構造的な条件のみに支配されている場合に、平均的な技量をもつ運転者が、安全にしかも快適性を失わずに走行できる速度とされている。そして、幾何構造の要素は自動車の走行安全性に対しては余裕を持たせてあり、線形等の条件が良ければ設計速度を超える速度でも安全に走行することは可能である。

②の文は「……幾何構造の面から設計速度を超える速度で安全に走行することはできない。」としているため誤り。

【解答】②

【学習にあたってのキーワード】

道路の区分、設計速度、車線幅員、自転車歩行者道の幅員、建築限界

【問題3】

道路計画に関する次の記述のうち、最も不適切なものはどれか。

① OD調査の内容は、自動車の出発地から目的地の交通量のほかに交通目的、発着地の施設、その時刻の乗車人員、積載貨物の品目、トン数、トリップ時間、距離等であり、運転者への面接によって調査を行う。

② 30番目時間交通量は、交通量はそのままの値ではなく、年平均日交通量に対する百分率として表している。

③　設計時間交通量は、道路設計の基礎となる交通量で、当該道路の計画目標年次における時間当たりの交通量である。

④　設計交通量は、計画目標年次における30番目時間交通量とすることを標準とする。

⑤　設計基準交通量は、道路の舗装構造を決定する際に基準となる交通量で、1車線あたりの日単位に換算した交通容量というべきものである。

【解説】設計基準交通量は、道路の車線数の決定の基準となる交通量で、1車線あたりの日単位に換算した交通容量というべきものであり、舗装構造の決定には用いられない。⑤の文は「道路の舗装構造を決定する際に基準となる交通量」としているため不適切。

【解答】⑤

【学習にあたってのキーワード】

OD調査（自動車起終点調査）、30番目時間交通量、設計時間交通量、設計基準交通量

【問題4】

道路舗装に関する次の記述のうち、最も不適切なものはどれか。

①　車道及び側帯の舗装の必須の性能指標は、輪荷重の繰り返し載荷に関係する疲労破壊輪数、塑性変形輪数及び車両の走行性に関係するすべり抵抗性である。

②　アスファルト舗装は、自動車荷重によるせん断には抵抗するが曲げには抵抗できないので、たわみ性舗装という。

③　低騒音舗装とは、車両走行に伴い発生するエアポンピング音などの発生を抑制するなどにより騒音を低減する舗装であり、一般的には開粒度アスファルト混合物を用いることが多い。

④　遮熱性舗装とは、舗装表面に到達する日射エネルギーの約半分を占める近赤外線を高効率で反射し、舗装への蓄熱を低減することによって路面温度の上昇を抑制する舗装のことである。

⑤　積雪寒冷地域や路面の凍結する箇所では、耐摩耗性の高いアスファルト混合物を表層に使用するが、アスファルト量が多いほど耐摩耗性は向上する。

【解説】車道及び側帯の舗装の必須の性能指標は、疲労破壊輪数、塑性変形輪数及び平たん性の3項目としており、雨水を道路の路面下に円滑に浸透させることができる構造とする場合においては、これに浸透水量を加える。さらに必要に

応じて、すべり抵抗、耐骨材飛散、耐摩耗、騒音の発生の減少等の観点から舗装の性能指標を追加するものとしている。

①の文は「車道及び側帯の舗装の必須の性能指標は、輪荷重の繰り返し載荷に関係する疲労破壊輪数、塑性変形輪数及び車両の走行性に関係するすべり抵抗性である。」としているため不適切。

【解答】①

【学習にあたってのキーワード】

舗装の性能指標、疲労破壊輪数、塑性変形輪数、すべり抵抗性、平たん性、アスファルト舗装、低騒音舗装、遮熱性舗装、耐摩耗性

【問題5】

道路を整備する際の構造の技術的基準に関する次の記述のうち、最も不適切なものはどれか。

① 停車帯の幅員は、大型車の停車を考慮し、2.5メートルを標準とする。

② 副道の幅員は、4メートルを標準としている。

③ 道路構造令では、分離帯には、さくその他これに類する工作物を設け、又は側帯に接続して縁石線を設けるものとする、としている。

④ 歩道の幅員は、道路構造令により歩行者の交通量が多い道路にあっては3.5メートル以上、その他の道路にあっては2メートル以上とすると定められている。

⑤ 自転車道等を設置しない第3種の道路にあっては、自転車が車道を走行することになるので、自転車の走行の安全性を考慮して片勾配の最大値を8％としている。

【解説】自転車道等を設置しない第3種の道路にあっては、自転車が車道を走行することになるので、自転車の走行の安全性を考慮して片勾配の最大値を6％としている。⑤の文は「片勾配の最大値を8％としている」としているため不適切。

【解答】⑤

【学習にあたってのキーワード】

停車帯、副道、分離帯、歩道の幅員、曲線部の片勾配

【問題6】

道路の視距に関する次の記述のうち、最も不適切なものはどれか。

① 追越視距は2車線道路において必要な長さであり、これ以上の視距がすべての道路で確保されなければならない。

② 追越視距は、車道の中心線上1.2mの高さから、車道の中心線上にある高さ1.2mの対象物を見通すことができる距離を、車道の中心線に沿って測った長さである。

③ 視距には、制動停止視距と追越視距の2種類ある。

④ 視距は、道路上を走行する車両が路面上にある障害物を発見して制動停止したり、あるいは低速車を追い越したりするときに衝突の危険のないように十分に見通すための、見通し距離である。

⑤ 制動停止視距は、車線（車線を有しない道路では車道）の中心線上1.2mの高さから、当該車線の中心線上にある高さ10cmの物の頂点を見通すことができる距離を、車線の中心線に沿って測った長さである。

【解説】追越視距は2車線道路において必要なものであるが、すべての2車線道路で追越視距を確保することはほとんど不可能であり、その必要もないことから適宜追越視距の確保された区間を設けることにしている。①の文は「これ以上の視距がすべての道路で確保されなければならない」としているため不適切。

【解答】①

【学習にあたってのキーワード】

　追越視距、視距、制動停止視距

【問題7】

道路に関する次の記述のうち、最も不適切なものはどれか。

① 第1種の道路は、道路の種類（高速自動車国道とそれ以外の道路の別）、道路の存する地域の地形ならびに計画交通量に応じて第1級から第4級までに区分される。

② 透水性舗装材料には、アスファルト系、樹脂系、コンクリート系、ブロック系などがあり、アスファルト系の透水性舗装の表層には開粒度アスファルト混合物が用いられる。

③ 排水性舗装は、舗装の性能指標として浸透水量が定められている。

④ 道路構造令では、道路と鉄道とが平面交差する場合に交差角は60度以上とすること、と規定している。

⑤ 設計速度を基に、曲線半径や片勾配、視距などの線形要素の基準が決まる。

【解説】道路構造令では、道路と鉄道とが平面交差する場合に交差角は45度以上とすること、と規定している。④の文は「交差角は60度以上とする」としているため不適切。

【解答】④

【学習にあたってのキーワード】

　道路の区分、透水性舗装、排水性舗装、鉄道等との平面交差、設計速度

【問題8】

　道路の持つ機能に関する次の記述の、 a ～ d に入る語句として適切な組合せは、①～⑤のうちどれか。

　道路の機能には、大きく交通機能と空間機能の2つがある。

　交通機能は、道路の持つ一義的な機能であり、自動車や歩行者・自転車それぞれについて、安全・円滑・快適に通行できるという a 機能、沿道施設に容易に出入りできるなどというアクセス機能、自動車が駐車したり歩行者が滞留できるなどという b 機能がある。

　空間機能としては、都市の骨格形成や沿道立地の促進などの市街地形成、延焼防止などのための c 空間、緑化や景観形成、沿道環境保全のための環境空間、交通施設やライフライン（上下水道等の供給処理施設）などの d 空間としての機能がある。

	a	b	c	d
①	通行	滞留	防災	収容
②	安心	滞留	遮断	立体
③	通行	自由	遮断	収容
④	安心	自由	遮断	立体
⑤	通行	青空	防災	収容

【解説】「道路構造令の解説と運用」（日本道路協会）では、道路の持つ機能として次の文を掲載している。

　『道路の機能には、大きく交通機能と空間機能の二つがある。交通機能は、道路の持つ一義的な機能であり、自動車や歩行者・自転車それぞれについて、安全・円滑・快適に通行できるという通行機能、沿道施設に容易に出入りできるなどというアクセス機能、自動車が駐車したり歩行者が滞留できるなどという滞留機能がある。空間機能としては、都市の骨格形成や沿道立地の促進などの市街地形成、延焼防止などのための防災空間、緑化や景観形成、沿道環境保全のための環境空間、交通施設やライフライン（上下水道等の供給処理施設）などの収容空間としての機能がある。』

　これよりaには「通行」が、bには「滞留」が、cには「防災」が、そしてdには「収容」が、それぞれ入ることがわかる。したがって、適切な組合せは

①になる。

【解答】①

【学習にあたってのキーワード】

　道路構造令、道路の機能、交通機能、空間機能、通行機能、アクセス機能、滞留機能、市街地形成機能、防災空間機能、環境空間機能、収容空間機能

【問題9】

道路の中央帯に関する次の記述のうち、最も不適切なものはどれか。

①　中央帯を設置することにより平面交差点をもつ道路では、右折車線を設けることができるので、交差点における交通処理上有利となる。

②　車線の数が4以上である第1種、第2種または第3種第1級の道路には、必要に応じて中央帯を設ける。

③　中央帯は安全島と同様の機能を有し、歩行者の横断が安全かつ容易になる。

④　中央帯は分離帯と側帯とで構成され、道路の種級区分に応じて分離帯と側帯の最低幅員が規定されている。

⑤　広い中央帯の設置により夜間走行時の眩光が防止でき、中央帯の幅員が小さくとも植樹や防眩網の設置等により眩光を防止することができる。

【解説】車線の数が4以上である第1種、第2種または第3種第1級の道路には、必ず中央帯を設けることとしている。②の文は「必要に応じて中央帯を設ける」としているため不適切。

【解答】②

【学習にあたってのキーワード】

　中央帯

【問題10】

道路の構造及び設計に関する次の記述のうち、最も不適切なものはどれか。

①　一方向2車線以下の普通道路における舗装計画交通量は、大型自動車の方向別の日交通量の70〜100％が1車線を通過するものとすることが一般的である。

②　道路の平面線形の設計にあたり、同方向に屈曲する曲線の間に短い直線を入れることは、避けることが望ましい。

③　第1種、第2種、または第3種第1級の道路（対向車線を設けない道路を除く）の車線は、往復の方向別に分離するものとし、車線を往復の方向別に分離するため必要があるときは中央帯を設ける。

④　車線の幅員は、車両の幅員に余裕幅を加えたものであるが、余裕幅は走行速度により異なり、高速なほど広くする必要がある。

⑤　車道部の建築限界は、設計車両の高さ3.8 mに余裕高を加えて4.5 mとし、小型道路（乗用車専用道路）では3.0 mとしている。

【解説】普通道路の舗装計画交通量は、舗装の設計期間内における大型自動車の平均的な交通量のことをいう。普通道路における舗装計画交通量の算定は、一方向2車線以下の道路においては、大型自動車の一方向当たりの日交通量すべてが1車線を通過するものとし、一方向3車線以上の道路においては、各車線の大型自動車の交通の分布状況を勘案して、大型自動車の方向別の日交通量の70〜100%が1車線を通過するものとする。

①の文の内容は、一方向3車線以上の道路における舗装計画交通量の説明になっているため不適切。

【解答】①

【学習にあたってのキーワード】

舗装計画交通量、平面線形、車線、車線の幅員、建築限界、小型道路（乗用車専用道路）

【問題11】

道路の設計における平面線形と縦断線形の組合せに関する次の記述のうち、最も不適切なものはどれか。

①　下り勾配で直線の先に急な平面曲線を接続することは、避けることが望ましい。

②　急な平面曲線と急な縦断勾配を組み合わせた線形は、避けることが望ましい。

③　平面線形が長い直線となっている区間に凸型縦断曲線を入れることは、避けることが望ましい。

④　1つの平面曲線内で、縦断曲線が凹凸を繰り返すことは、避けることが望ましい。

⑤　凸型縦断曲線の頂部または凹型縦断曲線の底部に急な平面曲線を入れることは、避けることが望ましい。

【解説】平面線形と縦断線形を組み合わせる設計では、視覚的な検討をして特に次の3つの点に留意しなければならないとされている。

(1) 平面曲線と縦断曲線とを重ね合わせること

(2) 平面曲線と縦断曲線との大きさの均衡を保つこと

（3）適当な合成勾配の得られる線形の組合せを選ぶこと

また、避けることが望ましい組合せとしては、以下の項目が挙げられている。

（1）急な平面曲線と急な縦断勾配を組み合わせた線形は避けること

（2）下り勾配で直線の先に急な平面曲線を接続することは避けること

（3）凸型縦断曲線の頂部または凹型縦断曲線の底部に急な平面曲線を入れることを避けること

（4）凸型縦断曲線の頂部または凹型縦断曲線の底部に背向曲線の変曲点を配することは避けること

（5）1つの平面曲線内で、縦断曲線が凹凸を繰り返すことは避けること

（6）平面線形が長い直線となっている区間に凹型縦断曲線を入れることは避けること

③の文は「平面線形が長い直線となっている区間に凸型縦断曲線を入れることは、避けることが望ましい。」としているため不適切。

【解答】③

【学習にあたってのキーワード】

平面線形と縦断線形の組合せ

【問題12】

道路を整備する際の構造の技術的基準に関する次の記述のうち、最も不適切なものはどれか。

① セメントコンクリート舗装およびアスファルトコンクリート舗装では1.5〜2%を、その他の道路では3〜5%を横断勾配の標準値としている。

② 道路では主にクロソイド曲線が、鉄道では三次放物線が緩和曲線として用いられている。

③ 交角が大きい場合の最小曲線長は、走行時間を6秒として算出し、道路交角が小さいために運転手が錯覚を起こす限界をわが国では7度として、設計速度と交角に応じた曲線長が規定されている。

④ 車道部の建築限界は、設計車両の高さ3.8 mに余裕高を加えて4.5 mとし、小型道路（乗用車専用道路）では3.5 mとしている。

⑤ 横断勾配と平面曲線が重なった線形は、勾配が大きくまた曲線半径が小さい場合には運転上危険であるため、道路構造令では合成勾配の最大値を規定することによってこれを緩和することにしている。

【解説】車道部の建築限界は、小型道路（乗用車専用道路）では3.0 mとしている。

④の文は「小型道路（乗用車専用道路）では3.5 m」としているため不適切。

【解答】④

【学習にあたってのキーワード】

　横断勾配、緩和曲線、曲線長、建築限界、合成勾配

【問題13】

　道路を整備する際の構造の技術的基準に関する次の記述のうち、最も不適切なものはどれか。

① 道路構造令では、道路の区分に応じて自動車専用道路では120〜60 km/h、一般道路では80〜20 km/hの設計速度を定めている。

② 道路構造令では追越視距を対象として、設計速度に応じた視距の最小値を定めている。

③ 縦断勾配が5%を越える車道には、必要に応じて幅員3 mの登坂車線を設けるものとしている。

④ 車線数は、計画交通量が設計基準交通量の値以下の場合は2とし、これを超える場合は4以上の偶数とする。

⑤ 歩道・自転車道及び自転車歩行者道の建築限界は、高さ2.5 mである。

【解説】道路構造令では制動停止視距を対象として、設計速度に応じた視距の最小値を定めている。②の文は「追越視距を対象として」としているため不適切。

【解答】②

【学習にあたってのキーワード】

　設計速度、制動停止視距、縦断勾配、車線、建築限界

【問題14】

　道路の構造及び設計に関する次の記述のうち、最も不適切なものはどれか。

① 平面線形の設計にあたっては、道路交角が小さい場合に曲線長が短い円曲線を入れることを避けることが望ましい。

② 計画交通量は、OD調査などの分析から推定した現在交通量に交通量の伸び率を考慮したものである。

③ 歩道の幅員は、歩行者の交通量が多い道路にあっては3.5 m以上、その他の道路にあっては2 m以上とすると定められている。

④ セメントコンクリート舗装およびアスファルトコンクリート舗装では1.5〜2%を、その他の道路では3〜5%を横断勾配の標準値としている。

⑤ 平面線形の設計にあたっては、連続した円曲線相互の曲線半径の比を適切なものとすることが望ましい。

【解説】計画交通量は、計画設計を行う路線の計画目標年次における年平均日交通量をいう。目標年次としては計画策定時の20年後と考えられているが、路線の性格や重要性などを考慮して10年後あるいは15年後とする場合もある。計画交通量は、OD調査などの分析から推定した現在交通量に誘発交通量および開発交通量などを加えて、これに交通量の伸び率を考慮したものである。

　②の文は「現在交通量に交通量の伸び率を考慮したもの」としているため不適切。

【解答】②

【学習にあたってのキーワード】

　平面線形、計画交通量、歩道の幅員、横断勾配

【問題15】

道路交通センサスに関する次の記述のうち、最も不適切なものはどれか。

① 道路交通センサスは昭和3年（1928年）の「全国交通調査」に端を発し3〜5年ごとに実施されてきたが、昭和55年度以降は概ね5年に1回の割合で実施されている。

② 道路交通センサスは、道路及び交通状況の分析や将来交通量の推計に用いられ、将来の道路の改築計画や維持・修繕などの立案には活用されているが、NO_xやSPM等の排出量の算定等の環境に係る資料としてはあまり利用されない。

③ 道路交通センサスは、一般交通量調査、自動車起終点調査、駐車調査、機能調査、の4つの調査項目から構成されている。

④ 駐車調査は、人口20万人以上の都市もしくは県庁所在地に対して実施する。

⑤ 一般交通量調査は、道路状況調査、交通量調査、旅行速度調査、の3つの調査内容に分けられる。

【解説】道路交通センサスの調査結果は、路線または地域別に渋滞状況などの道路及び交通状況の分析や将来交通量の推計をはじめ、将来の道路の改築計画、維持・修繕などの立案や環境影響評価などへの活用、NO_xやSPM等の車種別排出原単位や排出量の算定等の基礎資料として活用されている。②の文は「NO_xやSPM等の排出量の算定等の環境に係る資料としてはあまり利用されない」としているため不適切。

【解答】②

【学習にあたってのキーワード】

　道路交通センサス

【問題16】

車道及び側帯の舗装の性能とその性能指標に関する組合せとして、最も不適切なものは次のうちどれか。

	舗装の性能	性能指標
①	摩耗抵抗性	ねじれ抵抗性
②	すべり抵抗性	すべり抵抗値
③	塑性変形抵抗性	塑性変形輪数
④	明色性	輝度
⑤	ひび割れ耐久性	疲労破壊輪数

【解説】「摩耗抵抗性」の性能指標は「すり減り量」で、粗骨材の材質に大きく左右される。一方、「ねじれ抵抗性」という性能指標に対応する舗装の性能は「骨材飛散抵抗性」である。したがって、①の「摩耗抵抗性」と「ねじれ抵抗性」の組合せが不適切。

【解答】①

【学習にあたってのキーワード】

性能指標、すり減り量、ねじれ抵抗性、すべり抵抗値、塑性変形輪数、輝度、疲労破壊輪数

【問題17】

道路構造の基準は、全国一律に定めるべきものから地域の状況に応じて運用すべきものまで様々であることから、「道路構造令」の規定はある程度の運用幅を想定したものとなっている。地域の状況に応じた道路構造の採用に関する次の記述のうち、最も不適切なものはどれか。

① 将来的に交通量が少ないと見込まれる高規格幹線道路では、往復分離した完成2車線構造を採用することができる。

② 都市部の道路では、歩道は両側に設置することが原則とされているが、地形の状況その他の特別の理由により、やむを得ない場合には片側への設置ができる。

③ 道路交通の安全の保持に著しい支障が生じない場合には経済性を考慮し、地域の状況に応じて建築限界の中に路上施設を設けることができる。

④ 山地部の道路では、全てを2車線で整備するのではなく、1車線の整備や待避所の設置等と組み合わせて道路整備を行う「1.5車線的道路整備」を採用することができる。

⑤　普通道路の整備が困難な箇所において、効率的に渋滞対策等を進めるために専ら小型自動車等のみの通行の用に供する道路では、小型道路を設置することができる。

【解説】「道路構造令」では、構造物等により車両や歩行者の交通の安全性・円滑性に支障をきたすことを防ぐため、構造物を配置してはならない一定の幅、一定の高さの範囲を、建築限界として定めている。そのために、建築限界の中に路上施設を設けるような特例規定は定められていない。③の文は「……、地域の状況に応じて建築限界の中に路上施設を設けることができる。」としているため不適切。

【解答】③

【学習にあたってのキーワード】

高規格幹線道路、完成2車線構造、歩道、建築限界、1.5車線的道路整備、小型道路

【問題18】

道路の計画・設計に関する次の記述のうち、最も不適切なものはどれか。

①　道路の機能の中の交通機能は、道路の持つ一義的な機能であり、自動車や歩行者・自転車それぞれについて、通行機能、アクセス機能、滞留機能などがある。

②　道路の機能の中の空間機能には、市街地形成機能、防災空間機能、環境空間機能、収容空間機能などがある。

③　道路構造の決定に当たっては、必要とされる機能が確保できる道路構造について検討し、さらに、各種の制約や経済性、整備の緊急性、道路利用者等のニーズなどの地域の実状を踏まえて適切な道路構造を総合的に判断する。

④　道路構造の基準は、全国一律に定めるべきものから、地域の状況に応じて運用すべきものまで様々であることから、道路構造令の規定はある程度の運用幅を想定したものとなっている。

⑤　道路の中央帯は、分離帯と側帯とで構成され、道路の設計速度に応じて分離帯と側帯の最低幅員が規定されている。

【解説】道路の中央帯は、分離帯と側帯とで構成され、道路の種級区分に応じて分離帯と側帯の最低幅員が規定されている。

⑤の文は「道路の中央帯は、……、道路の設計速度に応じて分離帯と側帯の最低幅員が規定されている。」としているため不適切。

【解答】⑤

【学習にあたってのキーワード】

　道路の機能、交通機能、通行機能、アクセス機能、滞留機能、空間機能、市街地形成機能、防災空間機能、環境空間機能、収容空間機能、道路構造の決定、道路構造の基準、中央帯、分離帯、側帯、設計速度、道路の種級区分

【問題19】

　道路交通需要予測で用いられる利用者均衡配分法に関する次の記述のうち、最も不適切なものはどれか。

① 分割回数や分割比率等の恣意的なパラメータがなく、理論的に説明ができる。

② 設計要素によって定まる道路特性を反映した適切なリンクパフォーマンス関数を設定することにより、路線の交通量と旅行時間の両方を精度高く推計することができる。

③ 分割配分で実務上算出してきたリンク交通量や、経路交通量、リンク交通量のOD内訳、交差点方向別交通量などのアウトプット項目すべてを算出することはできない。

④ 新規整備路線のありなしで配分結果を比較した場合に、新たな道路整備の影響をあまり受けない既存道路の配分交通量が大きく変化してしまうような問題が生じにくい。

⑤ 利用者均衡の概念に基づいているため、配分以外の段階における需要変動を考慮した統合型モデル等、多様な政策の評価に対応したモデルへの拡張性が高い。

【解説】利用者均衡配分法の特徴の1つとして『分割配分で実務上算出してきた各種アウトプット項目（リンク交通量、経路交通量、リンク交通量のOD内訳、交差点方向別交通量など）を、利用者均衡配分でも同様に算出することができる。』ということがある。

　　③の文は「分割配分で実務上算出してきたリンク交通量や、経路交通量、リンク交通量のOD内訳、交差点方向別交通量などのアウトプット項目すべてを算出することはできない」としているため不適切。

【解答】③

【学習にあたってのキーワード】

　道路交通需要予測、利用者均衡配分法、Wardropの第一原則、リンクパフォーマンス関数、リンク交通量、経路交通量、リンク交通量のOD内訳、交差点方向別交通量、配分交通量、4段階推定（推計）法

【問題20】

道路構造に関する次の記述のうち、最も不適切なものはどれか。

① 都市部の自動車専用道路ではない一般国道において、計画交通量が4,000台以上の普通道路については、車道の幅員を3mとしている。

② 道路の区分に応じて、一般道路では80～20km/hの設計速度を定めている。

③ 停車帯の幅員は、2.5mを標準としているが、自動車の交通量のうち大型の自動車の交通量の占める割合が低いと認められる場合においては、1.5mまで縮小することができる。

④ 歩行者専用道路の幅員は、当該道路の存する地域及び歩行者の交通の状況を勘案して、2m以上とすることとしている。

⑤ 設計速度を基にして、道路の曲線半径や片勾配、視距などの線形要素の基準が決まる。

【解説】計画交通量が4,000台以上ある、都市部の自動車専用道路ではない一般国道の道路区分は道路構造令第3条より第4種第1級になる。第4種第1級の道路の車線幅員は、道路構造令第5条第4項より、普通道路は3.25m、小型道路は2.75mとされている。したがって「車道の幅員を3mとしている」としている①の文は不適切。

【解答】①

【学習にあたってのキーワード】

道路の区分、車線、設計速度、停車帯、歩行者専用道路

5.8 「鉄道」の問題

【問題1】 ※令和3年度試験 関連問題

鉄道における軌道構造に関する次の記述のうち、最も不適切なものはどれか。

① スラブ軌道は道床が軽いため、高架橋に用いた場合の荷重に対する負担が少なくて済む。

② ロングレールは、軌道の欠点部である継目を溶接によって無くし、騒音・振動の減少や乗り心地の改善、線路保守の軽減などを目的としたもので、長さを100 m以上のレールをいう。

③ バラスト道床は、まくら木から受ける圧力を効率よく分散させて路盤に伝えること、振動を吸収するとともに排水性も良いこと、建設費が安く軌道狂いの修正などの維持も容易なことなどから、使われた歴史も古く最も広く用いられている。

④ まくら木は、材料により木まくら木、PCまくら木、鉄まくら木、合成まくら木などがあるが、耐用年数が長くて頑丈なPCまくら木が主流になっている。

⑤ 強化路盤は、路盤表面の支持力を高め、バラストの貫入を防ぎ、保守作業の軽減を図ることを目的とするもので、砕石路盤とスラグ路盤とがある。

【解説】 ロングレールは、軌道の欠点部である継目を溶接によって無くし、騒音・振動の減少や乗り心地の改善、線路保守の軽減などを目的としたもので、長さを200 m以上のレールをいう。200 m以上としているのは、レール両端の可動区間の長さが通常それぞれ100 m前後であることから、ロングレールの長さはその2倍の200 mとしたものである。②の文は「長さを100 m以上のレールをいう」としているため不適切。

【解答】 ②

【学習にあたってのキーワード】

スラブ軌道、ロングレール、バラスト道床、まくら木、強化路盤

【問題2】

鉄道に関する次の記述のうち、最も不適切なものはどれか。

① リード曲線は、分岐器においてポイントとクロッシングを連絡するリードレールの曲線である。

② 　まくら木の配置本数は、25 m レール1本あたりのまくら木の配置本数を示すもので、並まくら木、橋まくら木のそれぞれについて、本線路と側線とに分けて定められている。

③ 　バラスト道床は、まくら木から受ける圧力を効率よく分散させて路盤に伝えること、振動を吸収するとともに排水性も良いこと、建設費が安く軌道狂いの修正などの維持も容易なことなどから、使われた歴史も古く最も広く用いられている。

④ 　スラブ軌道の充填層は、レール締結装置とともに、軌道全体に弾性を与えること、ならびにスラブを一定の位置に十分な強度で保持することなどの機能を有している。

⑤ 　カントおよび曲率を逓減する場合に、逓減方法として曲線逓減を採用したのが3次放物線であり、直線逓減を採用したものがサイン半波長逓減曲線である。

【解説】緩和曲線として在来線では、一般に3次放物線が用いられているが、カントおよび曲率を逓減する場合に、逓減方法として直線逓減を採用したのが3次放物線であり、曲線逓減を採用したものがサイン半波長逓減曲線である。⑤の文は「曲線逓減を採用したのが3次放物線であり、直線逓減を採用したものがサイン半波長逓減曲線」としているため不適切。

【解答】⑤

【学習にあたってのキーワード】
リード曲線、まくら木、バラスト道床、充填材、サイン半波長逓減曲線

【問題3】
鉄道施設の構造に係る技術上の基準に関する次の記述のうち、最も不適切なものはどれか。

① 　本線における最小曲線半径の値は、160～600 m としているが、地形上などのためにやむを得ない場合は、最小曲線半径を160 m とすることができるとしている。

② 　強化路盤の層厚は、新幹線、在来線ロングレール区間、在来線継目軌道区間について、それぞれ路床条件ごとに標準構造が定められている。

③ 　わが国で用いられている軌間は、新幹線で基本としている1,435 mm、在来線で基本としている1,067 mm、路面電車の軌間をそのまま高速鉄道に発展させた1,372 mm、非常に狭いナローゲージと呼ばれる762 mm の4種類がある。

④ カントの最大値として、在来線では105 mm、新幹線では180 mmに制限している。

⑤ 分岐附帯曲線を除いた本線における円曲線の長さは、車両の長さの3倍以上としなければならないとされている。

【解説】分岐附帯曲線を除いた本線における円曲線の長さは、最大の車両の長さ以上としなければならないとされている。⑤の文は「円曲線の長さは、車両の長さの3倍以上」としているため不適切。

【解答】⑤

【学習にあたってのキーワード】

曲線半径、強化路盤、軌間、カントの最大値、円曲線

【問題4】

都市における地下鉄に関する次の記述のうち、最も不適切なものはどれか。

① わが国最初の地下鉄は、ロンドンの地下鉄が世界で初めて開業してから64年後の昭和2年に、上野駅と浅草駅の区間で開通した。

② 首都圏と近畿圏を除く政令指定都市での地下鉄の路線数は、札幌市営地下鉄は3路線、名古屋市営地下鉄は6路線、福岡市地下鉄3路線などになっている。

③ 地下鉄の駅間隔について、地下鉄事業者の路線総延長を駅の数で割るとおよそ1.2 kmとなっている。

④ わが国の地下鉄の表定速度は、およそ40 km/hである。

⑤ 騒音の低減、粘着性能の向上、軌道保守量の軽減を図ることができるゴムタイヤ式地下鉄が、1971年に、わが国ではじめて札幌市交通局で採用された。

【解説】地下鉄の表定速度（列車が駅間を走る時間に途中駅の停車時分を加えた運転時間で、列車の運転区間の距離を割った速度）は、（一社）日本地下鉄協会の資料によると、およそ30 km/hである。④の文は「わが国の地下鉄の表定速度は、およそ40 km/hである。」としているため不適切。

【解答】④

【学習にあたってのキーワード】

最初の地下鉄、地下鉄の路線数、地下鉄の駅間隔、地下鉄の表定速度、ゴムタイヤ式地下鉄

【問題5】

鉄道施設の分岐器に関する次の記述のうち、最も不適切なものはどれか。

① 列車の通過する本線に挿入する分岐器の数は極力少なくするとともに、円滑な運転が行えるようにリード曲線の大きな分岐器を用いる。

② 乗越し分岐器は、分岐部に車両を入線させる場合、基本レールもクロッシング部も乗り越える構造になっている。

③ 分岐器は、線路を切り換えるポイント、ポイントとクロッシングを連絡するリードならびに分岐した線路同士が交差するクロッシングの3部分から構成されている。

④ 分岐器の番数が大きくなるとクロッシング角が大きくなり、リード長が短くなる。

⑤ 内方分岐器は、曲線軌道から円心側すなわち内側に分岐し、外方分岐器は曲線軌道から円心側と反対の外側に分岐する。

【解説】分岐器の番数が大きくなるとクロッシング角が小さくなり、リード長が長くなる。④の文は「番数が大きくなるとクロッシング角が大きくなり、リード長が短くなる」としているため不適切。

【解答】④

【学習にあたってのキーワード】

　　分岐器、分岐器の番数

【問題6】

鉄道に関する次の記述のうち、最も不適切なものはどれか。

① 施工基面幅は、線路中心線の路盤の高さを示す基準面（施工基面）において、軌道中心から外縁までの長さである。

② けん引定数は、列車の運転計画上必要となる数値で、これにより貨物列車の連結数を決める。

③ クロッシングには固定式クロッシングと、ウイングレールとノーズレール間の連絡を、レールを可動させて車両の走行をなめらかに行えるようにした可動式クロッシングとがある。

④ 路盤噴泥の対策としては、路盤土質、排水、荷重という3つの噴泥発生原因のうち2つが良好、さらに1つが中位の状態にあるような処置を講ずる。

⑤ 曲線分岐器のうち内方分岐器は、曲線軌道から円心側すなわち内側に分岐し、外方分岐器は曲線軌道から円心側と反対の外側に分岐する。

【解説】路盤噴泥の対策としては、路盤土質、排水、荷重という3つの噴泥発生原因のうち少なくとも1つが良好、さらに1つが中位の状態にあるような処置を講ずることとして、1）道床バラスト厚を増加し、路盤に加わる応力を小さくする、2）路盤排水の改良、あるいは路盤面をアスファルト等で被覆する、3）上層路盤を透水性の良い土に置換する、などが行われている。④の文は「2つが良好、さらに1つが中位の状態にあるような処置を講ずる」としているため不適切。

【解答】④

【学習にあたってのキーワード】

施工基面幅、けん引定数、クロッシング、噴泥、分岐器

【問題7】

鉄道の軌道に関する次の記述のうち、最も不適切なものはどれか。

①　線路の軌間は、車両の構造、設計最高速度等を考慮し、車両の安全な走行及び安定した走行を確保できるものでなくてはならない。

②　鉄道車両では一般に、曲線を通過するときには、車輪のフランジが内軌側、外軌側ともにレールの内側に接触する。その対策として軌間を少し拡大して、車輪がレール上を通過しやすいようにしている。この拡大量をカントと呼ぶ。

③　軌道の欠点である継目をなくすために、溶接でつないでレールを200 m以上としたものをロングレールという。

④　スラブ軌道の場合、保守が大幅に軽減されるが、一度敷設するとその後の敷設位置の修正が困難となる。

⑤　まくら木は、軌間を一定に保持し、レールから伝達される列車荷重を広く道床以下に分散させる役割を担う。

【解説】曲線部において車輪がスムーズに走行できるように広げる軌間の拡大量はスラックである。一方、車両が曲線を通過するときに働く遠心力に対してバランスするように、外軌側のレールを内軌側のレールよりも高くした高低差はカントである。②の文は「……。この拡大量をカントと呼ぶ。」としており、『スラック』とすべきところを『カント』としているため不適切。

【解答】②

【学習にあたってのキーワード】

軌間、カント、スラック、ロングレール、スラブ軌道、まくら木

【問題8】

　鉄道施設の構造に係る技術上の基準に関する次の記述のうち、最も不適切なものはどれか。

① 　反向曲線は、方向が急変するので、その間に相当長の直線を挿入するが、新幹線においては緩和曲線に曲線逓減を用いることにより直接緩和曲線で結ぶ方法を採用している。

② 　平均速度よりも高速で通過する列車の安全のために、許容カント不足量の限度を定めている。

③ 　在来線ならびに新幹線ともに、1,435 mm を軌間の基本としている。

④ 　本線路および分岐器付帯曲線については、設計最高速度に応じた最小曲線半径が、さらにプラットホームに沿う本線、ならびに軌間0.762 mの鉄道について最小曲線半径がそれぞれ定められている。

⑤ 　新幹線の車両限界は、建築限界と同様に在来線とは別に定められており、たとえば車両の幅は、在来線で3,000 mm、新幹線では3,400 mmとなっている。

【解説】軌間は、軌道中心線が直線である区間におけるレール頭部間の最短距離をいう。わが国で用いられている軌間は、新幹線で基本としている1,435 mm、在来線で基本としている1,067 mm、路面電車の軌間をそのまま高速鉄道に発展させた1,372 mm、非常に狭いナローゲージと呼ばれる762 mmの4種類がある。③の文は「在来線ならびに新幹線ともに、1,435 mmを軌間の基本としている」としているため不適切。

【解答】③

【学習にあたってのキーワード】

　円曲線、カント、軌間、曲線半径、車両限界

【問題9】

　鉄道に関する次の記述のうち、最も不適切なものはどれか。

① 　ゲージタイは、微調整ができるようになっており、軌間の拡大しやすい分岐器の前後などに用いられる。また、レールの転倒を防ぐ働きもする。

② 　木まくら木は、PCまくら木に比べて弾性に富み、レールの締結が簡単で、取り扱いや加工が容易で、価格も低廉である反面、腐朽しやすく耐用年数が短いという欠点がある。

③ 　緩和曲線長は、緩和曲線中で曲率とカントが連続的に変化するため、こ

の変化率が一定値以下となるように定められる。

④ ロングレールは締結装置およびまくら木の縦抵抗力により、レールの温度変化による自由伸縮が妨げられるが、ある程度伸縮する可動区間は全長にわたっている。

⑤ 平面曲線は、曲線方向の組合せによって単曲線、複心曲線、反向曲線にそれぞれ区別される。

【解説】ロングレールは、締結装置およびまくら木の縦抵抗力により、レールの温度変化による自由伸縮が妨げられて、両端のある程度伸縮する可動区間と、中央部の温度変化にかかわらず全く伸縮しない不動区間がある。④の文は「可動区間は全長にわたっている」としているため不適切。

【解答】④

【学習にあたってのキーワード】
　ゲージタイ、木まくら木、緩和曲線長、可動区間、円曲線

【問題10】
モノレール鉄道に関する次の記述のうち、最も不適切なものはどれか。

① 都市モノレールの形式は、レールにまたがる跨座型と、レールからぶら下がる懸垂型に大別される。

② モノレールは都市交通における中量輸送機関として適した交通機関といえる。

③ モノレールは地下鉄に比べて著しく建設費が安く、実績では地下鉄建設費の1/3〜1/4である。

④ モノレールの緩和曲線の線形や長さを定める要因は、乗り心地よりも安全の確保を重視している。

⑤ 軌道が曲線である区間には、分岐装置を除き、速度に応じて軌道の走行面を傾斜させている。

【解説】モノレールの緩和曲線の線形や長さを定める要因は、普通鉄道のように台車が3点支持になってのり上がり脱線を起こすことはないので、安全の確保ではなく、乗り心地である。④の文は「乗り心地よりも安全の確保を重視している」としているため不適切。

【解答】④

【学習にあたってのキーワード】
　モノレール、モノレールの緩和曲線、モノレールの走行面傾斜度

【問題11】

鉄道の軌道用材料に関する次の記述のうち、最も不適切なものはどれか。

① 重いレールは、軽いレールに比べて機械的強度が大きく、軌道狂いや列車の振動が少なくなりレール自身の寿命も延びる。

② レールの継目の配置には相対式と相互式があるが、一般に半径の小さい曲線を除いては相互式によって設置している。

③ まくら木には横まくら木、縦まくら木、枠まくら木など形状による種類があるが、軌間保持や取扱いの容易さから横まくら木が一般的である。

④ ゲージタイは、軌間（ゲージ）を正しく保つために、左右のレールをつなぐ装置をいう。

⑤ 道床には、バラスト道床やコンクリート道床、スラブ軌道などの種類がある。

【解説】レールの継目の配置には、相対式（左右レールの継目の位置を相対して設ける方法）と相互式（一方のレールの継目の位置を対側レールのほぼ中央に設ける方法）の2種類があり、半径の小さい曲線を除いては、相対式により設置することとしている。

②の文は「一般に半径の小さい曲線を除いては相互式によって設置している」としているため不適切。

【解答】②

【学習にあたってのキーワード】

レール、レールの継目、まくら木、ゲージタイ、道床、バラスト道床、スラブ軌道

【問題12】

鉄道工学における線路に関する次の記述のうち、最も不適切なものはどれか。

① 分岐附帯曲線を除いた本線における円曲線の長さは、最大の車両の長さ以上としなければならない。

② 線路の勾配は、機関車のけん引重量や列車の速度を制約するなど輸送効率に直接大きな影響を及ぼすことから、極力緩やかにすることが望ましい。

③ 曲線区間ではカントにより道床幅が増加するため、また高築堤では盛土の圧縮沈下および高所作業の余裕を見込んで、それぞれ軌道中心間隔を拡幅する。

④ スラブ軌道は、バラスト道床とまくら木を用いた軌道に比べて保守作業が大幅に軽減され敷設も容易であるが、道床が重くなるために高架橋に用いた場合の荷重に対する負担が大きくなる。

⑤　ロングレールは温度の伸縮に対処するために、ロングレール端は普通の
　　継目板は使用せず、伸縮継目または緩衝レールを用いる。

【解説】スラブ軌道は、路盤コンクリートまたは高架橋スラブ面の上にプレキャス
　　トのコンクリート軌道スラブを据え、その間に填充材として軌道の弾性をもた
　　せるためにセメントアスファルトを敷いた軌道構造をいう。スラブ軌道は、バ
　　ラスト道床とまくら木を用いた軌道に比べて保守作業が大幅に軽減され敷設も
　　容易である。また道床が軽いため、高架橋に用いた場合の荷重に対する負担が
　　少なくて済む。
　　　④の文は「スラブ軌道は、……、道床が重くなるために高架橋に用いた場合
　　の荷重に対する負担が大きくなる。」としているため不適切。

【解答】④

【学習にあたってのキーワード】
　　円曲線、勾配、カント、軌道中心間隔、スラブ軌道、バラスト道床、ロング
　　レール、緩衝レール

【問題13】
　　交通計画に用いる4段階推定法に関する次の記述のうち、最も不適切なもの
はどれか。
　　①　4段階推定法では、主として人口、経済規模等の社会経済フレームおよび
　　　各交通機関の費用、所要時間等のサービスレベルによって対象交通機関の
　　　需要を求めることができる。
　　②　4段階推定法は、1) 発生集中交通量の予測、2) 分布交通量の予測、
　　　3) 交通機関別分担交通量の予測、4) 配分交通量の予測、の4段階に分け、
　　　それぞれのステップごとに順番に算出していくが、2) と3) の順番を入
　　　替えて交通需要の予測を行うこともある。
　　③　交通機関別分担交通量は、起終点ゾーン間の交通手段別交通量を一定の
　　　配分原則に従って複数の経過ルートに配分したものをいい、Wardropの第
　　　一原則に基づいた均衡配分法（厳密解法）や分割配分法を用いて予測する。
　　④　発生集中交通量は、各ゾーンから出ていく交通量および各ゾーンに入っ
　　　てくる交通量をいい、原単位法やクロス分類法、回帰モデル法などを用い
　　　て予測する。
　　⑤　分布交通量（OD分布交通量）は、各ゾーン間の交通量をいい、現在パ
　　　ターン法の1つであるフレーター法や重力モデル、エントロピーモデルなど
　　　を用いて予測し将来OD表を作成する。

【解説】交通機関（交通手段）別分担交通量は、全交通手段交通を各種交通機関別の交通量に分割したものをいい、分担率曲線（選択率曲線）法や非集計モデルのロジットモデルを用いて予測する。③の文は、配分交通量予測を説明した内容となっているため不適切。

【解答】③

【学習にあたってのキーワード】

4段階推定法

【問題14】

鉄道工学に関する次の記述のうち、最も不適切なものはどれか。

①　スラックは、線路の曲線部において車輪がスムーズに走行できるように広げる軌間の拡大量で、通常、曲線外側のレールを曲線外方へ向かって広げる。

②　軌道中心間隔は、列車間のすれ違いの場合や乗客、乗務員、地上作業員の安全性を考慮して、停車場以外の本線路においては3.8 m以上と定められている。

③　半径1,000 m以下の曲線における建築限界は、曲線半径に応じた車両の偏いに対して、軌道中心線の両側を拡大し、かつ、カントに伴い傾斜させたものとする。

④　分岐器の通過速度の制限は、分岐器の直線側、分岐側、振り分け分岐器、および曲線分岐器別にそれぞれ定められている。

⑤　新幹線のように高速運転が要求され、緩和曲線長を十分にとることができる場合は緩和曲線の始終点で曲率の不連続が生じないサイン半波長逓減曲線を、その他の場合には、3次放物線を緩和曲線に用いることを原則としている。

【解説】スラックは、線路の曲線部において車輪がスムーズに走行できるように広げる軌間の拡大量をいう。鉄道車両には固定軸距があるため、曲線部を通過するときに車輪はレールに斜めにあたり、輪縁とレールがきしりあって円滑に通過することができなくなる。そのために、曲線部では直線部よりもいくぶん軌間を拡大して車輪がレール上を通過しやすいようにする。スラックは通常、曲線内側のレールを曲線内方へ向かって広げる。

　①の文は「通常、曲線外側のレールを曲線外方へ向かって広げる」としているため不適切。

【解答】①

【学習にあたってのキーワード】

　スラック、軌道中心間隔、建築限界、分岐器、緩和曲線

【問題15】

　鉄道工学に関する次の記述のうち、最も不適切なものはどれか。

①　鉄道輸送は、定時性、高速性、大量一括輸送などに優れ、トラックと比べて二酸化炭素の排出量が少ない。

②　新交通システムは、従来の鉄道やバスとの中間程度の輸送能力をもち、線路などの軌道を走行する都市交通機関をいう。

③　トンネルにおいて、やむを得ない場合には建築限界内に電灯、電線等を設置することができる。

④　列車集中制御装置（CTC）は、鉄道路線の各駅に設置された信号機や転轍器などを遠隔制御できるシステムを発展させ、コントロールセンターに線区全体の列車運転情報を集中表示し、そこで列車の運行を一元的に管理するシステムである。

⑤　停車場において待避の用に供される本線の有効長は、当該本線に待避する最長の列車に対し十分な長さとしなければならない。

【解説】建築限界は、車両の走行に支障のないように、プラットホームなどの建造物や信号機、標識などが軌道に近づくことのできる限界をいい、建築限界内には建物その他の建造物等を設けてはならないと定められている。そのためにトンネルにおいては、建築限界外に電灯、電線等の設置に必要な余裕を設けなければならない。

　③の文は「トンネルにおいて、やむを得ない場合には建築限界内に電灯、電線等を設置することができる」としているため不適切。

【解答】③

【学習にあたってのキーワード】

　鉄道貨物輸送、新交通システム、建築限界、列車集中制御装置（CTC）、停車場

【問題16】

　鉄道のプラットホームに関する次の記述のうち、最も不適切なものはどれか。

①　プラットホームの幅は、相対式のように片面使用の中央部では2.0 m以上、島式のように両面使用の中央部では3.0 m以上としているが、実際の設計では同時最大乗降人員を推定して、旅客の安全と円滑な流動を考慮した幅を設定する。

② 　ホーム縁部から柱類までの距離は1.0 m以上、階段や待合所などまでは1.5 m以上としなければならない。

③ 　プラットホームの長さは、（車両長×連結車両＋過走余裕距離）とし、過走余裕距離は4両以下の場合10 m、5両以上の場合20 mとしている。

④ 　頭端式ホームは、私鉄のターミナル、水陸連絡駅などに多い形式である。

⑤ 　相対式ホームは、所要の用地面積は少なくて済むが、駅の前後で多少半曲線が入り、将来の拡張が困難となる欠点を有している。

【解説】相対式ホームは、上り・下りのホームがレールをはさんで位置する形式で、ホームの拡張、延伸が容易な構造である。一方、島式ホームは2つの軌道の間に島状に作り、その両側に上下線の各列車を発着させる形式であり、所要の用地面積は少なくて済むが、駅の前後で多少半曲線が入り、将来の拡張が困難となる欠点を有している。⑤の文は、島式ホームの説明内容となっているため不適切。

【解答】⑤

【学習にあたってのキーワード】

　　プラットホーム

【問題17】

鉄道の緩和曲線に関する次の記述のうち、最も適切なものはどれか。

① 　新幹線のように高速運転が要求され、緩和曲線長を十分にとることができる場合は緩和曲線の始終点で曲率の不連続が生じないクロソイド曲線を用いている。

② 　地下鉄では曲線半径が小さい場合に有利な3次放物線が緩和曲線として用いられている。

③ 　一般の鉄道の場合には、サイン半波長逓減曲線を緩和曲線に用いることを原則としている。

④ 　緩和曲線の中では、曲線部の曲率ばかりではなくカントおよびスラックも逓減する。

⑤ 　緩和曲線長は、線路等級別に算出基準が定められており、これにより算出した値の最小値とする。

【解説】新幹線のように高速運転が要求され、緩和曲線長を十分にとることができる場合は緩和曲線の始終点で曲率の不連続が生じないサイン半波長逓減曲線を用いている。①の文は「クロソイド曲線を用いている」としているため不適切。

　地下鉄では曲線半径が小さい場合に有利なクロソイド曲線が緩和曲線として用いられている。②の文は「3次放物線が緩和曲線として用いられている」としているため不適切。

　一般の鉄道の場合には、3次放物線を緩和曲線に用いることを原則としている。③の文は「サイン半波長逓減曲線を緩和曲線に用いることを原則としている」としているため不適切。

　緩和曲線長は、線路等級別に算出基準が定められており、これにより算出した値のうち最大値以上の値とする。⑤の文は「これにより算出した値の最小値とする」としているため不適切。

　④の文が最も適切。

【解答】④

【学習にあたってのキーワード】

　緩和曲線、緩和曲線長

【問題18】

鉄道に関する次の記述のうち、最も不適切なものはどれか。

① 本線において断面の異なるレール相互間を接続する場合は、異形継目板を使用することにしている。

② すべり上がり脱線は、車輪が非常にすべりやすい状態ですべり上がって脱線するものである。

③ けん引定数は、列車種別やけん引車種別、線路の勾配などによって定まる値である。

④ 強化路盤は、路盤表面の支持力を高め、バラストの貫入を防ぎ、保守作業の軽減を図ることを目的とするもので、砕石路盤とスラグ路盤とがある。

⑤ 世界で初めて実用化された英国の鉄道の軌間は1,435 mmだったため、これを国際的に標準軌間と呼び、それよりも広いものを広軌、狭いものを狭軌と呼んでいる。

【解説】異形継目板は、断面の異なるレール相互間を接続する目的のものであるが、普通継目板に比べて強度が弱いため、本線ではこれを使わずに中継レールを使用することにしている。①の文は「異形継目板を使用する」としているため不適切。

【解答】①

【学習にあたってのキーワード】

　継目板、脱線、けん引定数、強化路盤、軌間

【問題19】

　鉄道施設の構造に係る技術上の基準に関する次の記述のうち、最も不適切なものはどれか。

① サイン半波長逓減曲線は、3次放物線と比較して非常に滑らかな緩和曲線で乗り心地が良いため、主に新幹線に用いられている。

② スラックは、分岐附帯曲線における軌間に付ける場合を除き、緩和曲線のある場合にはその全長において、緩和曲線のない場合には円曲線端から当該曲線を走行する車両の最大固定軸距以上の長さの区間において逓減する。

③ 本線の盛土区間及び切取区間における施工基面の幅は、軌間の長さにかかわらず1.83 m以上と定められている。

④ プラットホームの高さは、車両の乗降口の床面とできるかぎり平らになるようにする。

⑤ 本線路の有効長は、着発する列車の最大連結両数によって定まるが、一般に旅客貨物共用の有効長は貨物列車の長さによって決定される。

【解説】 本線の盛土区間及び切取区間における施工基面の幅は、軌間1.067 m、1.372 m及び1.435 mの鉄道にあっては1.83 m、軌間0.762 mの鉄道にあっては1.52 m以上とそれぞれ定められている。③の文は「軌間の長さにかかわらず1.83 m以上」としているため不適切。

【解答】 ③

【学習にあたってのキーワード】

　サイン半波長逓減曲線、スラック、施工基面幅、プラットホーム、線路有効長

【問題20】

　鉄道に関する次の記述のうち、最も不適切なものはどれか。

① 可動区間は、ロングレールの両端において、温度変化によってある程度伸縮する区間である。

② 鉄道線路の曲線半径の大きさは、速度要請と経済性から決定される。

③ 伸縮継目を緩和曲線中に使用する場合は、原則として列車の進行方向に対して背向に敷設する。

④ 建設規程では停車場は、駅、操車場、信号場の3箇所としている。

⑤ わが国では、新幹線や地下鉄、一部の私鉄において標準軌間が採用されている。

【解説】伸縮継目は緩和曲線中には使用しない。③の文は、伸縮継目を緩和曲線中に使用することを前提とした内容であるため不適切。

【解答】③

【学習にあたってのキーワード】

　可動区間、曲線半径、伸縮継目、停車場、標準軌間

5.9　「トンネル」の問題

【問題1】※令和3年度試験　関連問題

山岳トンネルの支保工に関する次の記述のうち、最も不適切なものはどれか。

① 吹付けコンクリートは、掘削に伴って生じる地山の変形や外力による圧縮せん断等に抵抗し、かつ応力集中による地山のクラックの発達を防ぐとともに、風化を防止して掘削面の安定を図るという役割を有している。

② 吹付けコンクリートの品質としては、通常のコンクリートとは異なり長期強度とともに、できるだけ初期強度が確保されるように配慮する必要がある。

③ ロックボルト工は、他の支保工に比べて中硬岩や硬岩地山の場合に効果が発揮されるため、強度の小さい軟岩地山や土砂地山にはあまり使われない。

④ ロックボルトの作用効果は、(1) 地山の補強効果、(2) 内圧効果、(3) 吹付け支持効果、の3つに分けられ、このうち地山の補強効果としては、1) 吊下げ効果、2) 縫付け効果、3) 地山物性改良効果に分類されている。

⑤ 鋼製支保工は、建込みと同時にその機能を発揮できるため、吹付けコンクリートの強度が発現するまでの早期において切羽の安定化を図ることができる。

【解説】ロックボルトの支保機能は、亀裂の発達した中硬岩や硬岩地山では、主に亀裂面に平行な方向あるいは直角な方向の相対変位を抑制すること、また、軟岩や土砂地山では、主にトンネル半径方向に生ずるトンネル壁面と地山内部との相対変位を抑制することにある。ロックボルト工は、硬岩のみならず軟岩に対しても効果があり、鋼製支保工や吹付けコンクリートと合わせて用いられることが多い。③の文は「……、他の支保工に比べて中硬岩や硬岩地山の場合に効果が発揮されるため、強度の小さい軟岩地山や土砂地山にはあまり使われない。」としているため不適切。

【解答】③

【学習にあたってのキーワード】

　　吹付けコンクリート、ロックボルト工、鋼製支保工

【問題2】

山岳トンネルに関する次の記述のうち、最も不適切なものはどれか。

① 地山分類とは、掘削の難易や土圧等の地山挙動を評価できるように、地

山を種々の物性により類型化して区分したものをいう。

②　軟岩の場合は弾性波速度で地山の分類をすることが難しいため、軟岩地山では地山強度比により地山分類の指標を求めている。

③　吹付けコンクリートの支保工あるいは一次覆工としての必要厚さは、少なくとも 25 cm 以上とするのがよいとされている。

④　補助工法は一般に、主要工法に加えて補助的または特殊な工法をいい、その目的に応じて切羽安定対策、湧水対策、地表面沈下対策、近接構造物対策などに分類される。

⑤　未固結地山が含水すると、トンネルの掘削において切羽の流出や崩壊、土被りが小さい場合の地表面沈下や陥没、大量湧水などの問題が生じやすい。

【解説】吹付けコンクリートは、掘削直後に掘削面にコンクリートを吹き付けて密着させることにより、掘削に伴って生じる地山の変形や外力による圧縮せん断等に抵抗し、かつ表面の凹凸を平滑に仕上げることによって応力集中による地山のクラックの発達を防ぐとともに、風化を防止して掘削面の安定を図るという役割を有している。吹付けコンクリートの設計厚は、これまでの施工実績から、最低でも平均的な厚さで 5 cm 以上は必要であると考えられているが、吹付けコンクリートをいたずらに厚くしても意味がないため、最大でも 25 cm 程度とする場合が多い。

　③の文は「必要厚さは、少なくとも 25 cm 以上とするのがよいとされている」としているため不適切。

【解答】③

【学習にあたってのキーワード】

地山分類、地山強度比、吹付けコンクリート、支保工、覆工、補助工法、未固結地山

【問題3】

トンネルに関する次の記述のうち、最も不適切なものはどれか。

①　一次応力は、トンネルの掘削によってトンネル周辺の地山の応力状態に変化が起こり、変形や破壊が起こって生ずる応力である。

②　膨張性地山は、山岳トンネルの掘削にあたってトンネル内空を縮小するようにはらみだしてくる地山である。

③　だきコンクリートは、坑口付近で設けることが多いが、地すべり地山や地質不良の地山等で用いられることもある。

④　ウェルポイント工法の適用土質は、シルト質砂から小礫に至る範囲の主

　　に砂質地盤であり、ディープウェルなどの重力排水では能率が悪い場合に
　　も効果がある。
　⑤　道路トンネルにおける機械式換気方式は、車道空間を空気が流れる方向
　　により、縦流式換気、半横流式換気、横流式換気の3つに大別される。

【解説】一次応力（地圧）は、トンネルの掘削に関係なく、地山の内部に作用して
　　いる応力であり、地山の自重やしゅう曲、地すべりなどによる応力であり、
　　二次応力（地圧）は、トンネルの掘削によってトンネル周辺の地山の応力状態
　　に変化が起こり、変形や破壊が起こって生ずる応力である。①の文は、二次応
　　力の説明内容となっているため不適切。

【解答】①

【学習にあたってのキーワード】
　　二次応力（二次地圧）、膨張性地山、だきコンクリート、ウェルポイント工法、
　　道路トンネルの換気

【問題4】
　トンネルの支保工に関する次の記述のうち、最も不適切なものはどれか。
　①　鋼製支保工は、広い作業空間を確保することができるため大型機械が使
　　用できるとともに、覆工作業も容易であるため、最も広く使われている。
　②　支保工は、トンネルの掘削後から覆工完了までの間、地圧を支持するた
　　めの仮構造物である。
　③　鋼製支保工は、覆工作業が容易で施工性、安全性、経済性ともに優れた
　　支保工として最も広く使われている。
　④　支保工の特殊なものとしては、地質不良箇所などに木製支柱式支保工が
　　用いられている。
　⑤　支保工を構造上から分類すると、支柱式支保工とアーチ支保工になり、
　　ロックボルト工や吹付けコンクリート工法は支保工には入らない。

【解説】支保工を構造上から分類すると、支柱式支保工とアーチ支保工になり、特
　　殊なものとしてロックボルト工法、吹付けコンクリート工法などに分けられる。
　　⑤の文は「ロックボルト工や吹付けコンクリート工法は支保工には入らない」
　　としているため不適切。

【解答】⑤

【学習にあたってのキーワード】
　　（トンネル）支保工

【問題5】

トンネルに関する次の記述のうち、最も不適切なものはどれか。

① TBMは、中硬石から軟岩の地山に適し、掘削部にある複数の回転カッタで岩盤を切削し、推進装置で機体を押し進めながらトンネルを掘り進めるものである。

② シールド工法は、トンネル断面よりわずかに大きい断面のシールドといわれる強固な鋼製の外殻を推進させ、その内部で掘削や覆工作業を行うことによりトンネルを築造する工法である。

③ 2本以上のトンネルが併設する場合の離隔距離は、粘性土などの軟弱な地山では2倍とすれば、トンネル掘削に伴う地山の影響範囲が重複せず、相互の影響がほとんどないといわれている。

④ タイヤ方式における斜坑の勾配は、ダンプトラックの走行性能からできるだけ緩いほうがよいが、延長が長くなるため8度程度としている。

⑤ だきコンクリートは、土かぶりが少なく地形が急傾斜している場合などに、偏土圧に対抗させるため、両側または片側の側壁を設計巻厚以上に厚くして補強した部分である。

【解説】2本以上のトンネルが併設する場合の離隔距離は、地山が完全弾性体と考えられる場合には、併設トンネルの中心間隔を掘削幅の2倍、粘性土などの軟弱な地山では5倍とすれば、トンネル掘削に伴う地山の影響範囲が重複せず、相互の影響がほとんどないといわれている。③の文は「粘性土などの軟弱な地山では2倍」としているため不適切。

【解答】③

【学習にあたってのキーワード】

TBM、シールド工法、近接トンネル、斜坑、だきコンクリート

【問題6】

トンネルのロックボルト工に関する次の記述のうち、正誤を正しく組み合わせているものを選べ。

（ア）ロックボルト工は、硬岩に対しては大きな効果を得られるが、軟岩に対してはあまり効果を期待することはできない。

（イ）ロックボルト工は、他の支保工に比べてトンネルの断面形状の変化に対しては適応性が低い。

（ウ）ロックボルト工と吹付けコンクリートを主たる支保部材としたものが、

山岳トンネルの標準工法であるNATM工法である。

（エ）ロックボルト工は、他の支保工に比べてトンネル内の作業空間を広くとることができる。

	（ア）	（イ）	（ウ）	（エ）
①	正	誤	誤	正
②	正	誤	正	誤
③	誤	誤	正	正
④	誤	正	正	誤
⑤	正	正	誤	誤

【解説】ロックボルト工は、硬岩のみならず軟岩に対しても効果があり、鋼製支保工や吹付けコンクリートと合わせて用いられることが多い。（ア）の文は「軟岩に対してはあまり効果を期待することはできない」としているため誤り。

ロックボルト工は、他の支保工に比べてトンネルの断面形状の変化に対して適応性が高い。（イ）の文は「断面形状の変化に対しては適応性が低い」としているため誤り。

（ウ）と（エ）の文は正しい。したがって正しい組合せは③となる。

【解答】③

【学習にあたってのキーワード】

ロックボルト工

【問題7】

シールドトンネルに関する次の記述のうち、最も不適切なものはどれか。

① 泥水式シールド工法は、泥水圧を加えて切羽の安定を図る工法であるため、河海底などの水圧の高い箇所での使用には適さない。

② 泥水式シールド工法は、圧送ポンプと配管によって地上から切羽まで送配泥しており、切羽は完全に密閉されているため安全性は高く施工環境は良い。

③ 裏込め注入は、地山のゆるみや地盤沈下を防止するとともに、セグメントリングなどに加わる土圧の安定や、漏水、漏気防止にも役立つ。

④ 覆工は、トンネル掘削後に地山に接してつくられるアーチ、側壁、インバート部を総称したトンネル内壁の部材をいう。

⑤ 覆工は、鋼製支保工または吹付けコンクリート等で地山を支持した後に、切羽から施工上必要な間隔をおいて施工を進めていく。

【解説】泥水式シールド工法は、密閉型シールド工法の1つで、泥水に所定の圧力

（泥水圧）を加えて切羽の安定を図るとともに、泥水を循環させることによって掘削土の流体輸送を行う工法である。

　泥水式シールド工法は、切羽に作用する土水圧より多少高い泥水圧をかけて切羽の安定を保つが、泥水圧のみではなく泥水性状を選択することによって、より切羽の安定度を増加させることができるため、河海底などの水圧の高い箇所での使用にも適している。

　①の文は「泥水式シールド工法は、……河海底などの水圧の高い箇所での使用には適さない」としているため不適切。

【解答】①

【学習にあたってのキーワード】

　泥水式シールド工法、裏込め注入、覆工、セグメント、インバート、支保工、吹付けコンクリート

【問題8】

シールドトンネルの施工に関する次の記述のうち、最も不適切なものはどれか。

①　シールド形式の選定にあたっては、切羽の安定が図れることに留意して施工区間の地山の条件、地表の状況、断面形状および寸法、施工延長、トンネルの線形、工期等の諸条件はもちろんのこと、用地、立坑周辺環境、安全性、経済性等を十分に検討する必要である。

②　シールドマシンは施工するトンネル専用に設計され、トンネルの大きさや構造が変わる場合には、それぞれに対応したシールド掘削機が必要になる。

③　シールドが通過する地山が不安定で掘削時に切羽の崩壊陥没や地盤沈下のおそれがある場合は、地山安定処理のため圧気工法、地下水位低下工法、注入工法、凍結工法などの補助工法を用いる。

④　裏込め注入工の注入材は、一般にモルタル系材料の使用が多いが、発泡モルタル、豆砂利とセメントミルクの分離注入、薬液注入などがある。

⑤　シールド工法は一般に、硬岩から新第三紀の軟岩までの地盤に適用され、条件によっては洪積層に適用されることもある。

【解説】シールド工法は一般に、超軟弱な沖積層から洪積層や新第三紀の軟岩までの地盤に適用され、近年では硬岩に対する事例もある。また、地質の変化への対応は比較的容易である。

　⑤の文は「シールド工法は一般に、硬岩から新第三紀の軟岩までの地盤に適用され、条件によっては洪積層に適用されることもある。」としているため不適切。

【解答】⑤

【学習にあたってのキーワード】

　　シールド工法、シールドマシン、補助工法、裏込め注入工

【問題9】

　トンネルのシールド工法に関する次の記述のうち、最も不適切なものはどれか。

①　シールド工法における覆工は通常、鉄筋コンクリートやダクタイル鋳鉄などから作られたセグメントを組立ててつくる一次覆工と、その内側にコンクリートを巻立てる二次覆工とからなるが、一次覆工のみの場合も多い。

②　都市部のトンネル工事では、施工時の路面交通の確保、騒音や振動への対策、既設構造物との交差や近接施工への対応などからシールド工法が多く用いられている。

③　密閉型シールドは掘削方式によって手掘り式シールド、半機械掘り式シールドおよび機械掘り式シールドの3種類に分類される。

④　シールド工法では、一般にシールドの搬入や土砂の搬出などのために、立坑を必要とする。

⑤　シールドが通過する地山が不安定で掘削時に切羽の崩壊陥没や地盤沈下のおそれがある場合は、地山安定処理のため圧気工法、地下水位低下工法、注入工法、凍結工法などの補助工法を用いる。

【解説】シールド工法は、密閉型と開放型に大別される。そして、密閉型シールドは土圧式シールドと泥水式シールドに分けられ、開放型シールドは掘削方法によって手掘り式シールド、半機械掘り式シールドおよび機械掘り式シールドの3種類に分類される。③の文は開放型シールドの説明内容であるが、主語を「密閉型シールド」としているため不適切。

【解答】③

【学習にあたってのキーワード】

　　シールド工法

【問題10】

　トンネルに関する次の記述のうち、最も不適切なものはどれか。

①　トンネル掘削機の適用範囲としては、全断面掘削式機械は軟岩から固結度の低い地山の掘削に適し、自由断面掘削式機械は軟岩から中硬岩の安定した地山に適する。

②　インバートストラットは、地質があまり悪くないが側圧がある場合や、路盤の地質が鉄道や道路の施工基面として不適当な場合などに用いられる。

③　アイランド工法は、開削トンネルのうちの部分掘削工法の1つで、非常に幅の広い地下構造物を作る場合に用いられる工法である。

④　吹付けコンクリートの施工法には、ミキサで混合したコンクリートを圧縮空気で送る湿式工法と、セメントと骨材をミキサでドライミックスしたものを圧縮空気でノズルに送り、ノズルの先端で圧力水を吹き出して合流させる乾式工法とがある。

⑤　水抜き工法の具体的な工法としては、水抜き坑、水抜きボーリングによる自然排水によるものと、ウェルポイント工法、バキュームディープウェル工法等の強制排水によるものとがある。

【解説】トンネル掘削機の適用範囲としては、全断面掘削式機械は、断面形状や掘削半径に限度があるものの軟岩から中硬岩の安定した地山に適し、自由断面掘削式機械は、軟岩から固結度の低い地山の掘削に適する。①の文は「全断面掘削式機械は軟岩から固結度の低い地山の掘削に適し、自由断面掘削式機械は軟岩から中硬岩の安定した地山に適する」としているため不適切。

【解答】①

【学習にあたってのキーワード】

　掘削機、インバートストラット、アイランド工法、吹付けコンクリート、水抜き工法

【問題11】

　シールドトンネルに関する次の記述のうち、最も不適切なものはどれか。

①　土圧式シールド工法は、原則的に補助工法が不要なので地上からの作業を行わなくてもよいという利点がある。

②　泥水式シールド工法は、広範囲の土質に適合する工法であるが、透水性の高い地盤や巨石のある地盤では、泥水の逸泥などにより切羽の安定確保が困難になることがある。

③　覆工は、地山のゆるみを最小限として土圧の増大を防止するため、できるだけ切羽に接近して掘削後の早い時期に施工を行うのが原則である。

④　セグメントは、シールドトンネルの二次覆工に用いるプレキャスト製の部材をいう。

⑤　裏込め注入は、地山のゆるみや地盤沈下を防止するとともに、セグメントリングなどに加わる土圧の安定や、漏水、漏気防止にも役立つので覆工完成後に速やかに施工する。

【解説】セグメントは、トンネル覆工を中心線方向に延長75～100 cmごとに横断方向にリング状に分割し、各リングをさらにいくつかのブロックに分割したプレキャスト製の環片をいい、シールドトンネルの一次覆工において用いられるものである。

　④の文は「セグメントは、シールドトンネルの二次覆工に用いるプレキャスト製の部材をいう」としているため不適切。

【解答】④

【学習にあたってのキーワード】

　土圧式シールド工法、泥水式シールド工法、覆工、セグメント、裏込め注入

【問題12】

　トンネル山岳工法に関する次の記述のうち、最も不適切なものはどれか。

①　山岳工法は、地盤の変化に対して支保剛性、掘削工法、補助工法の変更により対応することが可能である。

②　山岳工法の適用地質は、一般的に硬岩から新第三紀の軟岩までの地盤に適用される。

③　吹付けコンクリートの設計厚は、これまでの施工実績から、最低でも平均的な厚さで5 cm以上は必要であると考えられているが、最大でも25 cm程度とする場合が多い。

④　ロックボルトには、亀裂面に平行な方向あるいは直角な方向の相対変位を抑制する機能と、トンネル半径方向に生ずるトンネル壁面と地山内部との相対変位を抑制する機能の2つの機能があるが、いずれも硬岩に対して効果を発揮するもので軟岩に対しての効果は期待できない。

⑤　鋼製支保工は、広い作業空間の確保により作業の機械化が容易であり、荷重の変化に対しても建込み間隔の変更などで対処することができるため、最も広く使用されている。

【解説】ロックボルトの支保機能は、亀裂の発達した中硬岩や硬岩地山では、主に亀裂面に平行な方向あるいは直角な方向の相対変位を抑制すること、また、軟岩や土砂地山では、主にトンネル半径方向に生ずるトンネル壁面と地山内部との相対変位を抑制することにある。ロックボルト工は、硬岩のみならず軟岩に対しても効果があり、鋼製支保工や吹付けコンクリートと合わせて用いられることが多い。

　④の文は「ロックボルトには、……いずれも硬岩に対して効果を発揮するもので軟岩に対しての効果は期待できない」としているため不適切。

【解答】④

【学習にあたってのキーワード】

　山岳工法、NATM、吹付けコンクリート、ロックボルト、鋼製支保工

【問題13】

　トンネルに関する次の記述のうち、最も不適切なものはどれか。

① 全断面工法は一般に、最も単純でトンネルボーリングマシンやドリルジャンボなどの大型機械を導入して能率的に施工を行うことができるため大断面のトンネル施工に用いられている。

② ずり処理の運搬設備は、レール方式、タイヤ方式、ベルトコンベア方式などがあり、トンネル断面の大きさ、ずり積み機の能力などを考慮して施工計画に適合した大きさや台数、編成を決める必要がある。

③ 斜坑や立坑は、通路や換気用の恒久的なものと、トンネル工事中の作業のために仮設されるものとがある。

④ NATMの施工などによりロックボルトや吹付けコンクリートも多用されているが、これらはそれ自体広い適用範囲を持つとともに、他の支保工との組合せも容易である。

⑤ 道路トンネル等における近接トンネルでは、めがね形トンネルにした方が路線計画上や施工上から有利になる場合がある。

【解説】全断面工法は一般に、地質が安定しており、土圧があまり作用しない場合に用いられるものであるが、最も単純でトンネルボーリングマシンやドリルジャンボなどの大型機械を導入して能率的に施工を行うことができるとともに、管理がしやすいため中小断面のトンネル施工に用いられている。①の文は「大断面のトンネル施工に用いられている」としているため不適切。

【解答】①

【学習にあたってのキーワード】

　全断面工法、ずり処理、斜坑、（トンネル）支保工、近接トンネル

【問題14】

　シールドトンネルに関する次の記述のうち、最も不適切なものはどれか。

① 土圧式シールド工法は、原則的に補助工法が不要なので地上からの作業を行わなくてもよい。

② 土圧式シールド工法は、掘削土を泥土化させるのに必要な添加材の注入装置の有無により、土圧シールドと泥土圧シールドに分けられる。

③　覆工は、周辺地山の土圧や水圧等の荷重に耐え、所定のトンネル内空を確保するとともに、トンネルの使用目的および施工条件に応じた役割、機能を有する安全かつ堅固な構造物とする必要がある。

④　シールド工法における覆工は通常、コンクリートを巻立てる一次覆工と、その内側に鉄筋コンクリートやダクタイル鋳鉄などから作られたセグメントを組立ててつくる二次覆工とからなる。

⑤　テールクリアランスは、シールド工法の施工において、セグメント外面とシールド機のテール内面との空隙のことである。

【解説】シールド工法における覆工は通常、鉄筋コンクリートやダクタイル鋳鉄などから作られたセグメントを組立ててつくる一次覆工と、その内側にコンクリートを巻立てる二次覆工とからなるが、一次覆工のみの場合も多い。

　　　④の文は一次覆工と二次覆工とが逆になっているので不適切。

【解答】④

【学習にあたってのキーワード】

　　土圧式シールド工法、土圧シールド工法、泥土圧シールド工法、覆工、テールクリアランス

【問題15】

シールドトンネルに関する次の記述のうち、最も不適切なものはどれか。

①　シールドマシンは施工するトンネル専用に設計され、トンネルの大きさや構造が変わる場合には、それぞれに対応したシールド掘削機が必要になる。

②　立坑は、シールド機の搬入組み立てや発進、セグメントなどの資材や諸機械の搬入、掘削土の排出などに用いられ、シールドの推力やシールド吊込みの荷重等にも十分耐えられるようにしなければならない。

③　覆工は、地山のゆるみを最小限として土圧の増大を防止するため、できるだけ切羽に接近して掘削後の早い時期に施工を行うのが原則である。

④　セグメントは、シールドトンネルの二次覆工に用いるプレキャスト製の部材をいう。

⑤　テールクリアランスは、シールドトンネルのセグメント外面とシールド機（シールドマシン）のテール内面との間の空隙のことである。

【解説】セグメントは、トンネル覆工を中心線方向に延長75〜100 cmごとに横断方向にリング状に分割し、各リングをさらにいくつかのブロックに分割したプレキャスト製の環片をいい、シールドトンネルの一次覆工において用いられる

ものである。

　④の文は「セグメントは、シールドトンネルの<u>二次覆工</u>に用いるプレキャスト製の部材をいう」としているため不適切。

【解答】④

【学習にあたってのキーワード】

　シールドマシン、立坑、覆工、セグメント、テールクリアランス

【問題16】

　トンネルに関する次の記述のうち、最も不適切なものはどれか。

① 半断面工法は、上部半断面掘削時に使用した機械を下部半断面に使用できるが、工期を2倍要するためにトンネル施工延長に制限を受けることから、湧水が少なく地質が比較的良好な短小トンネルに用いられている。

② ブーム式掘削機は、全断面掘削式と自由断面掘削式の2つのトンネル掘削方式のうち、自由断面掘削式に用いる掘削機械のことである。

③ ロックボルト工は、ロックボルトという鋼製のロッドをトンネル周辺の岩盤自体に挿入して締め付けることにより、トンネル周辺に地山のアーチを形成して岩盤の内部強度を高め、アンカー領域内にある岩盤のゆるみの発生及び進行を積極的に阻止しようとする支保工である。

④ ディープウェル工法は、掘削深さが深いときや掘削規模が大きい、あるいは掘削延長が長い場合などに用いられ、透水性の低い地盤では特に有効である。

⑤ 立坑は、同じ高低差の場合は斜坑に比べて約1/4程度の延長となり短くなるが、掘進に困難が伴うためできるだけ短い方が望ましい。

【解説】ディープウェル工法は、掘削部の内側ないし外側に深さ10～30m程度の深井戸（ディープウェル）を設置して、流入する地下水を水中ポンプ等によって排水する地下水位低下工法で、かま場排水や暗渠排水などとともに重力排水工法に分類される。ディープウェル工法は、水位の低下量が大きいため、掘削深さが深いときや掘削規模が大きい、あるいは掘削延長が長い場合などに用いられ、透水性の良い地盤では特に有効である。④の文は「透水性の低い地盤では特に有効である。」としているため不適切。

【解答】④

【学習にあたってのキーワード】

　半断面工法（上部半断面先進工法）、ブーム式掘削機、ロックボルト工、ディープウェル工法、立坑

【問題17】

トンネルの覆工に関する次の記述のうち、最も不適切なものはどれか。

①　覆工は、周辺地山の土圧や水圧等の荷重に耐え、所定のトンネル内空を確保するとともに、トンネルの使用目的および施工条件に応じた役割、機能を有する安全かつ堅固な構造物とする必要がある。

②　覆工は、トンネル掘削後に地山に接してつくられるアーチ、側壁、インバート部を総称したトンネル内壁の部材である。

③　坑口など土かぶりの少ないところや偏圧のかかる箇所、軟弱な地質などの特殊な場合の覆工は、鉄筋コンクリートを用いている。

④　地山のゆるみを最小限として土圧の増大を防止するためには、掘削後しばらく時間をおいて、地山が安定した時期に覆工の施工を行う。

⑤　覆工の力学的特性については、掘削後、支保工により地山の変形が収束した後に覆工を施工することを標準としているので、覆工には外力が作用しないことを基本とする。

【解説】覆工は、鋼製支保工または吹付けコンクリート等で地山を支持した後に、切羽から施工上必要な間隔をおいて施工を進めていくが、地山のゆるみを最小限として土圧の増大を防止するためには、できるだけ切羽に接近して掘削後の早い時期に覆工の施工を行うのが原則である。④の文は「掘削後しばらく時間をおいて、地山が安定した時期に覆工の施工を行う」としているため不適切。

【解答】④

【学習にあたってのキーワード】

　覆工

【問題18】

トンネルの換気方式に関する次の記述のうち、最も不適切なものはどれか。

①　横流式換気方式は、最も安定した換気を行うことができ、適用延長に制限がなく、さらに火災時に被害を局所にとどめるなどの特徴を有する最も理想的な換気方式であるが、設備費や運転費などが大きい。

②　縦流式換気方式の1つであるサッカルド方式は、ジェットファン方式と同様に噴流を車道に供給して換気を行うもので、設備が簡単で供用開始後でも容易に設備できることから、わが国では比較的多く用いられている。

③　立坑方式は、立坑等から集中的に排気を行うものであり、少ない交通量あるいは上下交通量がほぼ均衡している対向交通のトンネルで、立坑ある

いは斜坑の建設が容易な場合に適している。

④ 半横流式換気方式には、送気型、排気型、送排気を使い分ける組合せ型などが考えられるが、一般にはトンネル天井部を送気ダクトに利用した送気型が多い。

⑤ 半横流式換気方式は、横流式換気方式に比べて設備費や動力費は少なくてすむが、交通風や自然風の影響を受けやすく適用延長には限界がある。

【解説】サッカルド方式は、ジェットファン方式と同様に噴流を車道に供給して換気を行うものであるが、わが国では用いられていない。②の文は「わが国では比較的多く用いられている」としているため不適切。

【解答】②

【学習にあたってのキーワード】

横流式換気方式、縦流式換気方式、半横流式換気方式

【問題19】

道路トンネルの換気に関する次の記述のうち、最も適切なものはどれか。

① 道路トンネルの換気では一酸化炭素だけを対象と考えて、これが許容濃度以下となるように換気設備等の計画をする。

② 自然換気が可能なトンネルの長さは、およそ100～200 m程度である。

③ 機械式換気方式のうち、縦流式換気の一般的なトンネル延長の適用は、概ね2,500 m以下である。

④ 機械式換気方式のうち、半横流式換気の一般的なトンネル延長の適用は、概ね2,000 m以下である。

⑤ 機械式換気方式のうち、横流式換気の一般的なトンネル延長の適用は、概ね2,000 m以上である。

【解説】道路トンネルの換気では、主にガソリン車から発生する一酸化炭素と主にディーゼル車から発生する煤煙の2つを対象と考えて、これらが許容濃度以下となるように換気設備等の計画をしている。①の文は「一酸化炭素だけを対象」としているため不適切。

自然換気が可能なトンネルの長さは、およそ300～400 m程度である。②の文は「100～200 m程度」としているため不適切。

縦流式換気の一般的なトンネル延長の適用は概ね1,500 m以下である。③の文は「2,500 m以下」としているため不適切。

半横流式換気の一般的なトンネル延長の適用は、概ね3,000 m以下である。

④の文は「2,000 m 以下」としているため不適切。

⑤の文が最も適切。

【解答】⑤

【学習にあたってのキーワード】

　道路トンネルの換気

【問題20】

　トンネルの覆工コンクリートに関する次の記述のうち、最も不適切なものはどれか。

①　覆工に用いられる覆工コンクリートは、覆工と地山を密着させ主働土圧を均等に分布させるとともに受働土圧を有効に働かせるために、余掘りのすみずみまでコンクリートがよくいきわたり、空隙をできるだけ充填できるようスランプの大きいワーカブルな配合とする必要がある。

②　覆工コンクリートの1回に打設する長さは、コンクリートの硬化収縮によるひび割れが生じない程度の長さで、かつ連続して打設できる長さとする。

③　覆工コンクリートは、一般に設計基準強度18 N/mm^{2}程度のものが使用される。

④　覆工コンクリートの設計スランプは、打設機械や打設方法にもよるが、通常アーチコンクリート（ポンプ打設）で15 cm程度、インバートコンクリート（ポンプ打設）で8 cm程度としている。

⑤　覆工コンクリートの打込み方式は、大別してアーチ部の覆工を行った後に側壁部を施工する本巻工法と、側壁部の後にアーチ部の施工を行う逆巻工法がある。

【解説】覆工コンクリートの打込み方式は、大別してアーチ部の覆工を行った後に側壁部を施工する逆巻工法と、側壁部の後にアーチ部の施工を行う本巻工法がある。⑤の文は、本巻工法と逆巻工法の説明が逆さまとなっているため不適切。

【解答】⑤

【学習にあたってのキーワード】

　覆工コンクリート

5.10 「施工計画、施工設備及び積算」の問題

【問題1】 ※令和3年度試験　関連問題

建設工事の施工法に関する次の記述のうち、最も不適切なものはどれか。

① EPS工法は、軟弱地盤上の盛土や急傾斜地の盛土、構造物の裏込、直立壁、盛土の拡幅などの荷重軽減および土圧低減をはかる必要のあるところに適用される工法である。

② バーチカルドレーン工法は、圧密に要する時間が最大排水距離の1/2乗に比例するというテルツァギーの圧密理論を応用したものである。

③ RCD（Roller Compacted Dam-concrete）工法は、全面レアー打設のため打設面に段差が生じず、従来のケーブルクレーン等によるブロック打設工法に比べ、大幅に工期の短縮と経費の節減が可能である。

④ ワイヤーソー工法は、被切断物の形状に合わせて切断できるため、大型コンクリート構造物から曲面状のものまで切断することが可能である。

⑤ 仮締切り工は、重力式と矢板式に大別され、重力式は盛土式と重力式に、矢板式は自立式と切ばり式にそれぞれ区分される。

【解説】バーチカルドレーン工法は、軟弱地盤中に人工のバーチカルドレーンを多数設置して排水距離を水平方向に短縮し、載荷重などによって生じる地盤の圧密を促進する工法である。バーチカルドレーン工法は、圧密に要する時間が最大排水距離の2乗に比例するというテルツァギーの圧密理論を応用したものである。

　②の文は「バーチカルドレーン工法は、圧密に要する時間が最大排水距離の1/2乗に比例するというテルツァギーの圧密理論を応用したものである。」としているため不適切。

【解答】②

【学習にあたってのキーワード】

EPS工法、バーチカルドレーン工法、圧密、テルツァギーの圧密理論、RCD（Roller Compacted Dam-concrete）工法、ブロック打設工法、ワイヤーソー工法、仮締切り工

【問題2】 ※令和3年度試験 関連問題

建設工事の施工管理に関する次の記述のうち、最も不適切なものはどれか。

① 特定建設業者は、発注者から直接建設工事を請け負った場合において、当該建設工事を施工するために締結した下請契約の請負代金の額が4,000万円以上になるときは、施工体制台帳を作成し、工事現場ごとに備え置かなければならないとされている。

② 労働安全衛生規則では、事業者は、つり足場の上で、脚立、はしご等を用いて労働者に作業させてはならないとされている。

③ コンクリート標準示方書では、コンクリート構造物の計画、設計、施工、維持管理に関する技術内容に加えて、責任技術者のあり方や役割を明らかにしている。

④ 労働安全衛生規則では、事業者は、手掘りにより岩盤又は堅い粘土からなる地山を掘削面の高さ5m以上の掘削を行う場合、掘削面のこう配は60度以下としなければならないとされている。

⑤ 労働安全衛生規則では、事業者は、事業場又はその附属建設物内で火災が発生した場合は、遅滞なく、所定の様式による報告書を所轄労働基準監督署長に提出しなければならないとされている。

【解説】 労働安全衛生規則第356条では、『事業者は、手掘りにより地山の掘削の作業を行なうときは、掘削面のこう配を、次表の上欄に掲げる地山の種類及び同表の中欄に掲げる掘削面の高さに応じ、それぞれ同表の下欄に掲げる値以下としなければならない。』としている。

地山の種類	掘削面の高さ（単位 メートル）	掘削面のこう配（単位 度）
岩盤又は堅い粘土からなる地山	5 未満	90
	5 以上	75
その他の地山	2 未満	90
	2 以上 5 未満	75
	5 以上	60

　　したがって、手掘りにより岩盤又は堅い粘土からなる地山を掘削面の高さ5m以上の掘削を行う場合には、掘削面のこう配は75度以下としなければならない。④の文は「労働安全衛生規則では、……掘削面のこう配は60度以下としなければならないとされている」としているため不適切。

【解答】④

【学習にあたってのキーワード】

特定建設業者、施工体制台帳、労働安全衛生規則、足場、掘削面のこう配の基準、事故報告、コンクリート標準示方書

【問題3】

施工計画に関する次の記述のうち、最も不適切なものはどれか。

① 砂利や礫層で粒径が15 cm程度までは、アースドリル工法による掘削は可能である。

② 支保工は、コンクリート構造物の型枠を支持して位置を確保するために設ける支柱、ぬき材、つなぎ材などをいう。

③ 舗装版破砕機を使用する作業は、振動規制法で定めている特定建設作業である。

④ ネットワークは、PERTやCPMとして知られている。

⑤ 山止工の計画にあたっては、1）掘削地盤の安定、2）山止壁の安定、3）支保工の安定、それぞれについての検討が必要であり、これらは施工中の経時的な状況変化についても必ず検討しなければならない。

【解説】砂利や礫層で粒径が5 cm以上の場合はアースドリル工法による掘削は困難である。①の文は「粒径が15 cm程度までは、アースドリル工法による掘削は可能」としているため不適切。

【解答】①

【学習にあたってのキーワード】

アースドリル工法、支保工、特定建設作業、ネットワーク式工程表、山止工（山留工）

【問題4】

建設工事の安全管理に関する次の記述のうち、最も不適切なものはどれか。

① 作業の性質上やむを得ない場合で労働者に危険を及ぼすおそれのないときには、クラムシェルによる労働者の昇降を行っても良い。

② 手掘りにより砂からなる地山の掘削の作業を行う場合は、掘削面の勾配は35度以下、又は掘削面の高さを5 m未満としなければならない。

③ 墜落災害の防止のため、高さが3 m以上の作業床の端、開口部等で墜落により労働者に危険を及ぼすおそれのある箇所には、囲い等を設けなければならない。

④　墜落により労働者に危険を及ぼすおそれのある箇所に設置する移動はしごの幅は、30 cm以上なければ使用してはならない。

⑤　潜函作業を行うときには、潜函の急激な沈下による労働者の危険を防止するため、刃口から天井またははりまでの高さは、1.8 m以上にしなければならない。

【解説】労働安全衛生規則の第519条では、「事業者は、高さが2メートル以上の作業床の端、開口部等で墜落により労働者に危険を及ぼすおそれのある箇所には、囲い、手すり、覆い等（以下この条において「囲い等」という。）を設けなければならない。」と定めている。

　　　③の文は「墜落災害の防止のため、高さが3 m以上の作業床の端、開口部等で墜落により労働者に危険を及ぼすおそれのある箇所には、……」としているため不適切。

【解答】③

【学習にあたってのキーワード】

労働安全衛生規則、クラムシェル、掘削作業、墜落災害の防止、潜函作業

【問題5】

施工計画で用いるネットワーク手法に関する次の記述のうち、最も不適切なものはどれか。

①　ネットワーク手法は、工事を作業単位に分解し、各作業の所要日数や順序関係を含めて日程計算を行うために、各部分工事を矢線と丸印で組立てた網状の図を用いた工程管理の仕方である。

②　最早終了時刻は、この日まで作業の終わりを延ばしてもよい時刻である。

③　クリティカルパスは、スタートから終わるまでの最長期間の経路で、工程管理上最も重要なもので1日として遅らせることのできない経路である。

④　CPMを利用して工程計画を策定する場合には、いかに適切にコストカーブを設定するかが重要となる。

⑤　PERTは、工期の遅れや進みすぎをチェックするとともに、各作業の余裕日数の変化やクリティカルパスの移行を把握して対策を講ずるための、フォローアップを行う手段としても活用されている。

【解説】最早終了時刻は、作業が最も早く終了する時刻である。一方、最遅終了時刻は、この日まで作業の終わりを延ばしてもよい時刻である。②の文は、最遅終了時刻の内容を説明したものとなっているため不適切。

【解答】②

【学習にあたってのキーワード】

ネットワーク式工程表、CPM、PERT

【問題6】

土木構造物の施工計画に関する次の記述のうち、最も不適切なものはどれか。

① 支保工や仮設桟橋などの仮設構造物の部材については、許容応力ばかりではなく、たわみの規制面からの検討も必要となる。

② 杭基礎のうち打込工法は打撃時の騒音、振動および周辺地盤、構造物への影響から採用できる条件が少なくなり、場所打ち杭が多く使われている。

③ 表層が軟弱で重機の進入ができない地盤は、一次改良として表層安定処理が必要となる。

④ コンクリート支保工の計画に当たっては、所要強度、許容変形量、耐久性、組ばらしの難易などについて、コンクリートの打設順序計画とあわせて慎重に行うことが大切である。

⑤ 混練機の混練重量が200 kg以上のアスファルトプラントを設けて行う作業は、騒音規制法ならびに振動規制法で規制対象となる特定建設作業である。

【解説】コンクリートプラント（混練機の混練容量0.45 m^{3}以上のものに限る）またはアスファルトプラント（混練機の混練重量が200 kg以上のものに限る）を設けて行う作業は、騒音規制法で定めている特定建設作業であるが、振動規制法で定めている特定建設作業には含まれない。⑤の文は「騒音規制法ならびに振動規制法で規制対象となる特定建設作業」としているため不適切。

【解答】⑤

【学習にあたってのキーワード】

仮設構造物、杭基礎工、地盤改良工、支保工、特定建設作業

【問題7】

工程管理に関する次の記述のうち、最も不適切なものはどれか。

① 作業可能日数は、工事量に対する1日平均施工量を基準として求めた所要作業日数以上になっていることが必要である。

② 実績工程曲線がバナナ曲線の上方許容限界を上回る場合は、必要以上に大型機械を入れて不経済になっていないかなど、施工計画の再検討が必要になる。

③　横線式工程表は、作り方が簡単で見やすく各作業の所要日数がわかり、漠然とではあるが作業間の関連もわかるが、工程に影響する作業がどれであるかはつかみにくいという欠点がある。

④　CPMを利用して工程計画を策定する場合には、いかに適切にコストカーブを設定するかが重要である。

⑤　ネットワーク式工程表において、フリーフロートがゼロのアクティビティをクリティカルパスといい、スタートから終わるまでの最長期間の経路で工程管理上最も重要なものである。

【解説】ネットワークにおける余裕時間（フロート）のうち、トータルフロート（T.F.）は、余裕時間としてこれ以上消費してしまうと工期が延びてしまうような最大限の余裕時間をいい、フリーフロート（F.F.）は、後続作業のE.S.T.（最早開始時刻）に全く影響のない余裕時間をいう。そしてトータルフロートがゼロのアクティビティをクリティカルパスといい、スタートから終わるまでの最長期間の経路で工程管理上最も重要なもので、1日として遅らせることのできない経路である。

　　⑤の文は「ネットワーク式工程表において、フリーフロートがゼロのアクティビティをクリティカルパスといい、……」としているため不適切。

【解答】⑤

【学習にあたってのキーワード】

作業可能日数、バナナ曲線、バーチャート（横線式工程表）、ネットワーク、CPM、クリティカルパス

【問題8】

土木構造物の施工計画に関する次の記述のうち、最も不適切なものはどれか。

①　ヒービングを防ぐためには、土止め壁の根入れ長さを長くすること、ならびに地盤改良を図ることなどがある。

②　盤ぶくれを防ぐには、ディープウェルなどで砂層から排水することにより、水圧を下げるようにする。

③　ネットワークにおける余裕時間のうち、フリーフロートは後続作業のE.S.T.に全く影響のない余裕時間である。

④　ネットワークにおける時間計算のうち、最早開始時刻は、作業を始められる最も早い時刻である。

⑤　原動機の定格出力が40 kW以上のブルドーザーを使用する作業は、振動規制法で定めている特定建設作業である。

【解説】一定限度を超える大きさの騒音を発生しないものとして環境大臣が指定するものを除き、原動機の定格出力が40 kW以上のブルドーザーを使用する作業は、騒音規制法で定めている特定建設作業であるが、振動規制法で定めている特定建設作業には含まれていない。⑤の文は「振動規制法で定めている特定建設作業である」としているため不適切。

【解答】⑤

【学習にあたってのキーワード】

ヒービング対策、盤ぶくれ、ネットワーク式工程表、特定建設作業

【問題9】

土木構造物の施工・施工計画に関する次の記述のうち、最も不適切なものはどれか。

① ケーソン病は、空気ケーソン施工において高圧作業室に入って作業を行う場合に、作業室から出るときに高気圧環境から低気圧環境に移動することで血液と組織に溶けているガスが気泡となって、血液の流れを阻害したり、痛みと他の症状を起こす状態である。

② 深礎工法は、直接地盤の確認や地耐力の測定ができ、地下水位が高く湧水が多い場合での施工が可能である。

③ デザインビルドは、1つの企業あるいは企業体が発注者と単一契約書のもとで、設計と建設の両者を手がける手法である。

④ 特定建設作業に対する規制の主な内容は、作業場所の敷地境界線における騒音や振動の大きさ、作業時間、1日当たりの作業時間、作業期間、作業日、などである。

⑤ トレミーコンクリート工法は、水中コンクリートの打設工法の1つで、コンクリートが流動分散しないように、水密性のトレミー管（垂直管）により水中に打設する工法である。

【解説】深礎工法は、地下水位が高く湧水が多い場合や有毒ガスが発生する箇所での施工は困難である。②の文は「地下水位が高く湧水が多い場合での施工が可能である」としているため不適切。

【解答】②

【学習にあたってのキーワード】

ケーソン病、深礎工法、デザインビルド、特定建設作業、トレミーコンクリート工法

【問題10】

開削工事における土留め工に関する次の記述のうち、最も適切なものはどれか。

① 自立式土留め工は、土留め壁の根入れ部の主働土圧のみで側圧に抵抗しているので、比較的良質な地盤で浅い掘削工事に適する。

② 切ばり式土留め工は、現場の状況に応じて支保工の数、配置等の変更が可能であるため、掘削面積が広い場合に適している。

③ グラウンドアンカー式土留め工は、機械掘削、躯体構築時等に支保工が障害となりやすい。

④ 控え杭タイロッド式土留め工は、掘削面内に支保工がないので機械掘削、躯体構築が容易であるが、土留め壁周辺に控え杭、タイロッドを設置するための用地が必要になる。

⑤ 補強土式土留め工は、補強土工法の原理にもとづき、引張補強材、腹起し等の支保工によって地盤の一体性を高められるため、深い開削工事に用いられる。

【解説】自立式土留め工は、土留め壁の根入れ部の受働土圧のみで側圧に抵抗しているので比較的良質な地盤で浅い掘削工事に適する。①の文は「自立式土留め工は、土留め壁の根入れ部の主働土圧のみで側圧に抵抗しているので、……」としているため不適切。

切ばり式土留め工は、現場の状況に応じて支保工の数、配置等の変更が可能であるが、掘削面積が広い場合には支保工および中間杭が増え、土留め壁の変位が大きくなる傾向がある。②の文は「切ばり式土留め工は、……、掘削面積が広い場合に適している。」としているため不適切。

グラウンドアンカー式土留め工は、掘削面内に切ばりがないので機械掘削、躯体構築が容易である。③の文は「グラウンドアンカー式土留め工は、機械掘削、躯体構築時等に支保工が障害となりやすい。」としているため不適切。

補強土式土留め工は、深い開削工事では合理的な設計とならないことが多く、比較的浅い掘削工事に用いられる。⑤の文は「補強土式土留め工は、……、深い開削工事に用いられる。」としているため不適切。

④の文は適切である。

【解答】④

【学習にあたってのキーワード】

自立式土留め工、切ばり式土留め工、グラウンドアンカー式土留め工、控え杭タイロッド式土留め工、補強土式土留め工

【問題11】

建設工事の安全管理に関する次の記述のうち、最も不適切なものはどれか。

① 事業者は、足場（一側足場を除く）における高さ2m以上の作業場所には作業床を設けなければならない。

② 事業者は、手掘りにより砂からなる地山の掘削にあっては、掘削面の高さを2m未満にするか、又は掘削面の勾配を45度以下にしなければならない。

③ 労働安全衛生法に基づき定められた酸素欠乏症等防止規則では、酸素欠乏の状態は空気中の酸素の濃度が18%未満である状態としている。

④ 機体重量が3t以上の油圧ショベルなど建設機械の運転においては、労働安全衛生法に基づく技能講習が必要になる。

⑤ つり上げ荷重が5t以上のクレーンの運転の業務は、都道府県労働局長の当該業務に係る免許を受けた者又は技能講習を修了した者、その他厚生労働省令で定める資格を有する者でなければならない。

【解説】労働安全衛生規則では地山掘削作業時の措置として、事業者は、手掘りにより砂からなる地山または発破等により崩壊しやすい状態になっている地山の掘削の作業を行うときには、次に定めるところによらなければならないとしている。

    1. 砂からなる地山にあっては、掘削面の勾配を35度以下とし、又は掘削面の高さを5メートル未満とすること。

    2. 発破等により崩壊しやすい状態になっている地山にあっては、掘削面の勾配を45度以下とし、又は掘削面の高さを2メートル未満とすること。

  ②の文は、発破等により崩壊しやすい状態になっている地山の内容を「手掘りにより砂からなる地山の掘削にあっては」としているため不適切。

【解答】②

【学習にあたってのキーワード】

足場からの墜落災害の防止、手掘りによる地山掘削作業、酸素欠乏、労働安全衛生法施行令、技能講習、労働安全衛生法、クレーンの運転業務、労働安全衛生規則

【問題12】

施工計画に関する次の記述のうち、最も不適切なものはどれか。

① 強度率は、災害の発生頻度を示すもので、延実労働時間100万時間中に労働災害による死傷者数が何人いたのかを示したものである。

② 施工計画は、工事の着手に先立って、契約書・設計図・設計書・仕様書・現場説明書などの設計図書に基づいて、施工方法や施工順序、資源調達などを計画したものの総称である。

③ 仮設構造物には、仮締切りや土留工あるいは型枠支保工、足場工などのように直接本体工事に使われるものと、工事用道路や仮設桟橋、給排水設備などのように本体工事に共通するものとがある。

④ PERT系手法は、工程計画を策定する段階だけではなく、工程管理に際して各作業の進度状況を調査し、工程の進捗度合い、投入資源の使用状況、出来高をチェックするための管理資料の作成にも用いられる。

⑤ 杭基礎の施工は、杭の使用目的や施工条件、地盤条件等の要因を加味するとともに、施工計画には施工中の管理手法について明確にしておく必要がある。

【解説】強度率は、災害による損失の程度を示すもので、1,000労働時間中において傷害のために失われる損失日数である。一方、度数率は、災害の発生頻度を示すもので、延実労働時間100万時間中に労働災害による死傷者数が何人いたのかを示したものをいう。①の文は、度数率の内容を説明したものであるため不適切。

【解答】①

【学習にあたってのキーワード】

強度率、施工計画、仮設構造物、PERT、杭基礎工

【問題13】

土留め壁に関する次の記述のうち、最も不適切なものはどれか。

① 鉄筋コンクリート地下連続壁（RC連壁）は、掘削したトレンチ中に鉄筋籠を挿入し、コンクリートを打設して連続させた地中壁を構築するものである。

② 親杭横矢板土留め壁は、I形鋼やH形鋼などの親杭を一定の間隔で打込み、フランジ部分に木材の横矢板を挿入していく土留め壁で、地下水が高い場合にも用いられる。

③ ソイルセメント地下連続壁には、原位置土とセメントスラリーを混合・攪拌してソイルセメント壁体を造るもののほか、発生掘削土を主材料として製造されたソイルセメントを再度埋め戻すことによってソイルセメント壁体を構築するものがある。

④ 鋼矢板土留め壁は、鋼製の矢板を、継手部をかみ合わせながら地中に打

込む土留め壁であり、護岸や止水壁などにも利用される。

⑤　鋼管矢板土留め壁は、形鋼やパイプなどの継手を取り付けた鋼管杭を、継手部をかみ合わせながら打込む土留め壁であり、遮水性や剛性がともに大きく、軟弱地盤にも用いられる。

【解説】親杭横矢板土留め壁は、比較的浅いところに構造物を建設する場合や、硬質な地盤で用いられるが、遮水性はないので地下水が低い場合にしか用いられない。

②の文は「親杭横矢板土留め壁は、……、地下水が高い場合にも用いられる」としているため不適切。

【解答】②

【学習にあたってのキーワード】

鉄筋コンクリート地下連続壁（RC連壁）、親杭横矢板土留め壁、ソイルセメント地下連続壁、鋼矢板土留め壁、鋼管矢板土留め壁

【問題14】

土木構造物の施工・施工計画に関する次の記述のうち、最も不適切なものはどれか。

①　ボイリングは、砂質地盤で掘削面側と土止め壁背面側の水位差が大きい場合に、背面側から掘削面側に向かう浸透流が発生し、土止め壁の先端から水がまわりこみ、一挙に地盤が持ち上げられ砂の粒子が沸き立つように噴出し、掘削地盤が破壊される現象である。

②　盤ぶくれは、ヒービングの一種でもあるといわれ、山止め掘削時に根切り底面の土の重量が下方からの水圧に抵抗できずに底面が持ち上がるように破壊する現象である。

③　もんけん及び圧入式くい打機を除くくい打機、あるいは油圧式くい打くい抜機を除くくい抜機を使用する作業は、騒音規制法ならびに振動規制法で定めている特定建設作業である。

④　デザインビルドは、1) プロジェクト全体の責任が明確にできる、2) 設計および建設の契約責任を1つに集約できる、3) 工期の短縮が可能となる、4) 設計に施工の専門的知識が反映される、5) 設計と施工の継続性が得られる、などの長所がある。

⑤　打込み杭の高止りや打込み困難に対する対策の1つとして、打込み順序を外側から中心に向かって行うという方法がある。

【解説】高止りや打込み困難の対策としては、1）杭先端へフリクションカットを取付ける、2）プレボーリングにより地盤を緩める、3）打込み順序を中心より外側へとする、4）杭を補強して大型のハンマを使用する、5）杭種を変更する、などがある。⑤の文は「打込み順序を外側から中心に向かって行う」としているため不適切。

【解答】⑤

【学習にあたってのキーワード】

ボイリング対策、盤ぶくれ、特定建設作業、デザインビルド、打込み杭の高止り

【問題15】

工程管理に関する次の記述のうち、最も不適切なものはどれか。

① バーチャートは、作り方が簡単で見やすく各作業の所要日数がわかり、漠然とではあるが作業間の関連もわかるが、工程に影響する作業がどれであるかはつかみにくいという欠点がある。

② ガントチャートは、各作業の開始時期や終了時期が一目で確認できるためわかりやすいが、多数の作業が複雑に入り組んだ工程を計画・管理しようとすると、作業相互の依存関係がわかりにくいという欠点がある。

③ 出来高累計曲線は、横軸に工期を縦軸に出来高をとって工事の進行をグラフ化したもので、一般にはS字のカーブを描く。

④ 実績工程曲線がバナナ曲線の上方許容限界を上回る場合は、重大な工程遅延となり突貫工事が不可避となるので、直ちに緊急対策を講じる必要がある。

⑤ ネットワークにおいて、トータルフロートがゼロのアクティビティをクリティカルパスという。

【解説】バナナ曲線は、縦軸に工事の出来高率（工程）を横軸に工期消化率（時間経過）をとり、過去の複数の同種工事をプロットしたときにできるバナナ形状の工程管理曲線をいう。実施工程曲線がバナナ曲線の下方許容限界を下回る場合は、重大な工程遅延となり突貫工事が不可避となるので、直ちに緊急対策を講じる必要がある。また、実績工程曲線がバナナ曲線の上方許容限界を上回る場合は、工程が進み過ぎているので、必要以上に大型機械を入れて不経済になっていないかなど、施工計画の再検討が必要になる。

④の文は「実績工程曲線がバナナ曲線の上方許容限界を上回る場合は、重大な工程遅延となり突貫工事が不可避となるので、直ちに緊急対策を講じる必要がある。」としているため不適切。

【解答】④

【学習にあたってのキーワード】

　横線式工程表（バーチャート）、ガントチャート、出来高累計曲線、バナナ曲線、ネットワーク式工程表、クリティカルパス

【問題16】

　建設工事の安全管理に関する次の記述のうち、最も不適切なものはどれか。

① 手掘りにより、掘削面の高さが5m以上の堅い粘土からなる地山の掘削の作業を行なうときは、掘削面の勾配を75度以下としなければならない。

② 作業の性質上やむを得ない場合で労働者に危険を及ぼすおそれのないときには、パワー・ショベルによる荷の吊り上げを行っても良い。

③ つり足場の場合を除き、作業床の幅は40センチメートル以上とし、床材間のすき間は3センチメートル以下としなければならない。

④ つり足場の場合を除き、作業床の床材は、転位し、又は脱落しないように2以上の支持物に取り付けなければならない。

⑤ 第二種酸素欠乏危険作業は、酸素欠乏症となるおそれはあるが硫化水素中毒となるおそれはない場所での作業をいう。

【解説】第一種酸素欠乏危険作業は、酸素欠乏症となるおそれはあるが硫化水素中毒となるおそれはない場所での作業をいう。一方、第二種酸素欠乏危険作業は、「海水が滞留しており、若しくは滞留したことのある熱交換器、管、暗きょ、マンホール、溝若しくはピット（熱交換器等）又は海水を相当期間入れてあり、若しくは入れたことのある熱交換器等の内部」、「し尿、腐泥、汚水、パルプ液その他腐敗し、又は分解しやすい物質を入れてあり、又は入れたことのあるタンク、船倉、槽、管、暗きょ、マンホール、溝又はピットの内部」、「厚生労働大臣が定める場所」において、酸素欠乏症または硫化水素中毒のおそれがある作業をいう。⑤の文は「第二種酸素欠乏危険作業は、酸素欠乏症となるおそれはあるが硫化水素中毒となるおそれはない場所での作業をいう。」として、第一種酸素欠乏危険作業の内容を「第二種酸素欠乏危険作業は、」としているため不適切。

【解答】⑤

【学習にあたってのキーワード】

　手掘りによる地山掘削作業、車両系建設機械の主たる用途以外の使用、作業床、酸素欠乏危険作業

【問題 17】

積算に関する次の記述のうち、最も不適切なものはどれか。

① 一般に間接工事費のうちの現場管理費は、工事の施工にあたって工事を管理するために必要な共通仮設費以外の経費で技術管理費も含まれる。

② 請負工事費のうち工事原価は、一般管理費とは区別されている。

③ 市場単価方式は、元請・下請間の取引によって市場で形成された、材料費・労務費・機械経費・運搬費および下請経費等によって構成される単位当たりの取引価格を直接、積算価格の算出に利用する方式である。

④ 直接工事費は、間接工事費とともに工事原価を構成するものである。

⑤ 歩掛り積算方式は、資材単価、労務単価、歩掛り、諸経費などの工事構成内容ごとに実態調査から求められる標準的な積算基準額を用いて、工事ごとにこれらを積上げて積算を行う方式である。

【解説】一般に間接工事費のうちの共通仮設費は、1）運搬費、2）準備費、3）仮設費、4）安全費、5）役務費、6）技術管理費、7）営繕費などからなる。①の文は現場管理費に「技術管理費も含まれる」としているため不適切。

【解答】①

【学習にあたってのキーワード】

間接工事費、工事原価、市場単価方式、直接工事費、歩掛り積算方式

【問題 18】

施工計画で用いるネットワーク手法に関する次の記述のうち、最も不適切なものはどれか。

① CPM は PERT と同様に矢線図を基礎としており、日程計算をして各作業のフローとクリティカルパスを見出すまでは同じ処理であるが、さらにコストと時間の関連において、与えられた条件のもとでの最適工期を策定するところに最大の狙いがある。

② PERT／TIME、PERT／MANPOWER、PERT／COST の 3 つを総称してPERT 系手法と呼んでいる。

③ CPM を利用して工程計画を策定する場合には、いかに適切にコストカーブを設定するかが重要となる。

④ トータルフロートは、後続作業の最早開始時刻に全く影響のない余裕時間である。

⑤ トータルフロートがゼロのアクティビティをクリティカルパスという。

【解説】トータルフロートは、余裕時間としてこれ以上消費してしまうと工期が延びてしまうような、最大限の余裕時間である。一方、フリーフロートは、後続作業の最早開始時刻に全く影響のない余裕時間である。④の文はフリーフロートの説明内容となっているため不適切。

【解答】④

【学習にあたってのキーワード】

　CPM、PERT、ネットワーク式工程表

【問題19】

　施工計画に関する次の記述のうち、最も不適切なものはどれか。

① コンクリート支保工の弾性変形および基礎工の耐力不足による沈下は、構造物の出来形に直接影響するばかりではなく、クラック発生の大きな原因ともなる。

② CPMはネットワーク手法のうち、最短工期や工程上のクリティカルな作業群を明らかにすることによって工程計画の評価、調整及び進度管理を行おうとするものである。

③ VEは、計画や設計の段階から施工段階に至る公共工事のどの段階でも行うことのできるものであり、新技術や専門的な施工技術を要する工事などで大きな効果が期待できる。

④ 強度率の計算に用いる延労働損失日数は、労働災害による死傷者の延労働損失日数をいい、死亡・永久全労働不能は7,500日、永久一部労働不能は級に応じて50〜5,500日、一時労働不能は暦日の休業日数に300／365を乗じた日数とする。

⑤ 従来からの一括請負方式では、発注者は支払った代金がゼネコン（総合建設会社）によってどのように使われているかを知る手段がなかったのに対して、コンストラクション・マネジメント方式では、発注者が専門工事会社と直接契約を結ぶため、工事代金の内訳が明確となる。

【解説】CPM（Critical Path Method）は、時間と費用の関連に着目し、工事費用が最小となるようネットワーク上で工期を短縮し、最適工期、最適費用を設定していく計画手法である。一方、PERTは、ネットワーク手法の1つで、最短工期や工程上のクリティカルな作業群を明らかにすることによって工程計画の評価、調整及び進度管理を行おうとするものをいう。②の文は、PERTの内容を説明したものであるため不適切。

【解答】②

【学習にあたってのキーワード】

　支保工、CPM、VE、強度率、コンストラクション・マネジメント

【問題20】

　土木構造物の施工計画に関する次の記述のうち、最も不適切なものはどれか。

①　トレミーコンクリート工法によるコンクリートの打上り速度は型枠強度、コンクリート表面の乱れに関係するので、0.5～3.0 m/hの範囲で選定する。

②　排水工を分類すると、重力により浸透した水を集水して排水する重力排水と、負圧により集水して排水する強制排水の2つに大別される。

③　リバースサーキュレーション工法による杭径は一般に0.8～2.0 m程度で、深さは20～30 m程度まで可能である。

④　深礎工法は、場所打ち杭の掘削工法の1つで、特殊な山留め鋼板で孔壁を防護し人力で掘削する工法である。

⑤　地盤改良工の計画や工法の選定にあたっては、1）調査による地盤状況の的確な把握、2）構造物とともに地盤改良の目的の明確化、3）地盤改良工期の検討、4）地盤改良工事に伴う周辺への影響、5）施工機械や使用材料の選定と安全性、6）改良結果の品質の確認、などに注意をする必要がある。

【解説】リバースサーキュレーション工法による杭径は一般に0.8～2.0 m程度で、深さは60 m程度まで可能である。③の文は「深さは20～30 m程度まで可能」としているため不適切。

【解答】③

【学習にあたってのキーワード】

　トレミーコンクリート工法、排水工、リバースサーキュレーション工法、深礎工法、地盤改良工

【問題21】

　施工計画に関する次の記述のうち、最も不適切なものはどれか。

①　施工計画は、工事現場を適切に運営し、良好な工作物の引渡しと適正な利益の計上を図るために、品質・工期・原価・安全の4要素を満たすものとする。

②　CPMは、時間と費用の関連に着目し、工事費用が最小となるようネットワーク上で工期を短縮し、最適工期、最適費用を設定していく計画手法である。

③ 工事原価は、材料費や労務費などの直接工事費と仮設費や安全費などの間接工事費を合わせた、工事を完成するために必要な費用をいう。

④ 一般に直接工事費は、材料費と労務費等から構成されており特許使用料や水道光熱電力料は含まない。

⑤ 仮設構造物には、仮締切りや土留工あるいは型枠支保工、足場工などのように直接本体工事に使われるものと、工事用道路や仮設桟橋、給排水設備などのように本体工事に共通するものとがある。

【解説】 直接工事費は、請負工事費を構成する各費目のうち、構造物を施工するために直接必要となる費用をいう。一般に直接工事費は、1) 材料費、2) 労務費、3) 特許使用料や水道光熱電力料、機械経費などの直接経費、の3つの要素から構成される。

　④の文は「直接工事費は、特許使用料や水道光熱電力料などは含まない」としているため不適切。

【解答】 ④

【学習にあたってのキーワード】

　施工計画、CPM、工事原価、直接工事費、仮設構造物

【問題22】

施工法に関する次の記述のうち、最も不適切なものはどれか。

① トンネル工事におけるロングベンチカット工法は、地山の変化に対応しやすい反面、同時併進の場合には上・下半の作業時間サイクルのバランスがとりにくいという特徴がある。

② サンドコンパクションパイル工法は、砂質土と粘性土のどちらの地盤にも適用でき、砂質土に対しては、支持力の増加、沈下の低減、液状化の防止などの効果が期待でき、粘性土に対しては、せん断強度の増加、沈下の低減などの効果が期待できる。

③ 既成くい工法を打設方法によって分けると、打撃工法、プレボーリング工法、中掘り工法、ジェット工法、圧入工法などに分類できるが、騒音・振動などが発生する打撃工法は、都市内ではほとんど使われていない。

④ バーチカルドレーン工法は、圧密に要する時間は、最大排水距離の二乗に比例するというテルツァギーの圧密理論を応用したものである。

⑤ サイロット工法は、トンネルの掘削工法の1つである導坑先進工法のうち、膨張性の地質や、特に地盤支持力の不足する軟弱層などに適応した工法である。

【解説】ベンチカット工法には、ベンチ長によってロングベンチカット工法、ショートベンチカット工法、ミニベンチカット工法に分けられる。

(1) ロングベンチカット工法（ベンチ長＞$5D$）：全断面では施工が困難であるが、比較的安定した地山に用いられる。上半と下半を交互に掘削する交互掘進方式の場合、機械設備・作業員が少なくてすむというメリットがあるが、工期がかかるというデメリットがある。

(2) ショートベンチカット工法（$D＜$ベンチ長$≦5D$）：土砂地山、膨張性地山から中硬岩地山まで適用できる工法で最も基本的かつ一般的なベンチカット工法である。地山の変化に対応しやすい反面、同時併進の場合には上・下半の作業時間サイクルのバランスがとりにくいという特徴がある。

(3) ミニベンチカット工法（ベンチ長＜D）：ショートベンチカット工法の場合よりもさらに内空変位を抑制する必要がある場合、あるいは膨張性地山等で早期の閉合を必要とする場合に用いられる。インバートの早期閉合がしやすい反面、上半施工用の架台が必要となる、上半部の掘削に用いる施工機械が限定されやすいなどの欠点がある。

①の文は、ショートベンチカット工法の内容を「ロングベンチカット工法」に置き換えているため不適切。

【解答】①

【学習にあたってのキーワード】

ベンチカット工法、ロングベンチカット工法、ショートベンチカット工法、ミニベンチカット工法、サンドコンパクションパイル工法、既成くい工法、バーチカルドレーン工法、サイロット工法

【問題23】

施工計画に関する次の記述のうち、最も不適切なものはどれか。

① ケーソン病は$2\,\mathrm{kg/cm^2}$以上の作業で生じやすいが、正しい減圧方法と患者の再圧治療法を会得しておくことで防ぐことができる。

② 一般に仮設構造物は使用期間も短く、作用荷重も限られる場合が多いために、本体構造物に比べて小さな安全率が適用される傾向にある。

③ 強度率は、死亡や障害1〜3級などの大きな災害が多いほど数値が大きくなる。

④ ネットワークにおける時間計算で用いる最遅開始時刻は、遅くともこの日に作業を始めなければ、後の作業にひびくという時刻である。

⑤ かま場排水、暗渠排水、ウェルポイントは重力排水であり、ディープウェル、電気浸透、バキュームディープウェルは強制排水である。

【解説】かま場排水、暗渠排水、ディープウェルは重力排水であり、ウェルポイント、電気浸透、バキュームディープウェルは強制排水に分類される。⑤の文はウェルポイントを重力排水、ディープウェルを強制排水としているため不適切。

【解答】⑤

【学習にあたってのキーワード】

　ケーソン病、仮設構造物、強度率、ネットワーク式工程表、排水工

【問題24】

　施工計画に関する次の記述のうち、最も不適切なものはどれか。

①　盛土のり面の安定計算を行う場合の常時安全率は、一般の盛土のり面では1.2～1.3が用いられている。

②　河川工事においては一般に、出水期（融雪出水等のある地方ではその期間を含む）には河道内の工事を行わないものとしている。

③　支保工の計画に当たっては、所要強度、許容変形量、耐久性、組ばらしの難易などについて、コンクリートの打設順序計画とあわせて慎重に行う必要がある。

④　仮設構造物は、本体構造物に共通する場合が多いので、一般に永久構造物の許容応力と同じ値を用いている。

⑤　施工計画において、掘削土工機械の作業量を算定する場合、作業条件によって変化する作業効率係数が重要な値となる。

【解説】一般に仮設構造物は使用期間も短く、作用荷重も限られる場合が多いために、本体構造物に比べて小さな安全率が適用される傾向にある。④の文は「仮設構造物は、……一般に永久構造物の許容応力と同じ値を用いている。」としているため不適切。

【解答】④

【学習にあたってのキーワード】

　安全率、河川工事、支保工、仮設構造物、掘削土工機械の作業量

【問題25】

　土木構造物の施工計画に関する次の記述のうち、最も不適切なものはどれか。

①　オールケーシング工法は、場所打ち杭の機械掘削工法の1つで、原則として掘削に先立ってケーシングチューブを揺動貫入して孔壁を防護し、ハンマーグラブバケットにより掘削する工法である。

②　ボイリングを防ぐためには、土止め壁の根入れ長さを長くすること、な

らびに地盤改良を図ることなどがある。

③　アースドリル工法で孔壁保護を必要とする場合には、泥水を用いて地表面付近は3m程度のケーシングを使用することが多い。

④　打込み杭の試験打ちを行う杭の本数は、ばらつきを考慮して定める必要がある。

⑤　通常の排水工法だけで水替えを行うことができない場合は、止水矢板や連続地中壁等の遮水工の併用の検討や、構造物によってはニューマチックケーソンなどの工法検討も行う必要がある。

【解説】ボイリングを防ぐためには、土止め壁の根入れ長さを長くして動水勾配を小さくするか、ディープウェルやウェルポイントで土中より排水し、表面に流出する湧水を減少させる。一方、ヒービングを防ぐためには、土止め壁の根入れ長さを長くすること、ならびに地盤改良を図ることなどがある。②の文はヒービングの対策に関する説明内容となっているため不適切。

【解答】②

【学習にあたってのキーワード】
オールケーシング工法、ボイリング対策、アースドリル工法、打込み杭の試験打ち、排水工

5.11 「建設環境」の問題

【問題1】※令和3年度試験　関連問題

建設環境に関する次の記述のうち、最も不適切なものはどれか。

① レッドデータブックは、国際的に野生生物の保護を取り決めたワシントン条約や各国の保護政策の基礎資料として広く利用されている。

② 富栄養化は、湖沼や内湾などの閉鎖性水域で、魚類や甲殻類などの水中生物が生育するうえで必要とする栄養塩類の濃度が増加する現象をいう。

③ BODは、水中の有機物を微生物が分解した際に消費される酸素の量で、河川水や工場排水、下水などに含まれる有機物による汚濁の程度を示す指標となる生物化学的酸素要求量のことである。

④ 微小粒子状物質（PM2.5）を含む粒子状物質の発生源としては、ばい煙を発生する施設、粉じんを発生する施設、自動車、船舶、航空機等、人為起源のもの、さらには自然起源のものがある。

⑤ ゼロ・エミッションは、1994年に国連大学によって提唱された構想で、廃棄物を出さない完全循環型の生産システムの構築を目指すものである。

【解説】富栄養化は、湖沼や内湾などの閉鎖性水域で窒素、りんなどの栄養塩類の過剰な流入により、水域の一次生産量が異常に増大して生態系に異変が生じ、水質が累進的に悪化する現象をいう。富栄養化が進むと藻類やプランクトンなどが太陽光線を受けて異常繁殖し、赤潮やアオコが発生する。②の文は「富栄養化は、……、魚類や甲殻類などの水中生物が生育するうえで必要とする栄養塩類の濃度が増加する現象をいう。」としているため不適切。

【解答】②

【学習にあたってのキーワード】

レッドデータブック、富栄養化、BOD、微小粒子状物質（PM2.5）、ゼロ・エミッション

【問題2】※令和3年度試験　関連問題

建設環境に関する次の記述のうち、最も不適切なものはどれか。

① 水質汚濁や環境汚染などの生息・生育に必要な、特定の環境条件の変化をよく反映する生物を指標生物という。

② 環境影響評価手続において作成する計画段階環境配慮書は、事業の位

置・規模等の検討段階において、環境保全のために配慮すべき事項についての検討結果を伝えるものである。

③　振動規制法では、指定地域内において特定建設作業を伴う建設工事を施工しようとする者は、当該特定建設作業の開始の7日前までに、当該特定建設作業の種類、場所、実施期間、作業時間及び振動の防止の方法等を市町村長や特別区長に届け出なければならないとされている。

④　瓶など回収して洗浄し繰り返し使われるリターナブル瓶などは、3Rのうちのリサイクルであり、資源やエネルギーの節約、ごみの減量化による環境保全、ごみ処理費の節約などの効果がある。

⑤　大気汚染は、気温の鉛直構造すなわち大気の安定度と密接な関係がある。

【解説】3Rのうちのリユースは、一度利用して不要になったものを基本的な形を変えずに他の利用法で用いることである。瓶など回収して洗浄し繰り返し使われるリターナブル瓶などは<u>リユースであり</u>、リデュースとリサイクルの中間に位置するものである。一方、リサイクルは、一度使用して不要になったものを他の製品の原料として再生利用することである。紙や鉄くず、アルミニウム、ガラスびん、布などの再生使用、あるいは不用品交換などがリサイクルである。

　　④の文は「瓶など回収して洗浄し繰り返し使われるリターナブル瓶などは、3Rのうちの<u>リサイクルであり</u>、……」としているため不適切。

【解答】④

【学習にあたってのキーワード】

　指標生物、環境影響評価法、計画段階環境配慮書、振動規制法、特定建設作業、3R、大気汚染

【問題3】

　総務省の公害等調整委員会が行った平成29年度の全国の公害苦情調査結果に関する次の記述のうち、最も不適切なものはどれか。

①　公害苦情受付件数は、平成19年度以降11年連続で減少している。

②　環境基本法で定められた典型7公害の公害苦情受付件数のうち、騒音と大気汚染はそれぞれ3割を超えており、以下、悪臭、水質汚濁、振動、土壌汚染、地盤沈下の順になっている。

③　典型7公害以外の公害苦情受付件数では、廃棄物投棄は約4割を占めている。

④　典型7公害の直接処理件数について、苦情の申立てから処理までに要した期間別にみると、2/3がおよそ1週間以内、3/4がおよそ1か月以内に処理されている。

⑤ 公害苦情相談窓口等が行った処理方法のうち、「水質汚濁」、「低周波」
及び「地盤沈下」では、「発生源側に対する行政指導が中心」が最も多く
なっている。

【解説】平成29年度の典型7公害の直接処理件数について、苦情処理のため公害苦
情相談窓口等が行った処理方法別にみると、「発生源側に対する行政指導が中
心」が60.5%と最も多く、次いで、「原因の調査が中心」が24.2%、「申立人に
対する説得が中心」が3.8%となっている。ただし「水質汚濁」、「低周波」及
び「地盤沈下」では「原因の調査が中心」が最も多くなっている。

⑤の文は、『公害苦情相談窓口等が行った処理方法のうち、「水質汚濁」、「低
周波」及び「地盤沈下」では、「発生源側に対する行政指導が中心」が最も多
くなっている。』としているため不適切。

【解答】⑤

【学習にあたってのキーワード】

公害苦情調査結果、典型7公害、騒音、大気汚染、悪臭、水質汚濁、振動、土
壌汚染、地盤沈下、廃棄物投棄

【問題4】

日本の気候変動の実態や将来予測に関する次の記述のうち、最も不適切な
ものはどれか。ただし、気象庁―日本の気候変動2020を基準とする。

① 日本国内の都市化の影響が比較的小さい15地点で観測された年平均気
温は、1898〜2019年の間に、100年当たり1.24℃の割合で上昇している。

② 1910〜2019年の間に、真夏日、猛暑日及び熱帯夜の日数は増加し、冬
日の日数は減少した。特に猛暑日の日数は、1990年代半ばを境に大きく
増加している。

③ 全国平均で見た場合、大雨や短時間強雨の発生頻度や強さは増加し、雨
の降る日数は減少すると予測される。

④ 日本全国の年間降水量には、統計的に有意な変化は予測されていない。

⑤ 台風の発生数や日本への接近数・上陸数には、長期的な変化傾向は見ら
れないが、「強い」以上の勢力の発生数や台風の発生数全体に対する割合
は増加している。

【解説】台風の発生から消滅までの間で「強い」以上の勢力（10分間平均風速の
最大値が33 m/s以上）に分類される台風は、年間10個から20個程度発生し、
1980年代後半から1990年代初めや2000年代中頃はやや多く、1990年代後半や

2010年代初めにはやや少ない。しかしながら、その発生数や台風の発生数全体に対する割合に長期的な変化傾向は見られない。このことから、日本の気候変動2020では「台風の強度に長期的変化傾向は見られない」としている。

⑤の文は「……、「強い」以上の勢力の発生数や台風の発生数全体に対する割合は増加している。」としているため不適切。

【解答】⑤

【学習にあたってのキーワード】

日本の気候変動2020、年平均気温、真夏日、猛暑日、熱帯夜、冬日、短時間強雨、年間降水量、台風の発生数、台風の日本への接近数・上陸数、「強い」以上の勢力の台風の発生数

【問題5】

次の建設環境に関する記述のうち、最も不適切なものはどれか。

①　環境基本法で定める「環境への負荷」とは、人の活動により環境に加えられる影響であって、環境の保全上の支障の原因となるおそれのあるものをいう。

②　水質汚濁防止法によって保全が図られるのは、河川、湖沼、港湾、沿岸海域その他公共の用に供される水域及びこれに接続する公共溝渠、かんがい用水路その他公共の用に供される水路の水質であり、地下水は含まれない。

③　大気汚染防止法では、無過失損害賠償責任が導入され、事業活動に伴って排出した健康被害物によって人の生命・健康を害した事業者は損害賠償責任を負う。

④　騒音規制法では特定建設作業の騒音は、政令で定める特定建設作業を規制対象とし、都道府県知事等が規制地域を指定するとともに、環境大臣が騒音の大きさ、作業時間帯、日数、曜日等の基準を定めている。

⑤　建設工事に係る資材の再資源化等に関する法律（建設リサイクル法）に規定する「特定建設資材」とは、政令で定められているコンクリート、コンクリート及び鉄からなる建設資材、木材、アスファルト・コンクリートの4種類をいう。

【解説】水質汚濁防止法によって保全が図られるのは、公共用水域と地下水の水質であり、公共用水域とは河川、湖沼、港湾、沿岸海域その他公共の用に供される水域及びこれに接続する公共溝渠、かんがい用水路その他公共の用に供される水路（下水道法に規定する公共下水道及び流域下水道であって、終末処理場

を設置しているものを除く）をいう。

　②の文は「水質汚濁防止法によって保全が図られるのは、……、<u>地下水は含まれない。</u>」としているため不適切。

【解答】②

【学習にあたってのキーワード】

　環境基本法、水質汚濁防止法、大気汚染防止法、騒音規制法、建設工事に係る資材の再資源化等に関する法律（建設リサイクル法）、特定建設資材

【問題6】

環境影響評価法に関する次の記述のうち、最も不適切なものはどれか。

① 環境影響評価法の対象事業は、道路やダム、鉄道、飛行場などの規模が大きく環境に著しく影響を及ぼすおそれがある事業で、国が実施しまたは許認可を行うもので必ず環境影響評価を行わなくてはならない第一種事業と、第一種事業に準じる規模を有し、環境影響評価を行うかどうかについて個別に判定を行う第二種事業がある。

② 環境影響評価方法書について環境の保全の見地からの意見を有する者は、公告の日から縦覧期間満了の日の翌日から起算して2週間を経過する日までの間に、事業者に対して意見書の提出により、これを述べることができる。

③ 環境影響評価準備書について、関係する都道府県知事は政令で定める期間内に、事業者に対して環境の保全の見地からの意見を書面により述べるものとするとされている。

④ 第二種事業について、環境影響評価を行うかどうかについて個別に判定することをスコーピングという。

⑤ 環境影響評価方法書には、対象事業に係る環境影響評価の項目ならびに調査、予測及び評価の手法（当該手法が決定されていない場合にあっては、対象事業に係る環境影響評価の項目）を記載することとされている。

【解説】第二種事業について、環境影響評価を行うかどうかについて個別に判定することはスクリーニングと呼んでいる。スコーピングは、環境影響評価方法書について早い段階で意見を聴取することによって、環境影響評価の内容を絞り込む手続きのことである。

　④の文は「第二種事業について、環境影響評価を行うかどうかについて個別に判定することをスコーピングという。」としているため不適切。

【解答】④

【学習にあたってのキーワード】

環境アセスメント（環境影響評価）、環境影響評価法、第一種事業、第二種事業、環境影響評価方法書、環境影響評価準備書

【問題7】

環境影響評価法における第一種事業と第二種事業に関する次の組合せのうち、誤った組合せはどれか。

① 滑走路の長さが2,300 mの飛行場：第二種事業

② 湛水面積が90 haのダム：第一種事業

③ すべての新幹線鉄道事業：第一種事業

④ 出力2.5万kWの水力発電所：第二種事業

⑤ 150 haの土地区画整理事業：第一種事業

【解説】環境影響評価法における事業区分では、ダムは、湛水面積が100 ha以上の場合に第一種事業、75 ha～100 haの場合に第二種事業としている。②は、湛水面積が90 haのダムを第一種事業としているため誤った組合せ。

【解答】②

【学習にあたってのキーワード】

環境影響評価法

【問題8】

環境影響評価法に関する次の記述のうち、最も不適切なものはどれか。

① 環境影響評価とは、事業の実施が環境に及ぼす影響について環境の構成要素に係る項目ごとに調査、予測及び評価を行うとともに、これらを行う過程においてその事業に係る環境の保全のための措置を検討し、この措置が講じられた場合における環境影響を総合的に評価することである。

② 出力が2万5千kWの水力発電所の整備事業は、第一種事業として環境影響評価法による環境アセスメントの対象事業になる。

③ 環境アセスメントの手続に応じて、(1) 計画段階環境配慮書、(2) 環境影響評価方法書、(3) 環境影響評価準備書、(4) 環境影響評価書、(5) 環境保全措置等の報告書、の5つの環境アセスメント図書が規定されている。

④ 環境影響評価法による環境アセスメントでは、事業者は、環境影響評価の項目並びに調査、予測及び評価の手法等について環境影響評価方法書を作成し、市町村長の意見を踏まえた都道府県知事の意見を勘案して、具体的な方法を定める。

⑤　環境影響評価法では、高速自動車道の整備事業はすべて環境アセスメントの対象となる。

【解説】出力が3万kW以上の水力発電所の整備事業は、必ず環境影響評価を行わなくてはならない第一種事業であり、2.25万kW～3万kWの水力発電所の整備事業は、環境影響評価を行うかどうかについて個別に判定（スクリーニング）を行う第二種事業である。②の文は「出力が2万5千kWの水力発電所の整備事業は、第一種事業……」としているため不適切。

【解答】②

【学習にあたってのキーワード】

環境影響評価法

【問題9】

公共施設整備における環境影響に関する次の記述のうち、最も不適切なものはどれか。

①　富栄養化は、かび臭発生の原因でもあると同時に、このような水を水道水源とすると浄水処理工程でトリハロメタンの発生量が増加する。

②　ライフサイクルアセスメント（LCA）は、原料の調達から製品の生産、消費、廃棄に至るすべての段階において、その製品が環境へ与える負荷を総合的に評価する手法のことである。

③　建設汚泥に該当する泥状の状態とは、標準仕様ダンプトラックに山積みができず、またその上を人が歩けない状態をいい、コーン指数が概ね100 kN/m^{2}以下または一軸圧縮強さが概ね30 kN/m^{2}以下のものである。

④　水質汚濁防止法に基づき地域の自然・社会的条件により、都道府県が公共用水域の該当地域に対し、国の定める許容限度より厳しい排水基準を定めることができる。

⑤　大気汚染の拡散モデルであるプルーム式、パフ式はあまり複雑でない地形やダウンウォッシュ等に対しては、有効煙突高や拡散パラメータを修正して適用している。

【解説】建設汚泥に該当する泥状の状態とは、標準仕様ダンプトラックに山積みができず、またその上を人が歩けない状態をいい、コーン指数が概ね200 kN/m^{2}以下または一軸圧縮強さが概ね50 kN/m^{2}以下のものである。③の文は「コーン指数が概ね100 kN/m^{2}以下または一軸圧縮強さが概ね30 kN/m^{2}以下のもの」としているため不適切。

【解答】③

【学習にあたってのキーワード】

富栄養化、ライフサイクルアセスメント、建設汚泥、水質汚濁防止法、大気汚染の拡散モデル

【問題10】

建設環境に関連する法令等に関する次の記述のうち、最も不適切なものはどれか。

① 環境基本法で示される典型7公害とは、大気汚染、水質汚濁、土壌汚染、騒音、振動、地盤沈下、悪臭のことである。

② 水質汚濁防止法に基づき、地域の自然・社会的条件により、都道府県が公共用水域の該当地域に対し、国の定める許容限度より厳しい排水基準を定めることができる。

③ 建設工事に係る資材の再資源化等に関する法律における再資源化には、分別解体等に伴って生じた建設資材廃棄物を、資材又は原材料として利用することができる状態にする行為に加え、熱を得ることに利用することができる状態にする行為も含まれる。

④ 振動規制法における建設作業の振動規制基準は、特定建設作業の振動が特定建設作業の発生地点において、またその他作業時間等について定められている。

⑤ 土壌汚染対策法で対象としている特定有害物質は、地下水等経由の摂取リスクの面からの土壌溶出量基準と、直接摂取リスク面からの土壌含有量基準が定められている。

【解説】振動規制法では、工場・事業場の振動、特定建設作業の振動、道路交通振動、のそれぞれに対して規制しており、このうち建設事業に係る建設作業の振動については、指定地域内の特定建設作業に伴って発生する振動について規制し、その規制基準は、特定建設作業の振動が特定建設作業の場所の敷地の境界線において、またその他作業時間等について定められている。

　④の文は「振動規制法における建設作業の振動規制基準は、特定建設作業の振動が特定建設作業の発生地点において、またその他作業時間等について定められている。」としているため不適切。

【解答】④

【学習にあたってのキーワード】

環境基本法、典型7公害、水質汚濁防止法、建設リサイクル法（建設工事に係る資材の再資源化等に関する法律）、振動規制法、土壌汚染対策法

【問題11】

公共施設整備における環境影響に関する次の記述のうち、最も不適切なものはどれか。

① 建設廃棄物は、工作物の建設工事及び解体工事に伴って生じるアスファルト塊、コンクリート塊、建設汚泥、建設発生木材及び建設混合廃棄物などの廃棄物のことである。

② 環境影響評価法において第二種事業の判定は、事業の許認可等を行う行政機関が、市町村長に意見を聴いて環境影響評価を行うかどうかについて判定を行う。

③ 汚泥処理は、水処理または浚渫などから発生する汚泥を安全な状態にするための、濃縮、脱水、乾燥（焼却）などの中間工程である。

④ エネルギー政策基本法では、国及び地方公共団体の責務と事業者の責務、そして国民の努力、ならびにこれらの相互協力として、各主体の役割分担を定めている。

⑤ CODは、水中の有機物を酸化剤で化学的に分解した際に消費される酸素の量で、海域や湖沼の有機汚濁物質等による水質汚濁の程度を示す指標となる、化学的酸素要求量のことである。

【解説】第二種事業の判定は、事業の許認可等を行う行政機関が、都道府県知事に意見を聴いて環境影響評価を行うかどうかについて判定を行う。②の文は「市町村長に意見を聴いて」としているため不適切。

【解答】②

【学習にあたってのキーワード】

建設廃棄物、環境影響評価法、汚泥処理、エネルギー政策基本法、COD

【問題12】

公共施設整備における環境影響に関する次の記述のうち、最も不適切なものはどれか。

① 自然再生推進法では、自然再生事業を、NPOや専門家を始めとする地域の多様な主体の参画と創意により、地域主導のボトムアップ型で進める新たな事業として位置付け、その基本理念、具体的手順等を明らかにしている。

② 地盤沈下は、高度成長期に地下水の需要が増大したことから、大都市や工業都市を中心に多発した。

③　新エネ法では、国・地方公共団体、事業者、国民等の各主体の役割を明確化する基本方針（閣議決定）の策定、新エネルギー利用等を行う事業者に対する金融上の支援措置等を規定している。

④　六価クロムは、皮膚にふれると皮膚炎、浮腫、潰瘍を起こすもので、水質環境基準は 0.05 mg/L 以下、土壌環境基準は検液 1 L につき 0.05 mg 以下、排水基準は 0.5 mg/L 以下と規定されている。

⑤　騒音規制法では、特定建設作業の騒音は、政令で定める特定建設作業を規制対象とし、環境大臣が規制地域を指定するとともに、都道府県知事等が騒音の大きさ、作業時間帯、日数、曜日等の基準を定めている。

【解説】騒音規制法では、特定建設作業の騒音は、政令で定める特定建設作業を規制対象とし、都道府県知事等が規制地域を指定するとともに、環境大臣が騒音の大きさ、作業時間帯、日数、曜日等の基準を定めている。⑤の文は、環境大臣と都道府県知事等とが逆さまとなっているため不適切。

【解答】⑤

【学習にあたってのキーワード】

自然再生推進法、地盤沈下、新エネ法（新エネルギー利用等の促進に関する特別措置法）、セメント安定処理と六価クロム、騒音規制法

【問題13】

生物多様性国家戦略に関する次の記述のうち、最も不適切なものはどれか。

①　生物多様性国家戦略は、生物多様性の保全と持続可能な利用に関する政府の基本的な計画である。

②　「生物多様性国家戦略2012-2020」では、愛知目標の達成に向けたわが国のロードマップを提示している。

③　「生物多様性国家戦略2012-2020」では、生物多様性を社会に浸透させるため、「生物多様性の経済的価値評価」等の取組を充実・強化することとしている。

④　「生物多様性国家戦略2012-2020」では、重点的に取り組むべき施策の方向性として「生物多様性を社会に浸透させる」、「地域における人と自然の関係を見直し・再構築する」、「森・里・川・海のつながりを確保する」という3つの基本戦略を設定している。

⑤　「生物多様性国家戦略2012-2020」では、今後5年間の政府の行動計画として約700の具体的施策を記載している。

【解説】　平成24年9月に閣議決定された「生物多様性国家戦略2012-2020」では、2020年度までに重点的に取り組むべき施策の方向性として、次に挙げる「5つの基本戦略」を設定している。

(1) 生物多様性を社会に浸透させる

(2) 地域における人と自然の関係を見直し・再構築する

(3) 森・里・川・海のつながりを確保する

(4) 地球規模の視野を持って行動する

(5) 科学的基盤を強化し、政策に結びつける

④の文は『……、重点的に取り組むべき施策の方向性として「生物多様性を社会に浸透させる」、「地域における人と自然の関係を見直し・再構築する」、「森・里・川・海のつながりを確保する」という3つの基本戦略を設定している。』としているため不適切。

【解答】　④

【学習にあたってのキーワード】

生物多様性国家戦略、生物多様性国家戦略2012-2020

【問題14】

環境基本法に関する次の記述のうち、最も不適切なものはどれか。

① 環境基本法は、公害や身近な自然の減少、さらには地球環境問題の進行に対応するために、環境に関する基本的な考え方や環境の保全に関する施策の基本について1993年に制定された法律である。

② 環境基本法では、国と事業者の二者に対する責務を明らかにし、それぞれ環境保全の施策推進について必要な責務を果たさなければならないとしている。

③ 環境基本法において、事業者は、公害防止や自然環境の保全に努力するのみでなく、製品の原料調達、製造、流通、販売から廃棄までの事業活動全般において環境配慮に努めることを求めている。

④ 環境基本法において、政府による環境保全に関する施策の総合的、計画的な推進を図るための環境基本計画を策定することが定められている。

⑤ 環境基本法では、6月5日を環境の日と定めている。

【解説】　環境基本法では、国や地方公共団体、国民、事業者がそれぞれ環境保全の施策推進について必要な責務を果たさなければならないとしている。②の文は「国と事業者の二者に対する責務を明らかにし、それぞれ環境保全の施策推進について必要な責務を果たさなければならないとしている」としているため不適切。

【解答】②

【学習にあたってのキーワード】

　　環境基本法

【問題15】

　環境影響評価法に定められた環境影響評価の手続きに関する次の記述のうち、最も不適切なものはどれか。

① 事業者は、事業の実施前に環境影響の調査、予測、評価、保全対策について検討し、環境影響評価方法書を作成する。

② 事業者は、評価書の公告を行うまでは、対象事業を実施してはならない。

③ 高速自動車国道ならびに4車線の首都高速道路等は、すべて環境影響評価を行わなくてはならない第一種事業に含まれる。

④ 第二種事業について、環境影響評価を行うかどうかについて個別に判定することをスクリーニングという。

⑤ 環境影響評価法で定める第二種事業の判定の結果、環境影響のおそれがないとして同法に基づく環境影響評価の手続きは必要ないと認められた事業であっても、条例に基づく環境影響評価を実施しなければならない場合がある。

【解説】環境影響評価方法書は、対象事業に係る環境影響評価の項目並びに調査、予測及び評価の手法など環境影響評価を行う方法を記載したものである。事業者は、環境影響評価の項目及び調査手法等について環境影響評価方法書を作成し、市町村長の意見を踏まえた都道府県知事の意見を勘案して、具体的な方法を定める。

　一方、環境影響評価準備書は、事業者が対象事業に係る環境影響評価を行った後、当該環境影響評価の結果について環境の保全の見地からの意見を聴くための準備として、その環境影響評価結果などを記載したものである。事業者は、事業の実施前に環境影響の調査、予測、評価、保全対策について検討し、環境影響評価準備書を作成する。

　①の文は「事業者は、事業の実施前に環境影響の調査、予測、評価、保全対策について検討し、環境影響評価方法書を作成する。」としているため不適切。

【解答】①

【学習にあたってのキーワード】

　　環境アセスメント（環境影響評価）、環境影響評価法、環境影響評価方法書、環境影響評価準備書、第一種事業、第二種事業、条例に基づく環境影響評価

【問題16】

　公共施設整備における環境影響に関する次の記述のうち、最も不適切なものはどれか。

　① 典型7公害の7種類の公害とは、1) 大気汚染、2) 水質汚濁、3) 土壌汚染、4) 騒音、5) 振動、6) 地盤沈下、7) 悪臭、のことである。

　② マニフェストシステムにおける、産業廃棄物管理票（マニフェスト票）はすべて紙によって収集、運搬、処分などの物流を管理している。

　③ ビオトープは、生物圏の地域的な基本単位を指し、動植物の生息地、生育地といった意味で用いられ、いきものの繁殖地やねぐらだけでなく、隠れ場や移動経路も含んだ一定の空間的な広がりをもった概念をいう。

　④ 大気汚染防止法は、無過失損害賠償責任が導入され、事業活動に伴って排出した健康被害物によって、人の生命・健康を害した事業者は損害賠償責任を負う。

　⑤ 産業廃棄物は、廃棄物の処理及び清掃に関する法律により規制されており、事業者の適正処理責任を定め、汚染者負担の原則に基づいた廃棄物発生者の自己処理原則が適用されている。

【解説】マニフェスト票には、紙によるものの他に、電子マニフェストがある。②の文は「すべて紙によって収集、運搬、処分などの物流を管理している」としているため不適切。

【解答】②

【学習にあたってのキーワード】

　典型7公害、マニフェストシステム、ビオトープ、大気汚染防止法、産業廃棄物

【問題17】

　公共施設整備における環境影響に関する次の記述のうち、最も不適切なものはどれか。

　① ユニバーサルデザインは、もともとあった建築等における物理的障壁をはじめ、あらゆる面における障壁を除去するという意味で用いられている。

　② 水の出入りの少ない閉鎖性水域では、工場排水や家庭排水、農業排水などにより、富栄養化が進むと藻類やプランクトンなどが太陽光線を受けて異常繁殖し、赤潮やアオコが発生する。

　③ ライフサイクルアセスメントを行うことで、どの製品が環境への影響が最小なのかを定量的・客観的に評価することが可能となる。

④　新エネルギーは、地球温暖化の原因となる二酸化炭素の排出量が少なく、エネルギー源の多様化にも貢献するので、エネルギー資源の乏しい日本にとって貴重な純国産エネルギーである。

⑤　建設汚泥は、焼成処理やスラリー化処理、高度安定処理、溶融処理などによる製品化処理、ならびに高度脱水処理（脱水処理）や安定処理、乾燥処理などによる土質材料としての処理が行われている。

【解説】バリアフリーは、もともとあったバリア（障壁）に対処するものであるが、ユニバーサルデザインは、障がいの有無や年齢、性別、国籍、人種等にかかわらず誰にでも気持ちよく使えるように最初からバリアが取り除かれている都市や生活環境を計画する考え方である。①の文は、バリアフリーについて説明した内容となっているため不適切。

【解答】①

【学習にあたってのキーワード】

ユニバーサルデザイン、富栄養化、ライフサイクルアセスメント、新エネルギー、建設汚泥

【問題18】

建設環境関係の各種法令などに関する次の記述のうち、最も不適切なものはどれか。

①　振動規制法により、振動の測定を行った場合において、指定地域内における道路交通振動が要請限度を越えることにより道路周辺の生活環境が著しく損なわれていると認めるときは、都道府県知事は、公安委員会に対して、道路交通法の規定による最高速度制限などの措置をとることを要請することができる。

②　騒音規制法により、特定建設作業の騒音は、政令で定める特定建設作業を規制対象とし、都道府県知事等が規制地域を指定するとともに、環境大臣が騒音の大きさ、作業時間帯、日数、曜日等の基準を定めている。

③　水質汚濁防止法では大気汚染防止法と同様に無過失損害賠償責任規定が置かれている。

④　大気汚染防止法施行令では、自動車排出ガスの種類として、自動車の運行に伴って発生する窒素酸化物及び粒子状物質の2つを挙げている。

⑤　廃棄物処理法では、一般廃棄物については市町村によって処理されることを原則とし、産業廃棄物については事業者の適正処理責任を定め、汚染者負担の原則に基づいた廃棄物発生者の自己処理原則を明示している。

【解説】大気汚染防止法施行令では、自動車排出ガスの種類として、自動車の運行に伴って発生する一酸化炭素、炭化水素、鉛化合物、窒素酸化物、粒子状物質の5つを挙げている。窒素酸化物及び粒子状物質の2つの物質に係る環境基準の確保を図る法律は、「自動車から排出される窒素酸化物及び粒子状物質の特定地域における総量の削減等に関する特別措置法」（自動車NO$_x$・PM法）である。

④の文は「大気汚染防止法施行令では、……窒素酸化物及び粒子状物質の2つを挙げている」としているため不適切。

【解答】④

【学習にあたってのキーワード】

振動規制法、道路交通振動、騒音規制法、水質汚濁防止法、大気汚染防止法、無過失損害賠償責任規定、大気汚染防止法施行令、自動車NO$_x$・PM法、廃棄物処理法

【問題19】

環境影響評価に関する次の記述のうち、最も不適切なものはどれか。

① 環境影響評価法で定める第二種事業に対しては、環境影響評価を行うかどうかについて個別にスクリーニングを行わなければならない。

② 環境影響評価法で定める第二種事業の判定の結果、環境影響のおそれがないとして同法に基づく環境影響評価の手続きは必要ないと認められた事業は、環境影響評価を行うことはない。

③ 環境影響評価法で定める第二種事業の規模に係る数値の第一種事業の規模に係る数値に対する比について、政令で定める数値は0.75である。

④ 環境影響評価準備書は公告、縦覧され、この際に環境保全の見地からの意見を有する者は、事業者に対して意見書の提出により意見を述べることができる。

⑤ 環境影響評価法に規定される方法書は、対象事業に係る環境影響評価の項目並びに調査、予測及び評価の手法など環境影響評価を行う方法を記載したものである。

【解説】環境影響評価法の対象事業は、道路やダム、鉄道、飛行場などの規模が大きく環境に著しく影響を及ぼすおそれがある事業で、国が実施しまたは許認可を行うもので、必ず環境影響評価を行わなくてはならない第一種事業と、第一種事業に準じる規模を有し、環境影響評価を行うかどうかについて個別に判定（スクリーニング）を行う第二種事業とがある。環境影響評価法で定める第二種事業の判定の結果、環境影響のおそれがないとして同法に基づく環境影響評価

の手続きは必要ないと認められた事業であっても、条例に基づく環境影響評価を実施しなければならない場合がある。

②の文は「環境影響評価を行うことはない」としているため不適切。

【解答】②

【学習にあたってのキーワード】

環境アセスメント（環境影響評価）、環境影響評価法

【問題20】

環境に関する次の記述のうち、最も不適切なものはどれか。

① わが国の大都市地域の一部の地区においては、自動車交通の集中、道路の構造上の問題等により、大気環境の改善が阻害されており、長期間にわたり二酸化窒素及び浮遊粒子状物質に係る大気環境基準が達成されていない状況にある。

② 富栄養化が進むと藻類やプランクトンなどが太陽光線を受けて異常繁殖し、赤潮やアオコが発生する。

③ 化石エネルギーの燃焼によって地球の温暖化の原因となる二酸化炭素が放出されることにより、地球温暖化が促進され、異常気象や海水面が上昇するなどの影響が問題視されている。

④ ゼロ・エミッションは、産業活動により発生する環境汚染物質、廃棄物、排熱など、すべての排出物を可能な限り最小化しようという環境運動である。

⑤ CODとは、水中の有機物質などが生物化学的に酸化・分解される際に消費される酸素量のことである。

【解説】COD（Chemical Oxygen Demand）は、水中の有機物を酸化剤で化学的に分解した際に消費される酸素の量で、海域や湖沼の有機汚濁物質等による水質汚濁の程度を示す指標となる化学的酸素要求量のことである。一方、BOD（Biochemical Oxygen Demand）は、水中の有機物を微生物が分解した際に消費される酸素の量で、河川水や工場排水、下水などに含まれる有機物による汚濁の程度を示す指標となる生物化学的酸素要求量のことである。⑤の文はBODの内容を「CODとは、……」としているため不適切。

【解答】⑤

【学習にあたってのキーワード】

二酸化窒素及び浮遊粒子状物質に係る大気環境基準、富栄養化、地球温暖化、ゼロ・エミッション、COD、BOD

【問題21】

建設環境に関する次の記述のうち、最も適切なものはどれか。

① 環境基準は、公害等の発生源である工場等から排出される大気や水質などの排出濃度を規制するための基準である。

② 地下水汚染は、重金属や有機溶剤、農薬、油などの各種の物質や細菌などが、人為的な原因で地下水中に混入した状態をいう。

③ 土壌汚染対策法では、特定有害物質として、鉛、砒素、トリクロロエチレンならびに放射性物質を含めたその他の物質が指定されている。

④ 湖沼などの閉鎖性水域における富栄養化の原因である窒素・リン等を除去する下水道の高度処理が進められている。

⑤ 公共用水域における水質事故の発生件数は、平成10年以降、毎年増加している。

【解説】環境基準は、行政がさまざまな環境保全のための施策を行うときの目標とすべきものであり、規制基準は、公害等の発生源である工場等から排出される大気や水質などの排出濃度を規制するための基準である。①の文は、規制基準の内容を「環境基準は、」としているため不適切。

地下水汚染の原因は、人為・自然を問わない。②の文は「地下水汚染は、……、人為的な原因で地下水中に混入した状態をいう。」としているため不適切。

土壌汚染対策法第2条では、『この法律において「特定有害物質」とは、鉛、砒素、トリクロロエチレンその他の物質（放射性物質を除く。）であって、それが土壌に含まれることに起因して人の健康に係る被害を生ずるおそれがあるものとして政令で定めるものをいう。』としている。③の文は「土壌汚染対策法では、特定有害物質として、鉛、砒素、トリクロロエチレンならびに放射性物質を含めたその他の物質が指定されている。」としているため不適切。

水質事故の発生件数は、平成18年まで増加傾向にあったが、その後はやや減少傾向にある。⑤の文は「公共用水域における水質事故の発生件数は、平成10年以降、毎年増加している。」としているため不適切。

④の文は適切である。

【解答】④

【学習にあたってのキーワード】

環境基準、規制基準、地下水汚染、土壌汚染、土壌汚染対策法、富栄養化、水質事故

【問題22】

環境影響評価法に関する次の記述のうち、最も不適切なものはどれか。

① 第一種事業は、道路やダム、鉄道、飛行場などの規模が大きく環境に著しく影響を及ぼすおそれがある事業で、国が実施しまたは許認可を行うもので、必ず環境影響評価を行わなくてはならないものである。

② 環境影響評価法で定める第二種事業の規模に係る数値の、第一種事業の規模に係る数値に対する比について、政令で定める数値は0.75である。

③ 事業者は、環境影響評価の項目及び調査手法等について環境影響評価方法書を作成し、都道府県知事の意見を踏まえた環境大臣の意見を勘案して、具体的な方法を定める。

④ 環境影響評価準備書は公告、縦覧され、この際、環境保全の見地からの意見を有する者は、事業者に対して意見書の提出により意見を述べることができる。

⑤ 環境大臣は、環境影響評価書について必要に応じて許認可等を行う行政機関に対して意見を提出し、許認可等を行う行政機関は、当該意見を踏まえて事業者に環境保全上の意見を提出する。

【解説】事業者は、環境影響評価の項目及び調査手法等について環境影響評価方法書を作成し、市町村長の意見を踏まえた都道府県知事の意見を勘案して、具体的な方法を定める。③の文は「都道府県知事の意見を踏まえた環境大臣の意見を勘案して、具体的な方法を定める」としているため不適切。

【解答】③

【学習にあたってのキーワード】

環境影響評価法

【問題23】

地球環境問題に関する次の記述のうち、最も不適切なものはどれか。

① 都市部では、建物の密集、道路舗装、各種産業や人口の集中などによる地面状態の変化や暖房、工場からの大量の人工熱や放射熱と大気汚染物質の放出などのような、都市における人工化の過剰な進展がヒートアイランド現象の原因となっている。

② 汚染者負担の原則は、国際連合が1972年に勧告したものである。

③ 海洋汚染等及び海上災害の防止に関する法律は、海上における、陸上の公害防止（廃棄物の処理及び清掃に関する法律）に相当する法律といえる。

④　地球温暖化防止京都会議（気候変動枠組条約第3回締約国会議）は、地球温暖化防止のために、先進国の2000年以降の対策強化を目的として1997年12月に京都で開催されたものである。

⑤　循環型社会は、大量消費・大量廃棄型の社会に代わるものとして、廃棄より再使用・再生利用を第一に考え、新たな資源の投入をできるだけ抑えるとともに、自然生態系に戻す排出物を減らすなど、天然資源の消費を抑制し、環境への負荷ができる限り低減される社会である。

【解説】汚染者負担の原則は、経済協力開発機構（OECD）が1972年に勧告したものである。②の文は「国際連合が1972年に勧告したもの」としているため不適切。

【解答】②

【学習にあたってのキーワード】

ヒートアイランド現象、汚染者負担の原則、海洋汚染等及び海上災害の防止に関する法律、地球温暖化防止京都会議（気候変動枠組条約第3回締約国会議）、循環型社会

【問題24】

環境対策等に関する次の記述のうち、最も不適切なものはどれか。

①　「騒音規制法」では、特定建設作業の騒音は、都道府県知事等が規制地域を指定するとともに、環境大臣が騒音の大きさ、作業時間帯、日数、曜日等の基準を定め、市町村長は規制対象となる特定建設作業に関して必要に応じて改善勧告等を行うとしている。

②　「建設工事に係る資材の再資源化等に関する法律」では、一定規模以上の建築物その他の工作物に関する対象建設工事について、特定建設資材の分別解体等を義務付けるとともに、その分別解体等に伴って生じた特定建設資材廃棄物について再資源化を義務付けている。

③　「廃棄物の処理及び清掃に関する法律」では、産業廃棄物については事業者の適正処理責任を定め、汚染者負担の原則に基づいた廃棄物発生者の自己処理原則を明示している。

④　「ヒートアイランド対策大綱」は、ヒートアイランド対策に関する国、地方公共団体、事業者、住民等の取組を適切に推進するため、基本方針を示すとともに、実施すべき具体の対策を体系的に取りまとめたものである。

⑤　地盤沈下とこれに伴う被害の著しい濃尾平野、大阪平野、関東平野北部の3地域について、地盤沈下防止等対策関係閣僚会議において、「地盤沈下

301

> 防止等対策要綱」が決定されている。

【解説】地盤沈下とこれに伴う被害の著しい濃尾平野、筑後・佐賀平野、関東平野
　　　北部の3地域について、地盤沈下防止等対策要綱が決定されている。要綱では、
　　　地下水の過剰採取の規制、代替水源の確保と代替水の供給による地下水の保全、
　　　地盤沈下による湛水被害の防止及び被害の復旧等、総合的な対策を目的として
　　　いる。⑤の文は「濃尾平野、大阪平野、関東平野北部の3地域」としているた
　　　め不適切。

【解答】⑤

【学習にあたってのキーワード】
　　　騒音規制法、特定建設作業、建設工事に係る資材の再資源化等に関する法律
　　　（建設リサイクル法）、廃棄物の処理及び清掃に関する法律（廃棄物処理法）、
　　　ヒートアイランド対策大綱、地盤沈下防止等対策要綱

第6章　模擬試験問題

※答案用紙は321ページのマークシートを、A4サイズに拡大コピーしてお使いください。（試験はA4サイズのマークシートです）。

Ⅲ　次の35問題のうち25問題を選択して解答せよ。（解答欄に1つだけマークすること。）

Ⅲ－1　土の基本的性質に関する次の記述のうち、最も不適切なものはどれか。

①　間隙比 e と間隙率 n の間には、$e = \dfrac{n}{100 - n}$ の関係がある。

②　飽和度は、土の間隙の体積に対する間隙中の水の体積の割合（百分率）をいう。

③　最大乾燥密度は、道路の盛土や河川の堤防を施工する場合などで、締固め度を測定する際に施工管理基準の基本の値となる。

④　コンシステンシー指数 I_c は、自然含水比 w が液性限界に近ければ $I_c = 1$（不安定）、塑性限界に近ければ $I_c = 0$（安定）となる。

⑤　液性指数 I_{L} は、塑性限界 w_p、含水比 w、塑性指数 I_p を用いて $I_{\mathrm{L}} = \dfrac{w - w_p}{I_p}$ と定義される。

Ⅲ－2　軟弱地盤対策工法に関する次の記述の、　　　　　に入る語句として、最も適切な組合せはどれか。

　　バーチカルドレーン工法は、軟弱地盤中に人工のバーチカルドレーンを多数設置して排水距離を　　a　　に短縮し、載荷重などによって生じる地盤の　　b　　を促進する工法である。バーチカルドレーン工法は支持力を増加させる、あるいは残留沈下を除去することを目的とした工法であり、代表的なものとして　　c　　がある。この工法は、圧密に要する時間は、　　d　　に比例するというテルツァギーの圧密理論を応用したものである。

	a	b	c	d
①	水平方向	圧力	オールケーシング工法	最大排水距離
②	水平方向	圧密	サンドドレーン工法	最大排水距離の2乗
③	水平方向	圧密	オールケーシング工法	最大排水距離
④	垂直方向	圧力	オールケーシング工法	最大排水距離の1/2乗
⑤	垂直方向	圧密	サンドドレーン工法	最大排水距離の2乗

Ⅲ－3　飽和粘土の供試体を用いて一軸圧縮試験を行ったところ、破壊時の軸荷重 P が 20 N、軸変位 ΔH は 10 mm であった。供試体が円柱形を正しく保持していること、体積が変化しないことと仮定して算定したこの飽和粘土の一軸圧縮強さ σ の値として適切なものはどれか。ただし、この供試体の初期高さ H_0 は 10.0 cm で、初期断面積 A_0 は 10 cm^2 とする。

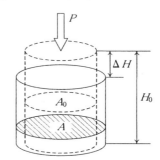

①　0.9 kN/m^2

②　1.8 kN/m^2

③　9.0 kN/m^2

④　18.0 kN/m^2

⑤　20.0 kN/m^2

Ⅲ－4　斜面安定に関する次の記述のうち、不適切なものはどれか。

①　斜面の安全率の定義の1つは、土のせん断強さによる抵抗モーメントをある点に関する滑動モーメントで除した値として定義され、円弧すべり法はこの定義に基づいている。

②　斜面のすべりに対する安全率の値を具体的に求める方法には、すべり面の形状を円形と仮定する円弧すべり解析と、任意形状のすべり面を対象とした非円形すべり面解析がある。

③　土石流とは、山体を構成する土砂や礫の一部が、水と混合し河床堆積物とともに渓岸を削りながら急速に流下する現象である。

④　落石防止工は、斜面上方の落石発生源において実施する落石予防工と、発生した落石に対し斜面下方で対処する落石防護工に区分される。

⑤　抑制工は、構造物を設けることによって構造物の抵抗力を利用し、地すべり運動の一部または全部を停止させることを目的とした地すべり対策工である。

Ⅲ－5　はりの断面力図に関する次の記述のうち、不適切なものはどれか。

①　等分布荷重の区間では、せん断力図は直線、曲げモーメント図は2次曲線となる。

②　三角形分布荷重の区間では、せん断力図、曲げモーメント図の両方とも3次曲線となる。

③　曲げモーメント図の勾配（接線の傾き）は、その点のせん断力に等しい。

④ 集中荷重の作用点では、せん断力図は階段状に変化し、曲げモーメント図は折れ曲がる。

⑤ 集中モーメント荷重の作用点では、せん断力図は変化せず、曲げモーメント図は階段状に変化する。

Ⅲ－6 　下図に示すような逆T型の図形の図心を通る $_{nX}$ 軸に対する断面2次モーメント I_{nX} として、正しいものは①〜⑤のうちどれか。

① 　およそ $290 \ cm^4$
② 　およそ $240 \ cm^4$
③ 　およそ $190 \ cm^4$
④ 　およそ $140 \ cm^4$
⑤ 　およそ $90 \ cm^4$

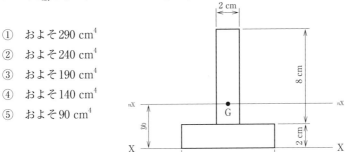

Ⅲ－7 　平面応力状態にある弾性体が下図に示すように垂直応力とせん断応力を受けている。この点における最大主応力の値と最小主応力の値の組み合わせのうち、適切なものはどれか。ただし、応力は矢印で示す方向を正とする。

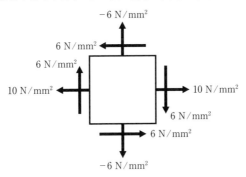

	最大主応力	最小主応力
①	$6 \ N/mm^2$	$-6 \ N/mm^2$
②	$6 \ N/mm^2$	$-8 \ N/mm^2$
③	$12 \ N/mm^2$	$-6 \ N/mm^2$
④	$12 \ N/mm^2$	$-8 \ N/mm^2$
⑤	$12 \ N/mm^2$	$-12 \ N/mm^2$

Ⅲ－8　鋼構造物の疲労に関する次の記述のうち、最も不適切なものはどれか。

① 疲労破壊は、材質の部分変化、残留応力、応力集中、加工時の欠陥などが疲労により成長し破壊に至るもので、静的荷重の場合と違った状況を示す。

② 鋼部材の設計に当たっては、原則として、疲労強度が著しく低い継手及び溶接の品質確保が難しい構造の採用を避ける。

③ 応力振幅で表した疲労限度の値は、引張りの平均応力が存在すると増大し、圧縮の平均応力が存在すると減少する。

④ 繰返し応力の応力振幅が同じでも、平均応力の有無によって疲労限度の値は変わってくる。

⑤ 設計計算によって算出した応力度の公称値と部材に発生する実応力との関係が明らかでない場合には、二次応力に対する疲労耐久性が確保できるよう細部構造に配慮する。

Ⅲ－9　鋼材の腐食及び防食に関する次の記述のうち、最も不適切なものはどれか。

① 耐候性鋼材は、リン、銅、ニッケル、クロムなどを少量添加した低合金鋼材であり、適度な乾湿の繰返しを受け、塩化物イオンのほとんどない環境で鋼材表面に形成される緻密な保護性錆びにより腐食の進展を抑制する。このため、耐候性鋼材は腐食性の高い環境に適用される。

② 防食下地として塗装されるジンクリッチペイントは、塗膜中に含まれる亜鉛末が鋼材表面に接触しており、塗膜に傷が入った場合などに犠牲防食作用を発揮して鋼材の腐食を防ぐ役割を担っている。溶出した亜鉛は、水分と反応して亜鉛化合物を生成して保護皮膜を形成する。

③ 厚膜被覆は、ゴムやプラスチックなどの有機材料を 1 mm 以上の厚膜に被覆した長期間の耐食性を有する防食法であり、主として港湾・海洋鋼構造物の飛沫・干満部の防食に用いられる。

④ 金属溶射は、鋼材表面に溶融した金属材料を溶射して形成した溶射皮膜が腐食因子や腐食促進物質の鋼材への到達を抑制して鋼材を保護する防食法である。溶射直後の皮膜には多くの気孔が存在し、この気孔に水分などの腐食因子が侵入し不具合が生じることを防ぐため、金属溶射後に封孔処理が必要となる。

⑤ 溶融めっきは、溶融した金属浴に鋼材を浸漬させ、鋼材表面にめっき皮膜を形成させる防食法であり、めっき材に用いる金属として亜鉛、アルミニウム、亜鉛・アルミニウム合金などがある。

Ⅲ－10 コンクリートに関する次の記述のうち、最も不適切なものはどれか。

① コンクリートの圧縮強度は通常、コンクリート構造物の設計基準強度に用いられるもので、一般には一軸圧縮試験による最大荷重を加圧軸に直交する供試体面積で割った値をいう。

② コンクリートの引張強度は、割裂引張強度試験によって求められ、引張強度は圧縮強度のおよそ$1/10 \sim 1/13$である。

③ コンクリートの曲げ強度は3等分点載荷法による曲げ試験によって求められ、曲げ強度は圧縮強度のおよそ$1/3 \sim 1/4$である。

④ セメントの種類はクリープに影響を及ぼし、強度発現が早いセメントほどクリープは小さくなる。

⑤ コンクリートの中性化は、年月を経てコンクリート中に含まれている水酸化カルシウムが空気中の炭酸ガスと反応して炭酸カルシウムに変化し、アルカリ性を失う現象をいう。

Ⅲ－11 コンクリートの材料としてのセメントに関する次の記述のうち、不適切なものはどれか。

① 低アルカリ形セメントは、セメント中の全アルカリ量を3.0%以下に抑えたセメントのことをいう。

② 早強ポルトランドセメントは、普通ポルトランドセメントより早期に強度が発現されるため、緊急工事、寒冷期の工事などに使用される。

③ 高炉セメントを使用したコンクリートは、1）長期強度が大きい、2）耐海水性や化学抵抗性に優れている、3）断熱温度上昇速度が小さい、4）アルカリシリカ反応が抑制される、等の特徴を有している。

④ フライアッシュセメントは、ポゾラン反応性を有するフライアッシュを混合材として用いたセメントをいう。

⑤ 低熱ポルトランドセメントは、材齢初期の圧縮強さは低いが、長期において強さを発現する特性を持っている。

Ⅲ－12 コンクリート構造物の劣化現象に関する次の記述のうち、不適切なものはどれか。

① アルカリ骨材反応は、セメント中のナトリウムやカリウムのアルカリイオンと反応性骨材が湿度の高い条件下で反応し、コンクリートに膨張ひび割れを生じさせるものをいう。

② 塩害の原因である塩化物は、主にコンクリートを製造する際の使用材料中に含まれるものであり、コンクリート構造物の表面から浸透することはほと

んどない。

③　コンクリートの中性化は、環境条件、水セメント比・単位セメント量など
の配合条件、施工条件、表面仕上げの方法等が影響する。

④　凍害により、美観の低下、内部鋼材（鉄筋）への防錆効果の低下等を引き
起こし、劣化が進むと部材の耐荷性にも影響を及ぼすことがある。

⑤　アルカリシリカ反応を抑制する方法としては、1）低アルカリ形のセメント
を用いる、2）高炉セメントあるいはフライアッシュセメントを用いる、
3）コンクリート中の全アルカリ量をある限度以下に抑える、などが有効であ
るとされている。

Ⅲ－13　都市計画に関する次の記述のうち、不適切なものはどれか。

①　都道府県が都市計画区域を指定しようとするときは、あらかじめ、関係市
町村及び都道府県都市計画審議会の意見を聴くとともに、国土交通大臣に協
議し、その同意を得なければならない。

②　準都市計画区域は、あらかじめ関係市町村及び都道府県都市計画審議会の
意見を聴いたうえで、都市計画区域外の区域のうち一定区域に対して、市町
村が指定する。

③　2つ以上の都府県にわたる都市計画区域は、関係都府県の意見を聴いたう
えで、国土交通大臣が指定する。

④　準都市計画区域においては、将来、都市計画区域となった場合においても
市街地として確保すべき最低基準を担保するために必要な規制のみを行い、
事業に係る都市計画は定められない。

⑤　地域地区のうち高度地区については、都市計画区域では建築物の高さの最
高限度又は最低限度を定めるが、準都市計画区域では建築物の高さの最高限
度を定めるものに限られる。

Ⅲ－14　再開発に関する次の記述のうち、最も不適切なものはどれか。

①　市街地再開発事業は、都市再開発法に基づき市街地開発事業の1つとして、
建築物および建築敷地の整備とあわせて公共施設の整備を行う事業である。

②　市街地再開発事業には、権利変換方式による第1種市街地再開発事業と用
地買収方式による第2種市街地再開発事業がある。

③　市街地再開発事業の第1種市街地再開発事業は、災害発生の危険などで緊
急性の高い事業について認められ、個人施行者や市街地再開発組合ではなく、
地方公共団体が実施し、比較的短期間に事業を行う。

④　権利変換手続を用いることにより、再開発施行区域内の権利関係を一度に

処理することができ、建物の建て替えがスムーズに進むというメリットがある。

⑤ 権利床は、市街地再開発事業において、事業前に存在する権利の所有者に対して、その権利に相応して与えられる事業によって建築された建物の敷地・床のことである。

Ⅲ－15 交通需要調査に関する次の記述のうち、最も不適切なものはどれか。

① 全国道路・街路交通情勢調査（道路交通センサス）は、自動車交通に関して行われる調査であり、主要な調査として一般交通量調査と自動車起終点調査が秋期の平日に全国一斉に行われる。

② 総合都市交通体系調査（都市圏パーソントリップ調査）は、規模の大きな都市圏の交通需要を交通主体にもとづいて総合的な視点で調査するものであり、人の1日の動きについて、トリップの発地・着地、交通目的、交通手段、訪問先の施設などに関するアンケート調査が実施される。

③ 全国都市交通特性調査（全国PT調査）は、全国横断的かつ時系列的に都市交通の特性を把握するために、国土交通省が実施主体となり、都市圏規模別に抽出した対象都市に対し、5年ごとに全国一斉に調査を実施するものである。

④ 国勢調査では、従業地又は通学地、従業地又は通学地までの利用交通手段などが5年ごとに調査されるため、市区町村間の通勤、通学交通需要とその流動の実態が把握できる。

⑤ 大都市交通センサスは、東京、中部、京阪神の3大都市圏における公共交通機関の利用状況を把握するために行われる調査であり、平成27年までは5年ごとに実施されている。

Ⅲ－16 国土形成計画に関する次の記述のうち、最も不適切なものはどれか。

① 国土形成計画は、これまで5次にわたって策定・推進されてきた全国総合開発計画（全総）に代わって策定された国土づくりの計画である。

② 最初の国土形成計画の全国計画は、2008年7月に閣議決定された。

③ 国土形成計画は、国土の利用、整備及び保全を推進するために策定された、総合的かつ基本的な国土づくりの計画である。

④ 国土形成計画は、「全国計画」と、都道府県ごとに作成される「地方計画」から構成されている。

⑤ 国土形成計画では、量的拡大「開発」基調を目指す計画から、「成熟社会型の計画」への転換を図っている。

Ⅲ－17　非圧縮性完全流体の定常流れでは、流線上で次式のベルヌーイの定理が成立する。

$$\frac{v^2}{2g} + z + \frac{p}{\rho \cdot g} = 一定$$

　ここで、gは重力加速度、ρは水の密度、vは高さz点における流速、pは高さzの点における水圧である。

　下図のように、狭窄部を有する水平な管路がある。点Aにおける流速がv_A、圧力がp_A、点Bにおける流速が$3v_A$となるとき、点Bにおける圧力として最も適切なものはどれか。ただし、点A、点Bを通る流線は水平とする。

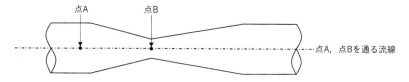

①　$p_A - \rho \cdot v_A^2$　　②　$p_A - 4\rho \cdot v_A^2$

③　$p_A - 9\rho \cdot v_A^2$　　④　p_A　　⑤　$p_A - v_A^2$

Ⅲ－18　単一管路の定常流に関する次の記述のうち、最も不適切なものはどれか。

①　水頭には、圧力水頭、速度水頭、位置水頭などの他に、各種の損失水頭がある。

②　管水路の流れの方向は、管両端の高低差によって決まる。

③　管路のエネルギーの損失は、ほとんどが速度水頭に比例する。

④　有効応力がゼロになるときの動水勾配を、限界動水勾配という。

⑤　管水路の流速・流量は、途中における各損失の和が両端における水頭差に等しくなるような値になる。

Ⅲ－19　一様勾配・一様断面の開水路の水理解析に関する次の記述のうち、最も不適切なものはどれか。

①　フルード数は、流体の自由表面近くの運動を特性づける無次元数で、フルード数が1より大きい場合は流速が波の進行速度より大きい常流となる。

②　水深が限界水深より大きい場合は常流となり、小さい場合は射流となる。

③　等流は、流速が時間と関係なく一定である定常流のうち、流れの状態が場所によって変化しない流れをいう。

④　マニングの平均流速公式によると、水路の平均流速は水路勾配の1／2乗に比例する。

⑤ 射流の漸変流計算の境界条件は、上流側で与えられる。

Ⅲ－20 水中の土砂移動に関する次の記述のうち、最も不適切なものはどれか。

① 河川の流砂のうち、ウォッシュロードは何日も水中に沈まずに漂うため川の濁りの原因になる。

② 浮遊砂量や掃流砂量は、掃流力の大きさによって、空間的に見ると急流部では掃流砂、緩流部ではウォッシュロードや浮遊砂が相対的に卓越している。

③ 掃流力は、土砂や礫などの移動物質を押し流す力のことをいい、水深が大きくなるほど小さくなる。

④ ダム貯水池に形成される堆砂のデルタでは、上流に粒径の粗い掃流砂が堆積し、下流には粒径の細かい浮遊砂が堆積する。

⑤ 限界掃流力の強さは、河床砂礫の大きさや比重などによって決まる。

Ⅲ－21 護岸に関する次の記述のうち、最も不適切なものはどれか。

① 護岸は、水制等の構造物や高水敷と一体となって、想定最大規模水位以下の流水の通常の作用に対して堤防を保護する、あるいは堀込河道にあっては堤内地を安全に防護できる構造とする。

② 低水護岸の天端工・天端保護工は、低水護岸が流水により裏側から侵食されることを防止するため、必要に応じて設けられる。

③ のり覆工は、河道特性、河川環境等を考慮して、流水・流木の作用、土圧等に対して安全な構造となるように設計する。

④ 基礎工は、洪水による洗掘等を考慮して、のり覆工を支持できる構造とする。

⑤ 根固工は、河床の変動等を考慮して、基礎工が安全となる構造とする。

Ⅲ－22 流砂及び河床変動に関する次の記述のうち、最も不適切なものはどれか。

① 掃流砂は、河床と間断なく接触しながら移動する土砂の運動形態のことを指し、底面付近の限られた範囲を滑動・転動あるいは小跳躍のいずれかの形式で移動する。

② 浮遊砂は、水流中の流れと一体となって移動するため、水路床から水面にいたる幅広い範囲にわたって分布する。

③ 混合砂の場合、大きな粒子の限界掃流力は平均粒径の粒子の限界掃流力よりも大きくなり、小さな粒子の限界掃流力は小さくなる。このことにより河床材料の分級現象が生じる。

④ 平面二次元河床変動解析は計算負荷が小さく、ダム築造や河川改修などに

よって境界条件を含む河道の状況に変化がもたらされた場合の、広範囲かつ
長期にわたる河道内の土砂の侵食・堆積量を予測するのに適している。

⑤ 中規模河床形態は、砂州によって形成された河床形態であり、交互砂州
（単列砂州）、複列砂州（多列砂州）、湾曲内岸の固定砂州、河口砂州、支川
砂州などがある。

Ⅲ－23 海岸工学に関する次の記述のうち、最も適切なものはどれか。

① 有義波は、連続した波列の中で、波高の大きい方から数えて1/5の数の波
を選び出し、その平均値として定義される。

② 養浜は、海岸に砂を足したり突堤を築いて砂をためたりすることであり、
人工的に漂砂の移動を確保する工法は養浜工とはいわない。

③ 津波の速さは、水深の1/3乗に比例する。

④ 離岸流は、波浪で生じる海浜流の1つで、海岸汀線から局地的に沖に向
かって流れる潮流のことである。

⑤ 沿岸漂砂による土砂移動は、汀線へののり線方向に対して波向が斜めにな
ると移動量が減少する性質を持っている。

Ⅲ－24 海岸保全施設の設計に関する次の記述のうち、最も適切なものはどれか。

① マウンド被覆ブロックの重量は、設計高潮位を用いて安全性の照査を行う。

② 波高変化、波力、越波流量、波のうちあげ高の算定式及び算定図を用いる
場合には、一般的に設計高潮位に砕波による平均水位の上昇量を加えない。

③ 津波に対して海岸堤防は、最大規模の津波を想定した設計津波を用いて天
端高を設計する。

④ 直立堤を表のり勾配が1：2の傾斜堤に改良すると、越波流量が小さくなる。

⑤ 設計計算に用いる波高が2倍になると、離岸堤のブロックの所要質量はハ
ドソン式では、4倍になる。

Ⅲ－25 空港に関する次の記述のうち、最も不適切なものはどれか。

① 取付誘導路は、平行誘導路と滑走路の最末端、平行誘導路とエプロン、滑
走路とエプロンなどを結ぶ誘導路であり、通常滑走路に対して直角に取り付
けられる。

② 滑走路の向きは、できるだけその場所での卓越風向に沿った方位にする。

③ 滑走路面のグルービングは、排水をよくすることにより雨天時の航空機離
着陸の際に発生しやすいハイドロプレーニング現象を抑制する効果がある。

④ 気温が高いときの離陸距離は、その他の条件が同じ場合、気温が低いとき

の離陸距離に比べて短くなる。

⑤ 着陸帯は、特定の方向に向かって行う航空機の離陸又は着陸の用に供するため設けられる空港その他の飛行場内の矩形部分のことである。

Ⅲ－26 土砂災害防止対策に関する次の記述のうち、最も不適切なものはどれか。

① 土砂災害警戒区域等における土砂災害防止対策の推進に関する法律（以下、土砂災害防止法）では、対象とする自然現象を急傾斜地の崩壊、土石流、地すべり、河道閉塞による湛水と定めている。

② 土砂災害防止法では、土砂災害警戒区域は市町村長が、土砂災害特別警戒区域は都道府県知事が指定する。

③ 土砂災害防止法では、土砂災害警戒区域が指定された場合、市町村長はハザードマップを作成し住民等に提供することが義務付けられている。

④ 土砂災害防止法の土砂災害特別警戒区域は、要配慮者利用施設等にかかわる開発行為の制限等を行う区域を定めるものである。

⑤ 土砂災害防止法に基づき運用されている土砂災害警戒情報は、土壌雨量指数と60分積算雨量を用いて、土砂災害発生の蓋然性を判断している。

Ⅲ－27 国内の再生可能エネルギーに関する次の記述のうち、最も適切なものはどれか。

① 太陽光発電は、自家消費やエネルギーの地産地消を行う分散電源に適しており、系統電源喪失時の非常用の電源として昼夜間発電できるエネルギー源である。

② 風力発電は、大規模に開発した場合、発電コストは原子力発電と比較しても遜色なく、今後の再生可能エネルギーの量的拡大の鍵となるエネルギー源である。

③ 中小水力発電は、発電時に二酸化炭素を排出しないクリーンエネルギーであり、一度発電所を作れば、その後数十年にわたり発電が可能なエネルギー源である。

④ 未活用の廃棄物を燃料とするバイオマス発電は、熱利用効率が高く、かつ廃棄物の再利用や減少につながる循環型社会構築に大きく寄与するエネルギー源である。

⑤ 地熱発電は、地下の地熱エネルギーを使うため、化石燃料のように枯渇する心配がないが、地下に掘削した井戸からは主に夜間に天然の蒸気・熱水が噴出することから、連続した発電が難しいエネルギー源である。

Ⅲ－28　中小水力発電に関する次の記述のうち、誤っているものはどれか。

①　中小水力発電は、中小河川や農業用水路など比較的高低差が小さい場所でも利用可能である。

②　河川水等の利用に当たっては、水利権の調整や自然環境に対する影響などを考慮する必要がある。

③　中小水力発電は、スケールメリットが働かないため、大規模な水力発電と比べて相対的にコスト高になる。

④　令和元年度再生可能エネルギーに関するゾーニング基礎情報等の整備・公開等に関する委託業務報告書によると、導入ポテンシャルとして、既開発発電所分を控除した中小水力発電の設備容量は890万kW、発電量は1,006億kWh／年と推計されている。

⑤　フランシス水車は、水流の衝撃を利用して回転する水車で、高い水圧を利用した水力発電所に適しているため、高落差で落差変動の少ない流込み式発電所に適している。

Ⅲ－29　車道及び側帯の舗装の性能とその性能指標に関する組合せとして、最も不適切なものは次のうちどれか。

	舗装の性能	性能指標
①	摩耗抵抗性	ねじれ抵抗性
②	すべり抵抗性	すべり抵抗値
③	塑性変形抵抗性	塑性変形輪数
④	明色性	輝度
⑤	ひび割れ耐久性	疲労破壊輪数

Ⅲ－30　鉄道における軌道構造に関する次の記述のうち、最も不適切なものはどれか。

①　スラブ軌道は道床が軽いため、高架橋に用いた場合の荷重に対する負担が少なくて済む。

②　ロングレールは、軌道の欠点部である継目を溶接によって無くし、騒音・振動の減少や乗り心地の改善、線路保守の軽減などを目的としたもので、長さを100m以上のレールをいう。

③　バラスト道床は、まくら木から受ける圧力を効率よく分散させて路盤に伝えること、振動を吸収するとともに排水性も良いこと、建設費が安く軌道狂いの修正などの維持も容易なことなどから、使われた歴史も古く最も広く用いられている。

④　まくら木は、材料により木まくら木、PCまくら木、鉄まくら木、合成まくら木などがあるが、耐用年数が長くて頑丈なPCまくら木が主流になっている。

⑤　強化路盤は、路盤表面の支持力を高め、バラストの貫入を防ぎ、保守作業の軽減を図ることを目的とするもので、砕石路盤とスラグ路盤とがある。

Ⅲ－31　シールドトンネルに関する次の記述のうち、最も不適切なものはどれか。

①　シールドマシンは施工するトンネル専用に設計され、トンネルの大きさや構造が変わる場合には、それぞれに対応したシールド掘削機が必要になる。

②　立坑は、シールド機の搬入組み立てや発進、セグメントなどの資材や諸機械の搬入、掘削土の排出などに用いられ、シールドの推力やシールド吊込みの荷重等にも十分耐えられるようにしなければならない。

③　覆工は、地山のゆるみを最小限として土圧の増大を防止するため、できるだけ切羽に接近して掘削後の早い時期に施工を行うのが原則である。

④　セグメントは、シールドトンネルの二次覆工に用いるプレキャスト製の部材をいう。

⑤　テールクリアランスは、シールドトンネルのセグメント外面とシールド機（シールドマシン）のテール内面との間の空隙のことである。

Ⅲ－32　建設工事の施工法に関する次の記述のうち、最も不適切なものはどれか。

①　EPS工法は、軟弱地盤上の盛土や急傾斜地の盛土、構造物の裏込、直立壁、盛土の拡幅などの荷重軽減および土圧低減をはかる必要のあるところに適用される工法である。

②　バーチカルドレーン工法は、圧密に要する時間が最大排水距離の$1/2$乗に比例するというテルツァギーの圧密理論を応用したものである。

③　RCD（Roller Compacted Dam－concrete）工法は、全面レアー打設のため打設面に段差が生じず、従来のケーブルクレーン等によるブロック打設工法に比べ、大幅に工期の短縮と経費の節減が可能である。

④　ワイヤーソー工法は、被切断物の形状に合わせて切断できるため、大型コンクリート構造物から曲面状のものまで切断することが可能である。

⑤　仮締切り工は、重力式と矢板式に大別され、重力式は盛土式と重力式に、矢板式は自立式と切ばり式にそれぞれ区分される。

Ⅲ－33　建設工事の施工管理に関する次の記述のうち、不適切なものはどれか。

①　品質管理の目的は、施工管理の一環として、工程管理、出来形管理とも併

せて管理を行い、初期の目的である工事の品質、安定した工程及び適切な出来形を確保することにある。

② 工程管理とは、施工前において最初に計画した工程と、実際に工事が進行している工程とを比較検討することで、工事が計画どおりの工程で進行するように管理し、調整を図ることである。

③ 原価管理とは、受注者が工事原価の低減を目的として、実行予算書作成時に算定した予定原価と、すでに発生した実際原価を対比し、工事が予定原価を超えることなく進むよう管理することである。

④ 環境保全管理とは、工事を実施するときに起きる、騒音振動をはじめとする環境破壊を最小限にするために配慮することをいう。

⑤ 労務管理とは、労務者や第三者に危害を加えないようにするために、安全管理体制の整備、工事現場の整理整頓、施工計画の検討、安全施設の整備、安全教育の徹底を行うことである。

Ⅲ－34　建設環境に関する次の記述のうち、最も不適切なものはどれか。

① 水質汚濁に係る環境基準は、公共用水域の水質について達成し、維持することが望ましい基準を定めたものであり、人の健康の保護に関する環境基準（健康項目）と生活環境の保全に関する環境基準（生活環境項目）の2つからなる。

② 微小粒子状物質「PM2.5」とは、大気中に浮遊している直径2.5マイクロメートル以下の非常に小さな粒子のことで、ぜんそくや気管支炎などの呼吸器系疾患や循環器系疾患などのリスクを上昇させると考えられている。

③ ゼロ・エミッションとは、1994年に国連大学が提唱した考え方で、あらゆる廃棄物を原材料などとして有効活用することにより、廃棄物を一切出さない資源循環型の社会システムをいう。

④ 振動規制法では、くい打機など、建設工事として行われる作業のうち、著しい振動を発生する作業であって政令で定める作業を規制対象とし、都道府県知事等が規制地域を指定するとともに、総理府令で振動の大きさ、作業時間帯、日数、曜日等の基準を定めている。

⑤ 持続可能な開発目標（SDGs：Sustainable Development Goals）とは、2001年に策定されたミレニアム開発目標（MDGs）の後継として、2015年9月の国連サミットで加盟国の全会一致で採択された「持続可能な開発のための2030アジェンダ」に記載された、発展途上国を対象とする先進国の開発援助目標である。

Ⅲ－35　建設環境に関する次の記述のうち、最も不適切なものはどれか。

①　水質汚濁や環境汚染などの生息・生育に必要な、特定の環境条件の変化をよく反映する生物を指標生物という。

②　環境影響評価手続において作成する計画段階環境配慮書は、事業の位置・規模等の検討段階において、環境保全のために配慮すべき事項についての検討結果を伝えるものである。

③　振動規制法では、指定地域内において特定建設作業を伴う建設工事を施工しようとする者は、当該特定建設作業の開始の7日前までに、当該特定建設作業の種類、場所、実施期間、作業時間及び振動の防止の方法等を市町村長や特別区長に届け出なければならないとされている。

④　瓶など回収して洗浄し繰り返し使われるリターナブル瓶などは、3Rのうちのリサイクルであり、資源やエネルギーの節約、ごみの減量化による環境保全、ごみ処理費の節約などの効果がある。

⑤　大気汚染は、気温の鉛直構造すなわち大気の安定度と密接な関係がある。

【模擬試験問題　解答】

問題番号	解答	問題番号	解答
問Ⅲ－1	④	問Ⅲ－21	①
問Ⅲ－2	②	問Ⅲ－22	④
問Ⅲ－3	④	問Ⅲ－23	④
問Ⅲ－4	⑤	問Ⅲ－24	②
問Ⅲ－5	②	問Ⅲ－25	④
問Ⅲ－6	①	問Ⅲ－26	②
問Ⅲ－7	④	問Ⅲ－27	③
問Ⅲ－8	③	問Ⅲ－28	⑤
問Ⅲ－9	①	問Ⅲ－29	①
問Ⅲ－10	③	問Ⅲ－30	②
問Ⅲ－11	①	問Ⅲ－31	④
問Ⅲ－12	②	問Ⅲ－32	②
問Ⅲ－13	②	問Ⅲ－33	⑤
問Ⅲ－14	③	問Ⅲ－34	⑤
問Ⅲ－15	④	問Ⅲ－35	④
問Ⅲ－16	④		
問Ⅲ－17	②		
問Ⅲ－18	②		
問Ⅲ－19	①		
問Ⅲ－20	③		

お わ り に

　多くの国民は、自身の生活あるいは将来に直接かかわってくるような社会保障、年金問題、あるいは消費税といったものには強い関心を持っています。しかしながら、毎日利用している道路や鉄道、そしてそれらを支えている橋梁やトンネル等は、あって当たり前のものでありそれらがメンテナンスなしでは長持ちしないということを、真の意味で理解している人は少ないようです。そして十分な管理を行ったとしても、いずれそれが使えなくなる時が必ずやってきます。わが国の社会資本施設のうち、建設後50年を経過する道路橋は2023年3月時点でおよそ37％になっているものが、2033年にはおよそ63％へと急増することが予想されています。道路橋を含めて、トンネルや河川管理施設、下水道管きょ施設等さまざまなインフラの老朽化が今後、加速度的に進むとされています。

　一方、わが国は台風、豪雨、豪雪、洪水、土砂災害、地震、津波、火山噴火など自然災害の種類が多様であり、これらが繰り返して発生し、しかも発生回数が多く全国各地で発生の可能性があるという災害特性を有しています。そして、このような災害を教訓として、わが国のこれからの防災対策に活かしていかなくてはなりません。このように、これまでに蓄積された社会資本ストックの維持管理や更新に加えて、被災地の復興に向けた新たな社会資本の整備をはじめ、国民の安全・安心に向けた防災対策など多くのことが、われわれ建設技術者には求められています。

　建設技術者は、もともと市民が生活するうえで必要となる構造物や施設などの社会資本を整備するという大切な任務を担っています。そして今日では、単に経済的に道路や橋梁などの公共構造物をつくるというだけではなく、維持管理面や環境面、さらにはあらゆる利用者を想定したユニバーサルデザインにも配慮した計画・設計・施工など専門的な応用能力が求められています。そこには、単にものづくりというテクニカルな外面だけではなく、何のためにものづくりをするのかという『思いやる心』が必要なのはいうまでもありません。そのためにはしっかりとした知識や技術とともに、技術者としての価値観、そして倫理観を持つことが真に求められるようになっています。このような観点から見れば、技術者としての倫理観や科学技術に関する高等の専門的応用能力が求められる『技術士』の資格は、まさに建設技術者が率先して取得すべきもの

であるといっても過言ではありません。時代の流れによって、建設にかかわる業務の進め方や内容は変わっても、われわれ建設技術者は社会資本整備の一翼を担っている、という誇りをいつまでも持ち続けるようにしたいものです。

　試験制度の見直しが進められていますが、第一次試験については、専門科目の内容や構成を共通化（大括り化）するといった内容が含まれていて、これには解決すべき課題が多いために改正は先のことになりそうです。これまでにも何度か技術士試験制度が見直されてきましたが、改正の目的はそれぞれ異なっているものの、技術士の数を増やすことによって、わが国の技術者数について国際整合性を図りたいという考え方が変わっているわけではありません。平成24年度以降の技術士第一次試験の合格率は、それまでよりも格段に高くなりました。今年度の技術士第一次試験に合格したら、次はぜひとも第二次試験の受験へとステップアップを図っていただきたいと思います。

　技術士第二次試験に合格することによって、必要な要件を満たせば、国際的な技術者としての「APECエンジニア」や「IPEA国際エンジニア」に登録することができます。さらに個別の専門技術のみならず、業務全体を俯瞰した監理を行う技術者となるための「技術士総合技術監理部門」も建設技術者としては、ぜひとも取得したい資格です。『技術士』のように高度な技術に見合った資格を取得することで社会的信頼が高まり、技術者として自身の向上にも繋がっていくことになります。

　これらの資格を獲得するためには、必ず技術士第一次試験に合格しなくてはなりません。本書によって、技術士第一次試験の要ともいえる専門科目の合格点を、確実に獲得できるようになることを願っております。

　本書の出版にあたり、日刊工業新聞社の鈴木徹氏に多大な支援を賜りました。ここに記して感謝いたします。

　　2022年4月

　　　　　　　　　　　　　　　　　　　　　杉内　正弘

(フリガナ)		技術部門	部門
氏名			

受 験 番 号

⓪	⓪	Ⓐ	⓪	⓪	⓪	⓪	⓪	Ⓐ	Ⓐ
①	①	Ⓑ	①	①	①	①	①	Ⓑ	Ⓑ
②	②	Ⓒ	②	②	②	②	②	Ⓒ	Ⓒ
③	③	Ⓓ	③	③	③	③	③	Ⓓ	Ⓓ
④	④	Ⓔ	④	④	④	④	④	Ⓔ	Ⓔ
⑤	⑤	Ⓕ	⑤	⑤	⑤	⑤	⑤		
⑥	⑥	Ⓖ	⑥	⑥	⑥	⑥	⑥		
⑦	⑦	Ⓗ	⑦	⑦	⑦	⑦	⑦		
⑧	⑧	Ⓘ	⑧	⑧	⑧	⑧	⑧		
⑨	⑨	Ⓙ	⑨	⑨	⑨	⑨	⑨		
		Ⓚ							
		Ⓛ							

左づめで番号を記入し、マークもすること。

注 意 事 項

1) マークは必ず HB 又は B の鉛筆を使用すること。

2) マークは次のようにすること。
　良い例（ ○ → ● ）
　悪い例（ ● ⊖ ◐ ⊗ ◎ ）

3) 訂正するときは、消しゴムで完全に消すこと。

4) 答案用紙は、汚したり折り曲げたりしないこと。

5) 受験番号欄を正しく記入・マークしていない場合は、失格となります。

6) 問Ⅲ-1〜35の35問題から25問題選択し解答すること。26問題以上解答した場合は、失格となります。

7) 解答を 2 つ以上マークした問題は、採点の対象となりません。

専 門 科 目 解 答 欄

問題番号	解		答			問題番号	解		答		
問Ⅲ－1	①	②	③	④	⑤	問Ⅲ－21	①	②	③	④	⑤
問Ⅲ－2	①	②	③	④	⑤	問Ⅲ－22	①	②	③	④	⑤
問Ⅲ－3	①	②	③	④	⑤	問Ⅲ－23	①	②	③	④	⑤
問Ⅲ－4	①	②	③	④	⑤	問Ⅲ－24	①	②	③	④	⑤
問Ⅲ－5	①	②	③	④	⑤	問Ⅲ－25	①	②	③	④	⑤
問Ⅲ－6	①	②	③	④	⑤	問Ⅲ－26	①	②	③	④	⑤
問Ⅲ－7	①	②	③	④	⑤	問Ⅲ－27	①	②	③	④	⑤
問Ⅲ－8	①	②	③	④	⑤	問Ⅲ－28	①	②	③	④	⑤
問Ⅲ－9	①	②	③	④	⑤	問Ⅲ－29	①	②	③	④	⑤
問Ⅲ－10	①	②	③	④	⑤	問Ⅲ－30	①	②	③	④	⑤
問Ⅲ－11	①	②	③	④	⑤	問Ⅲ－31	①	②	③	④	⑤
問Ⅲ－12	①	②	③	④	⑤	問Ⅲ－32	①	②	③	④	⑤
問Ⅲ－13	①	②	③	④	⑤	問Ⅲ－33	①	②	③	④	⑤
問Ⅲ－14	①	②	③	④	⑤	問Ⅲ－34	①	②	③	④	⑤
問Ⅲ－15	①	②	③	④	⑤	問Ⅲ－35	①	②	③	④	⑤
問Ⅲ－16	①	②	③	④	⑤						
問Ⅲ－17	①	②	③	④	⑤						
問Ⅲ－18	①	②	③	④	⑤						
問Ⅲ－19	①	②	③	④	⑤						
問Ⅲ－20	①	②	③	④	⑤						

《著者紹介》

杉内　正弘（すぎうち　まさひろ）

技術士（総合技術監理部門、建設部門）
1978年3月武蔵工業大学工学部土木工学科卒業
現在、(株)協和コンサルタンツ勤務
日本技術士会青年技術士懇談会副代表幹事、研究開発規制調査委員会委員、JABEE審査員などを歴任
日本技術士会会員、土木学会会員
資格：技術士（総合技術監理部門、建設部門）、大気関係第一種公害防止管理者、一級土木施工管理技士、一級舗装施工管理技術者、測量士、コンクリート技士など
著書：『技術士第一次試験「建設部門」受験必修キーワード700』、『年度版技術士第一次試験「建設部門」専門科目　受験必修過去問題集〈解答と解説〉』、『年度版技術士第二次試験「建設部門」〈必須科目〉論文対策キーワード』、『建設系技術者のための技術士受験必修ガイダンス』（日刊工業新聞社）、以下共著『技術士第一次試験合格ライン突破ガイド』、『技術士第二次試験合格ライン突破ガイド』、『建設系技術者のための技術士第二次試験「総合技術監理部門」受験必修ガイド』、『技術士第二次試験「口頭試験」受験必修ガイド』、『建設技術者・機械技術者〈実務〉必携便利帳』ほか（日刊工業新聞社）、『事例に学ぶトレードオフを勝ち抜くための総合技術監理のテクニック』ほか（地人書館）、『技術士試験建設部門　傾向と対策』ほか（鹿島出版会）

2022年度版　技術士第一次試験
「建設部門」受験必修問題300　　　　　NDC 507.3

2022年 4月20日　初版1刷発行　　　（定価は、カバーに表示してあります）

© 著　者　　杉　内　正　弘
発 行 者　　井　水　治　博
発 行 所　　日 刊 工 業 新 聞 社
東京都中央区日本橋小網町14-1
（郵便番号 103-8548）
電話　書 籍 編 集 部　03-5644-7490
販売・管理部　03-5644-7410
FAX　03-5644-7400
振替口座　　00190-2-186076
URL　https://pub.nikkan.co.jp/
e-mail　info@media.nikkan.co.jp

印刷・製本　新日本印刷株式会社
組　　版　メディアクロス